Sendas literarias

Aída Walqui-van Lier
Alisal High School
Salinas, California
Stanford University

Ruth A. Barraza
Alisal High School
Salinas, California
San Diego County Office of Education

HH Heinle & Heinle Publishers
An International Thomson
Publishing Company
Boston, Massachusetts 02116 U.S.A.

The publication of *Sendas literarias* was directed by the members of the
Heinle & Heinle School Publishing Team:

Editorial Director: Janet Dracksdorf
Market Development Director: Elaine Uzan Leary
Production Editor: Pamela Warren
Developmental Editor: Regina McCarthy
Publisher/Team Leader: Stanley J. Galek

Also participating in the publication of this text were:

Editorial Production Manager: Elizabeth Holthaus
Manufacturing Coordinator: Jerry Christopher
Project Management: Kristin Swanson
Interior Design: Martucci Studio, Susan Gerould/Perspectives
Interior Layout and Composition: NovoMac Enterprises
Cover Art: Luis López-Loza, *Children's Dream,* 1965
Cover Design: Alan Bortman
Art/Drawings: Michael Lenn
Art for "La trampa del coyote" *and* "Guanina": Jerry McDaniel

Walqui-van Lier, Aída.
    Sendas literarias / Aída Walqui-van Lier, Ruth A. Barraza.
        p. cm.
    ISBN 0-8384-5126-8
    1. Spanish language—Readers. I. Barraza, Ruth A. II. Title
    PC4117.W234   1994
    468.6—dc20   94-11182
                                                                          CIP
                                                                           AC

Manufactured in the United States of America

ISBN 0-8384-5126-8 Student

10 9 8 7

A los estudiantes

*L*a literatura es una ventana que nos permite mirar hacia el interior de nosotros mismos para llegar a comprendernos mejor y comprender nuestros sentimientos, nuestras posiciones, nuestras actitudes, nuestras ideas y opiniones. Esta ventana se abre también hacia el exterior; a través de ella llegamos a percibir y conocer otros mundos diferentes y desconocidos, pero igualmente intrigantes y maravillosos.

En este libro presentamos obras literarias que muestran una diversidad de perspectivas y que reflejan el sentir y pensar de personajes de distintas culturas del mundo hispánico, pero que, al mismo tiempo, son personajes universales. Descubriremos que, como seres humanos, tenemos inquietudes, anhelos y aspiraciones comunes. A través de la literatura vamos, pues, a emprender un viaje que nos llevará a conocer esos mundos y personajes por diversos caminos de exploración, por las **sendas literarias.** Tendrás la oportunidad de discutir temas interesantes y relevantes para ti y para el ser humano en general, tales como la justicia, la solidaridad y las relaciones familiares.

Esperamos que, a través de este libro, descubras el encanto del andar literario. Descubrirás, por ejemplo, que un cuento o poema favorito no se lee sólo una, sino muchas veces y que, en cada lectura, encuentras una dimensión de significado diferente. Volver a leerlo es como emprender de nuevo el camino, la senda conocida que te conduce a casa.

¿Cómo aprendemos?

¿Has pensado alguna vez, por ejemplo, al considerar a un compañero que saca muy buenas calificaciones en la escuela, que los estudiantes son de dos tipos: aquellos que son «buenos estudiantes» y aquellos que no lo son? Pues no eres el único en sentir de esta manera. Sin embargo, ésta es una visión falsa y fatalista de las cosas. La verdad es que, si uno tiene buenas estrategias de estudio, puede convertirse en un excelente estudiante. Es decir, la diferencia entre «buenos» y «malos» alumnos se basa en la diferencia entre aquellos que saben qué procedimientos usar en el estudio, y los aplican, y aquellos que no saben qué hacer durante el estudio.

Es por esto que uno de los objetivos de este libro es el de lograr que desarrolles destrezas de estudio. Es decir, queremos que comiences a afirmar tu autonomía como estudiante, que te sientas en control de tu aprendizaje y que cada vez que tengas que hacer un trabajo, cuentes con dos o tres modos alternativos de realizarlo.

La mejor manera de entender las cosas es explorándolas primero de manera individual y luego discutiéndolas con otros. Cada vez que consideramos un tema, hacemos una especie de conversación silenciosa con nosotros mismos, mediante la cual nuestro entendimiento previo dialoga con las nuevas ideas a considerarse. Lo que resulta de este diálogo es un nuevo y mejor entendimiento. Para lograr internalizar este diálogo, es buena idea ensayarlo muchas veces con otras personas. Por eso es que te pedimos que participes en las actividades colaborativas con seriedad y entusiasmo.

La meta de desarrollar tus habilidades de estudio se logrará entendiendo y practicando estrategias, «planes de ataque» académicos, para que tengas éxito al estudiar. Una vez que entiendas y utilices los procedimientos con otros compañeros, podrás utilizarlos individualmente. Podrás igualmente aplicarlos en el estudio de tus otros cursos.

Estamos convencidas de que tu viaje académico y literario estará lleno de grandes sorpresas, alegrías y satisfacciones. De vez en cuando, quizás te sea también un poco difícil. Pero al igual que al subir una colina, después de las dificultades del ascenso la vista será mucho más amplia y espectacular. ¡Que tengas un maravilloso viaje por nuestras sendas literarias!

Agradecimiento

*E*ste libro surgió de lecciones preparadas inicialmente para responder a las necesidades, interés y entusiasmo de nuestros alumnos en la Escuela Secundaria de Alisal en Salinas, California. Fueron ellos quienes nos inspiraron a emprender esta tarea, haciéndonos ver los logros que se pueden alcanzar cuando hay compromiso y participación activa en el proceso educativo. Junto con ellos aprendimos y por eso les estamos agradecidas.

Queremos expresar también nuestro agradecimiento a Heinle & Heinle por haber acogido este proyecto, pionero en el campo de la enseñanza del español para hispanohablantes a nivel secundario. A pesar de que la publicación de un libro como *Sendas literarias* significaba tomar un riesgo, Janet Dracksdorf y Bob Sánchez nos apoyaron y animaron para seguir adelante a través de todo el proceso. Igualmente deseamos reconocer el esfuerzo y entusiasmo de Elaine Uzan Leary, Regina McCarthy y Pam Warren, las contribuciones editoriales de Sol María Calderón, Camilla Ayers, Marsha Robinson y Grisel Lozano Garcini, así como la paciente y dedicada labor de Kris Swanson, que llevó el proyecto a su culminación.

A nuestros colegas en la Escuela Alisal, especialmente a Tony Saucedo y Donna Van Noy, quienes nos ayudaron en múltiples tareas, lo mismo que a los maestros alrededor del país que revisaron el manuscrito en sus varias etapas y nos dieron su voz de aliento, mil gracias.

Patricia D. Brys-Overeem
Culver City U.S.D., Title VII   office
Culver City, CA

Dolly Casco
Title VII Project Director
San Diego County Office of Education

Jorge DeLeón
  Hialeah-Miami Lakes Senior High School
  Hialeah, FL

Rubén Elías
  Roosevelt High School
  Fresno, CA

Eva L. Goodwin-Noriega
  Anaheim High School
  Anaheim, CA

Pamela T. Llorens
  South Miami High School
  Miami, FL

Jerry Márquez
  Hoover High School
  Fresno, CA

Alex C. Mendieta
  Mission High School
  San Francisco, CA

Manuel Menéndez
  Staff Development Specialist
  New York City Public Schools

Lucy Montero McCullough
  Andrew Hill High School
  San Jose, CA

Cecilia Rodríguez Pino
  New Mexico State University
  Las Cruces, NM

Rosalía Salinas
  Director, Bilingual Education Unit
  San Diego County Office of Education

Rebecca Smith
  Leuzinger High School
  Lawndale (Los Angeles), CA

María Treviño
  Northside Independent School District
  San Antonio, TX

Finalmente, no podemos dejar de mencionar el apoyo incondicional de nuestros familiares. Gracias a Leo van Lier por su colaboración y apoyo constantes y a nuestros hijos Jan, Marcus, Leslie y Eric por su cariño y comprensión.

Tabla de contenido

Primera unidad
El sentido de nuestras vidas

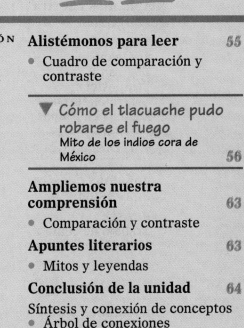

Segunda unidad
Nuestra vida en comunidad

Tercera unidad

La experiencia migrante

Cuarta unidad
Relaciones familiares

Quinta unidad
La perla

Primera unidad

El sentido de nuestras vidas

> ¿A quién le puedo preguntar
> qué vine a hacer en este mundo?
> ¿Por qué me muevo sin querer?
> ¿Por qué no puedo estar inmóvil?
>
> Pablo Neruda

Desde épocas antiguas, la gente ha creado historias que reflejan los acontecimientos importantes, los sueños y las inquietudes de su comunidad. En estas historias se combinan realidad, creencias y fantasía. Los relatos de esta unidad pertenecen a diversos pueblos; y aunque todos ellos son bastante diferentes, tienen características en común.

1

Alistémonos para leer

Las leyendas populares enseñan lecciones sobre la vida y a menudo nos muestran las consecuencias de las flaquezas humanas. Las primeras dos lecturas de esta unidad, «La Llorona» (Lección 1) y «Doña Sebastiana» (Lección 2) son ejemplos de este tipo de leyendas. Mientras las escuchas o lees piensa en qué lecciones se desprenden de ellas.

Piensa e ilustra. Frecuentemente los mayores les cuentan a los niños historias sobre fantasmas y seres sobrenaturales, a veces con el propósito de asustarlos para que no sean desobedientes. Piensa en una de esas historias que hayas escuchado y haz un dibujo que la represente.

Cuatro en turno. Trabajando en grupos, comparte tu historia y dibujo con tus compañeros de grupo.

Consenso y preparación. Seleccionen la historia que más les guste y prepárense para compartirla oralmente con la clase.

Escucha y anota. Vas a escuchar la leyenda de la Llorona. Ésta es una historia muy antigua y popular. Antes de escuchar la cinta estudia el siguiente cuadro que utilizarás para tomar notas. Cópialo en tu cuaderno.

	El guardia	Una mujer
¿Dónde la ven?		
¿Cuál es la primera reacción?		
¿Cuál fue la causa del crimen?		

La Llorona

Leyenda mexicana

Adaptación de una versión de Carmen Toscano

Todavía a oscuras, un reloj comienza a sonar. Dan las doce. Hay un fondo de música extraña. Después se escucha el lúgubre canto de la Llorona.

LA LLORONA: ¡Ayyy...tristes de mis hijos...los pobrecitos...mis desdichados hijos...!

Se ilumina la cruz y hacia ella van llegando varias mujeres sobrecogidas y un guardia.

PRIMERA MUJER: Es ella.

SEGUNDA MUJER: ¡Dios nos ampare! (Se santigua.)

TERCERA MUJER: El otro día en San Ángel casi la sentí junto a mí, como si me hubiera rozado las carnes...un frío sudor invadió mi cuerpo.

PRIMERA MUJER: Y al mismo tiempo dicen que se la ve en muchas partes.

EL GUARDIA: Estando de guardia un día en San Luis Potosí, me despertó con su triste lamento...al verla me desmayé del susto.

CUARTA MUJER: ¡Qué inclemente destino la arrastra por las calles silenciosas y por las veredas más escondidas! Por dondequiera su blanco espectro hace temblar los corazones. Por dondequiera se escucha su espantoso lamento.

PRIMERA MUJER: Su llanto ha corrido por los campos, ha invadido las montañas, se tiende sobre los valles, su sombra suele

desaparecer entre las aguas y los tenues velos de su vestidura parecen flotar entre las nubes.

CUARTA MUJER: Cruza por los caminos blanqueados de luna y su voz se cuela entre las ramas de los árboles en los bosques, choca contra las peñas, ondula por las serranías.

LA LLORONA: ¡Ayyy mis hijos...! ¿Dónde están mis hijos?

QUINTA MUJER: Al caer la noche, su largo, su agudo lamento, hace estremecer al más fuerte...yo he visto caerse de las manos los rosarios de muchas atemorizadas mujeres, al escuchar el lúgubre gemido.

SEGUNDA MUJER: No es un llanto humano, pero así nos resuena en la conciencia, invade el caracol de nuestro oído....

PRIMERA MUJER: Y parece que llevara consigo y adentro, las voces de muchas mujeres....

SEGUNDA MUJER: Más allá, mucho más allá del tiempo.

CUARTA MUJER: Malos augurios acarrea el oírla.

PRIMERA MUJER: Dicen que su grito más doliente lo lanza al llegar a la Plaza Mayor, que allí se arrodilla...y, vuelta hacia donde estaban los viejos teocalis de los indios, besa el suelo y clama con angustia.

LA LLORONA: ¡Ayyy mis hijos...tristes de mis hijos...!

EL GUARDIA: Un trágico amor la llevó a cometer su crimen.

SEGUNDA MUJER: Cuentan que fue abandonada....

QUINTA MUJER: Fue la miseria la que la impulsó a matar a sus hijos.

PRIMERA MUJER: De todos modos, habrá sufrido mucho, pobre mujer.... ¿Por qué no puede descansar aún?

Comparte. Comparte tus notas del cuadro anterior oralmente con un(a) compañero(a). Completa la información que te falte.

Imagínate y escribe. Imagínate que faltan cinco minutos para la medianoche. Te encuentras solo(a) caminando en la oscuridad cuando de pronto te parece escuchar el grito de la Llorona. Escribe un párrafo narrando tus reacciones. Utiliza la siguiente flor semántica como modelo si necesitas una guía de alternativas.

sombras
oscuridad
un espectro
calles silenciosas
árboles/un río

tranquilo
inquieto
asustado
preocupado
atemorizado

buscar ayuda
correr
gritar
quedarte paralizado(a)
desmayarte

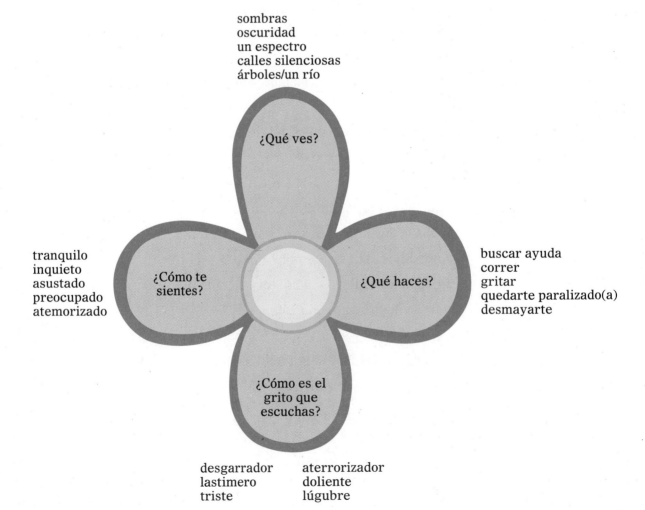

¿Qué ves?

¿Cómo te sientes?

¿Qué haces?

¿Cómo es el grito que escuchas?

desgarrador   aterrorizador
lastimero   doliente
triste   lúgubre

Alistémonos para leer

«Doña Sebastiana» es una leyenda popular de Nuevo México recogida por Rudolfo Anaya.

Piensa, anota y comparte

1. ¿Quiénes crees que son los personajes en el dibujo y de qué están hablando?

2. Si te encontraras cara a cara con la muerte, ¿qué le dirías?

La comadre Sebastiana

Relato de Nuevo México

Versión de Rudolfo Anaya

Éste era un hombre pobre. Su mantención era traer leña del ejido de la merced para vender en la ciudad. El día que podía vender leña, comían él y su familia. El día que no podía, aguantaban sin comer. Asina estuvo viviendo por mucho tiempo, por donde hubo un día que le dio mucha hambre y decidió robarle una gallina a su mujer. Se fue al gallinero y sacó una gallina y la mató. Entonces salió para el monte, hizo lumbre y puso la gallina a asar. El leñero estaba preparando el pollo, echándole picantes y sabroseando el caldo cuando de repente sintió a alguien arrimándose a donde estaba él, y pensó, «¡Válgame Dios! ¿Que nunca podré comer solo? Pero no lo voy a llamar a comer».

—¿Cómo le va, amigo? —le dijo el hombre cuando llegó.

—¿Qué húbole, amigo? ¿Quién es usted?

—Pues yo soy el Señor Dios. ¿Qué, no me da de comer?

—No, no le doy de comer a usted, porque usted hace menosprecio. A los ricos les da mucho y a los pobres no les da nada. No nos trata a todos iguales.

Se fue el Señor muy triste. Al poco rato vido venir a otra persona y era María Santísima.

—¿Cómo le va, amigo? —le dijo ella cuando llegó.

—¿Qué húbole, amiga? ¿Quién es usted?

—Pues yo soy María Santísima. ¿Qué, no me da de comer?

—No, no le doy de comer a usted, porque su hijo hace menosprecio.

Siendo usted la madre de Jesucristo, ¿por qué no intercede con su hijo, para que nos haga a todos iguales o a todos ricos o a todos pobres? No, que a unos los hace muy ricos y a otros los hace muy pobres y yo soy uno de los pobres. No la convido con mi pollo.

Cuando se fue María Santísima, al poco rato vido venir a otra persona; era la muerte.

—¿Cómo le va, amigo? —le dijo ella cuando llegó.

—¿Qué húbole, amiga? ¿Quién es usted?

—Yo soy la muerte. ¿Qué, no me da de comer?

—Pues si usted es la muerte, está muy flaca. A usted sí la convido, porque usted hace sus cosas muy bien hechas. Usted no separa al millonario por rico, ni al pobre por pobre, ni al lindo por lindo, ni al fiero por fiero, ni al viejo por viejo, ni al muchacho por muchacho. A todos se los lleva iguales.

Bueno cuando ya acabaron de comerse la gallina, le dijo la muerte que pidiera merced, y él dijo:

—Señora, ¿qué merced quiere que pida? Si usted quiere darme merced, deme lo que a usted le nazca.

Pues voy a darte la merced que seas curandero. Pero te voy a advertir una cosa, que cuando tú vayas a curar a un enfermo y me veas a la cabecera, no lo cures aunque te paguen lo que te pagaren, te prometan lo que te prometieren. No lo cures. Ya ése no tiene más remedio que morir. Ya está llamado de Dios. Y si me ves a los pies, cúralo con agua, tierra o polvo. Se levantará güeno y sano. Pero si me ves a la cabecera, no te atrevas a curarlo aunque te prometan lo que te prometieren.

Él estuvo curando a muchos enfermos y le había ido muy bien; curaba con los santos remedios y la gente le pagaba bien con comida y

otros bienes. El último que curó fue a un rey, el más rico que había en todo el mundo. Ahí quebrantó el mandado que le había advertido la muerte. Cuando entró él a la casa donde estaba el rico, encontró a la muerte en la cabecera de la cama del enfermo. Él la agarró y la estuvo atarantando en una cuna hasta que la puso en los pies de la cama y ahí se quedó aburrida. Entonces curó al rey.

Cuando volvía en el camino, le salió la muerte al curandero y le dijo que había desobedecido el mandado que le había advertido antes.

—¿No te dije que no curaras cuando estaba en la cabecera?

Y lo metió para un cuarto y le enseñó dos velas; una de las velas ya se iba acabando y la otra estaba muy larga.

—¿Ves esta vela? La grande eras tú y la chiquita el enfermo. Ahora tú eres la chiquita y el enfermo es la grande.

En ese momento, la llama de la vela chiquita se apagó y otra alma fue a unirse con las otras en la carreta de la Comadre Sebastiana, caminando despacito para la eternidad.

Leamos activamente

Rompecabeza de lectura

1. **Grupo de expertos.** Para la lectura de esta leyenda, el (la) maestro(a) les asignará un segmento que deberán preparar en grupos. Después de leerlo, decidan cuál parte de la narración les tocó: ¿el principio, la mitad o el final? Ofrezcan razones que justifiquen su decisión.

2. **Grupo de integración.** En este grupo van a organizar el relato en la secuencia correcta. Antes de leer en voz alta su fragmento, cada alumno(a) deberá justificar por qué considera que ese es el orden que le corresponde.

Ampliemos nuestra comprensión

Tres en turno.   Contesta oralmente las preguntas siguientes.

1. ¿Por qué razón crees tú que los habitantes de Nuevo México inventaron esta historia?

2. ¿Conoces tú otra historia acerca de la muerte?

Alistémonos para leer

Las leyendas históricas se basan en un hecho real que a lo largo de los siglos va adquiriendo características fantásticas. Muchas veces la leyenda se aparta de la realidad y crea una visión más poética y romántica. En las dos lecturas a continuación, «Los novios» y «Guanina», el tema central ha pasado a ser el amor. Al leerlas piensa en cuáles elementos históricos se conservan en estas dos leyendas.

Cuadro de comparación y contraste. Copia el siguiente cuadro en tu cuaderno. Lo vas a utilizar para tomar notas una vez hayas terminado la lectura.

	Guanina	Los novios
¿Quiénes son los personajes centrales y cuál es su procedencia?		
¿Cuál es el conflicto?		
¿Cómo se resuelve?		
¿Qué dato te parece interesante?		

Los novios

Leyenda mexicana

Al este de la capital de México, hay dos volcanes que siempre están cubiertos de nieve. Se llaman Popocatépetl, que tiene una altura de 17.000 pies, e Ixtaccíhuatl, un poco menos alto. De vez en cuando «Popo» se activa y echa humo, pero «Ixy» permanece quieta. «Popo» representa a un guerrero azteca velando al lado de su novia, Ixy, que está durmiendo. Los mexicanos dicen que cuando hay temblores él está llorando por su querida.

Hace muchos siglos había un emperador azteca que tenía una hija muy buena y hermosa que se llamaba Ixtaccíhuatl.

Un día el emperador recibió noticias que sus enemigos estaban preparando un ataque contra su país. Así el emperador llamó a su palacio a sus jóvenes guerreros valientes y les dijo:

—Como soy viejo, ya no puedo pelear. Por eso, nombren al guerrero más valiente para que sirva de jefe de nuestro ejército azteca. Si él puede vencer al enemigo y establecer la paz en nuestra tierra, le daré mi trono y la mano de mi hija.

—Popo es el más valiente y también el más fuerte. Él debe ser nuestro jefe —gritaron todos los guerreros menos uno.

—Muy bien. Popocatépetl, tú eres el jefe —dijo el emperador.— Yo sé que nuestros dioses van a ayudarte a ser victorioso.

Entre los guerreros había uno que estaba muy celoso de Popocatépetl. Pensaba que él mismo debía ser el jefe. Pero, él no dijo nada de lo que estaba pensando.

Nadie sabía que la princesa y Popocatépetl estaban enamorados. Antes de salir para la guerra, el joven jefe fue al jardín para decirle adiós a su querida princesa.

—Volveré pronto, mi querida —le dijo el joven a la princesa.

—Entonces nos casaremos.

—Sí, y tú estarás siempre a mi lado, ¿no es verdad? —respondió la princesa.

—Tienes razón. Voy a estar a tu lado para siempre —dijo el joven.

Con estas palabras, Popocatépetl salió para la guerra que era larga y cruel. Pero nadie era tan valiente como el jefe azteca.

Al fin, los guerreros aztecas fueron victoriosos y todos se prepararon para volver a la capital. Pero el guerrero que era celoso de Popocatépetl salió primero. Fue corriendo tan rápidamente que llegó dos días antes que los otros. En seguida anunció que Popocatépetl estaba muerto y que él mismo era el héroe de las últimas batallas. Por eso, debía ser el próximo emperador y el esposo de la princesa.

¡La pobre princesa! Estaba tan triste que ella quería morir.

El emperador estaba triste también porque creía que el guerrero decía la verdad acerca de Popo.

Al día siguiente hubo una gran fiesta en el palacio para celebrar la boda de la princesa y el guerrero celoso. De repente la princesa gritó:

—¡Ay, mi pobre Popocatépetl!

Y cayó muerta al suelo.

En esos momentos, los guerreros aztecas entraron en el palacio. Popocatépetl corrió al lado del emperador y anunció:

—Hemos vencido. Ahora la princesa y yo podemos casarnos.

Hubo un gran silencio. Todos miraron en la dirección de la princesa.

Al ver a su querida muerta, el joven corrió llorando a su lado. La cogió en los brazos y dijo:

—Hasta el fin del mundo voy a estar a tu lado, mi preciosa.

Entonces el jefe valiente llevó tristemente el cuerpo de la princesa a las montañas más altas. La puso en una cama de flores hermosas y se sentó a su lado.

Pasaron los días. Al fin, uno de los buenos dioses cambió a los novios en volcanes. «Ixy» permanece quieta. Pero, de vez en cuando «Popo» tiembla y de su corazón vienen lágrimas de fuego. Entonces todo México sabe que «Popo» llora por su querida princesa.

Guanina

Leyenda puertorriqueña

La siguiente leyenda es tal vez la mejor conocida de uno de los más famosos historiadores y cuentistas de Puerto Rico, Cayetano Coll y Toste.

Coll y Toste nació en Arecibo, en la costa norte de Puerto Rico, en 1850. Estudió medicina en España y practicó la medicina con éxito en su pueblo natal de Arecibo, y más tarde en San Juan. También sirvió en puestos políticos con el gobierno español y con el gobierno de los Estados Unidos. Su labor como escritor también fue grande. Una de sus muchas obras, Leyendas puertorriqueñas, *nos sirve de fuente de información no sólo para la famosa historia de Guanina, sino también para otras historias que leeremos más adelante.*

Coll y Toste murió en España en 1930, donde había ido para continuar sus investigaciones históricas.

Él era un gallardo y valiente caballero español.

Ella era una hermosa india, la hermana de un cacique.

Y se querían. Se querían aunque la paz que al principio existía entre sus dos pueblos se rompía por el mal trato que recibían los indios. Se querían aunque el hermano de la joven india era el cacique Guaybaná que instaba a los indios a sublevarse.

Nuestro caballero se llamaba Don Cristóbal de Sotomayor, y estaba sentado en su casa en la aldea de Agüeybaná. De repente se presentó Guanina, que así se llamaba la hermosa muchacha, y con voz llena de angustia, le dijo:

—Debes huir. Los caciques de Boriquén han decidido luchar. Han decidido matarte.

—Estás exagerando, Guanina. Los indios viven en paz.

—No estamos vencidos, señor. Y sabes que los tuyos nos tratan con mucha crueldad. Nos hacen trabajar mucho. Quieren ser nuestros amos y no nuestros amigos.

—Veo que tú estás rebelde también.

—Digo lo que siento porque quiero salvarte, amor mío.

Con esto, Guanina rompió a llorar y el joven hidalgo la retuvo entre sus brazos, besándola cariñosamente. De repente, llegó el intérprete de Don Cristóbal y le confirmó lo que decía Guanina: los indios estaban en rebelión. El intérprete también le aconsejó huir pero Don Cristóbal le contestó con enojo que los Sotomayor no huían jamás, y que no pensaba cambiar sus planes de viajar a la Villa de Caparra al día siguiente.

Temprano por la mañana, Don Cristóbal llamó a Guaybaná, el cacique principal de Boriquén y hermano de Guanina, y le dijo que nombrara un grupo de sus hombres para llevar el equipaje. Fruncido el ceño pero con cortesía, el cacique prometió cumplir las órdenes y salió. Pronto llegó un grupo de indios que se repartieron el equipaje. El intérprete expresó sus inquietudes a Don Cristóbal porque éste le había revelado a Guaybaná la ruta del viaje.

Despidiéndose por última vez de Guanina con un beso ardiente, Don Cristóbal y sus compañeros de armas se pusieron en camino. Pronto se internaron en los espesos bosques. De repente oyeron gritos. Era Guaybaná y sus guerreros que se acercaban para el ataque. Los indios que cargaban el equipaje de los españoles, como no estaban armados, botaron o robaron sus cargas y se fueron corriendo por el bosque.

Don Cristóbal y su pequeño grupo de amigos recibieron el ímpetu de Guaybaná y sus guerreros que se lanzaron sobre ellos. La lucha fue cuerpo a cuerpo, las espadas de los españoles contra las macanas de los indios. Ambos grupos gritaron. Las macanas de los indios volaban partidas por el buen acero de las espadas españolas. Pero los guerreros de Guaybaná pelearon bien y pronto cayeron todos los españoles menos Don Cristóbal. Éste trataba de acercarse a Guaybaná cuando recibió un tremendo macanazo en la cabeza que le quitó la vida.

Más tarde, Guaybaná y los suyos estaban descansando en una loma cercana. —Don Cristóbal era muy valiente. Es preciso enterrarlo con los honores de un gran guerrero —dijo Guaybaná.

Pero cuando los de la comitiva india llegaron al sitio del combate, encontraron que Guanina ya estaba allí, besándole y lavándole la cara a su amante, tratando inútilmente de devolverle la vida. Volvieron los indios e informaron a Guaybaná.

—Está bien. Respeten el dolor de Guanina, amigos míos. Mañana será sacrificada sobre la tumba de su amante para poder acompañarlo en la otra vida.

Pero no fue necesario. Cuando volvieron los indios al lugar de la batalla, encontraron a Guanina ya muerta, descansando su cabeza sobre el pecho del hidalgo español. Fueron enterrados juntos al pie de un árbol grande. Brotaron después sobre esta tumba rojas amapolas y lirios blancos. Y dicen los campesinos del lugar que al atardecer se escuchan entre la brisa dulces cantos de amor. Se cree que son las almas de Don Cristóbal y de Guanina que, fieles a su gran amor, salen de la tumba para mirar la puesta del sol y besarse a los rayos de la luna.

Flor semántica. Trabajando en parejas, busquen en los dos relatos anteriores cinco palabras o frases que pertenezcan a cada una de las categorías de las siguientes flores semánticas.

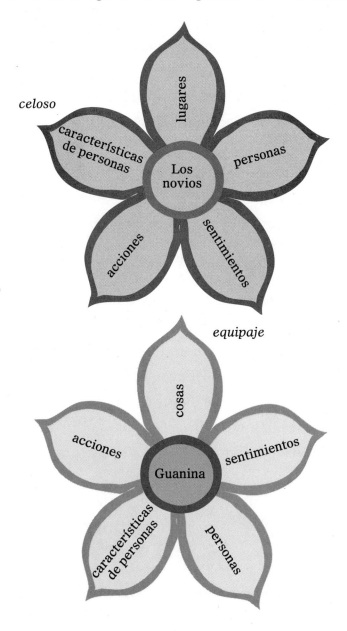

Alistémonos para leer

En los mitos intervienen dioses y personajes extraordinarios. Todas las civilizaciones han creado sus propios mitos para explicar los fenómenos que no logran comprender. El siguiente es un mito de los indios taínos de Puerto Rico que explica el origen del hombre.

Ramillete de ideas. Dibuja un diagrama en forma de ramillete y anota cuatro ideas que hayas escuchado acerca de cómo se creó el universo.

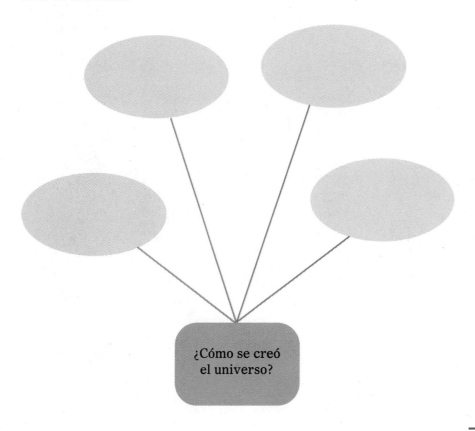

¿Cómo se creó el universo?

La creación
(hace mucho tiempo)

Mito puertorriqueño

Cuando llegaron los españoles a Puerto Rico, encontraron indios que se llamaban taínos. Los taínos tenían su propia cultura, su propio idioma y sus propias tradiciones. Y tenían también enemigos. Éstos eran los caribes, otra tribu que venía de América del Sur. Los caribes habían ocupado otras islas al sureste de Puerto Rico y empezaban a invadir a Puerto Rico mismo.

Aquí presentamos algunas de las creencias de los taínos:

En el principio Atabei creó el cielo, la tierra y los otros cuerpos celestes.

Atabei siempre había existido. Atabei era la madre original. Atabei era la gran fuerza creadora.

Pero no había vida. No había luz. Todo estaba como en un profundo sueño. Y durante mucho tiempo todo continuó así.

Pero Atabei por fin se dio cuenta de que algo faltaba. Y tuvo dos hijos que formó de elementos mágicos e invisibles del espacio. Los dos hijos se llamaron Yucajú y Guacar. Y Yucajú se preocupó porque no había luz ni vida en la creación. Atabei estaba contenta porque Yucajú podía ahora terminar su obra.

Y Yucajú creó el sol y la luna para alumbrar la tierra. Tomó piedras preciosas de la tierra y las puso en el cielo. Y estas piedras ayudaron a la luna a alumbrar de noche. La tierra fue fértil y en ella crecieron

plantas y árboles. Yucajú creó entonces animales y pájaros para vivir entre las plantas y los árboles.

Entonces Yucajú decidió crear algo nuevo, algo diferente, algo entre un animal y un dios. Y así formó el primer hombre y la primera alma, o *jupía*. Y llamó al primer hombre Locuo. Locuo se sintió contento en la tierra, feliz entre tanta belleza. Y se arrodilló para dar gracias a Yucajú.

Guacar vio con envidia toda la obra de su hermano. Se fue a un lugar oculto y durante un tiempo no hizo nada. Pero no pudo soportar la envidia y empezó a hacerle daños a la obra de Yucajú. Y cambió de nombre, convirtiéndose en el terrible dios del mal, Juracán.

Juracán movía los vientos. A veces los movía con tanta fuerza que destruían la obra de Yucajú. Arrancaba los árboles y mataba a los animales. Locuo ya no se sentía tan contento pues tenía miedo. Ya no podía gozar tanto de las bellezas de la tierra.

Además de enviar vientos fuertes, Juracán hacía temblar la tierra. Esto era uno de sus juegos favoritos. En uno de los temblores más fuertes dividió el continente americano. Así se formaron las Antillas.

Pero Locuo continuó viviendo en la tierra y Yucajú creó otros dioses para ayudarlo. Locuo aprendió a hacer imágenes de estos dioses que él llamaba cemíes. Y Yucajú le dio a Locuo el fuego y así aprendió a cocinar sus comidas. Aprendió a hacer el casabe de la yuca. Pero Locuo vivía solo en la tierra. Un día, se sintió inspirado de tanta belleza que había en la naturaleza, y se abrió el ombligo, dando paso a dos criaturas que eran como él. Eran un hombre y una mujer. El hombre se llamó Guaguyona, y la mujer Yaya. Y los hijos y nietos de Guaguyona y Yaya poblaron la tierra.

Pero los descendientes de Guaguyona y Yaya sufrieron mucho porque Juracán mandaba inundaciones y vientos fuertes. Y mandaba maboyas o espíritus malos, que causaban problemas en la vida diaria de los hombres. Las maboyas rompían las canoas en el río, tiraban piedras sobre las casas y escondían la pelota con que se jugaba. Y causaban también enfermedades y problemas entre los hombres.

Así se explicaron los taínos los fenómenos de la naturaleza y el origen del bien y del mal. Los caribes, que llegaron desde otras islas al sureste de Puerto Rico, eran malos. Eran feroces guerreros que en sus ataques destrozaban las aldeas taínas y se llevaban a las mujeres. A éstos los taínos consideraban agentes de Juracán.

Y si Juracán mandaba a los caribes, tal vez Yucajú mandaría gente buena para ayudar a rechazar a los caribes.

Así, cuando llegaron los españoles a Puerto Rico, los taínos sin duda pensaron que éstos eran los que Yucajú mandaba.

Y se equivocaron.

Afiche colaborativo.   Trabajando en grupos de cuatro, relean la sección que les corresponda y dibujen un afiche que la represente. Practiquen en voz alta la lectura del pasaje y decidan cómo presentarla frente a la clase.

5

Alistémonos para leer

El pueblo griego posee una mitología muy rica y variada. En el siguiente mito del dios Apolo y de su hijo Faetón se plantea una explicación a ciertos fenómenos naturales. Mientras lo escuchas piensa en las siguientes preguntas: ¿A cuáles fenómenos se refiere el mito? ¿Cuál es la explicación científica de estos fenómenos?

Entrevista en tres etapas

1. ¿Siempre sigues los consejos de tus padres?

2. ¿Recuerdas alguna ocasión en que no le prestaste atención a las recomendaciones de tus padres?

3. ¿Qué ocurrió como consecuencia?

Escucha y contesta.   Escucha el comienzo del mito griego de Faetón. Lee las siguientes preguntas y prepárate a contestarlas después de escuchar la cinta.

Primer segmento

1. ¿Qué clase de muchacho es Faetón?

2. ¿Por qué se enfada tanto?

3. ¿Qué crees que va a suceder?

Segundo segmento

1. ¿Qué crees que va a hacer Faetón?

2. ¿Qué harías en su lugar?

3. ¿Cómo crees que va a acabar la historia?

Tercer segmento.   Escucha el final de la obra. Anota dos razones por las cuales tú crees que los antiguos griegos crearon este mito. ¿Qué interrogantes estarían tratando de contestarse?

Faetón

Mito griego

Personajes:

Narrador

Faetón...............................un adolescente ambicioso

Apolo.................................el dios Sol, padre de Faetón

Clímene ....madre de Faetón

Epafo ....uno de los amigos de Faetón

Zeus ....dios de los cielos y rey de los dioses

La Tierra

Un muchacho

Una muchacha

Primer segmento

NARRADOR: Como a todos los jóvenes, a Faetón y a Epafo les
encantaban las competencias atléticas, tales como la lucha
libre. Pero estos dos jóvenes eran diferentes, ya que ambos
tenían por padre a un dios o, por lo menos, así se creía.

Un MUCHACHO: ¡Eso! ¡Está bien! ¡Agárralo, Epafo!

UNA MUCHACHA: ¡Cuidado, Faetón!

FAETÓN: ¡Aaay!

EPAFO: (luchando) ¡Ríndete, Faetón!

FAETÓN: ¡No!

MUCHACHA: ¡Puedes vencerlo, Faetón!

MUCHACHO: ¡Ánimo, Epafo!

EPAFO: Pelea con alguien de tu tamaño, yo soy demasiado grande para ti. Además cuento con la fuerza de Zeus.

MUCHACHA: ¡Así, Faetón! ¡Agárralo desprevenido!

FAETÓN: ¿Ves? El dios Sol, Apolo, es mi padre. ¿Reconoces que tengo su fuerza?

MUCHACHO: Alardeas, Faetón.

EPAFO: ¿Qué dices, Faetón? ¿Quién te dijo que Apolo es tu padre?

FAETÓN: Mi mamá.

EPAFO: Y...¿tú le crees? ¡Qué tonto eres!

FAETÓN: ¡Ay!

NARRADOR: Aprovechando el desconcierto de Faetón, Epafo lo tira al suelo.

EPAFO: ¡Toma!

MUCHACHO: ¡Bravo, bravo! Epafo ganó la contienda. Pudo tirar a Faetón al suelo.

EPAFO: Y si verdaderamente el dios Sol es tu padre, espero que haya visto esto.

NARRADOR: Faetón salta inmediatamente y corre donde Epafo.

FAETÓN: ¡Retira tus palabras!

EPAFO: Déjame en paz.

MUCHACHA: Sí, Faetón, Epafo ganó justa y limpiamente.

FAETÓN: Retira tus palabras, Epafo. ¡Apolo sí es mi padre!

EPAFO: Y Zeus es el mío.

NARRADOR: Con estas palabras los dos muchachos reanudan la pelea fieramente.

FAETÓN: ¡Dilo, Epafo, Apolo es mi padre!

EPAFO: ¡No!

FAETÓN: ¡Que lo digas!

EPAFO: Vamos, Faetón, realmente tú no crees esas tonterías, ¿verdad? Mira, mi madre dice que Zeus es mi padre, pero yo no lo tomo muy en serio. ¡Vamos, Faetón, madura!

MUCHACHO: Sí, madura. No dejes que se te suban los humos a la cabeza.

FAETÓN: Pero....

EPAFO: No te portes tontamente, sólo porque tu mamá te ha contado esa historia acerca de tu padre. Vamos, seamos amigos.

NARRADOR: Ese día Faetón fue a casa muy atribulado. Al llegar, su madre nota la angustia del joven.

CLÍMENE: ¿Qué pasa, Faetón? ¿Has estado peleando?

FAETÓN: Epafo y yo sólo estábamos luchando. Eso es todo.

CLÍMENE: ¿Por qué no juegas con muchachos de tu tamaño? Epafo es mucho más grande que tú. Mírate, tus ropas están desgarradas y tú estás cubierto de moretones.

FAETÓN: Epafo me venció.

CLÍMENE: No me sorprende en absoluto. Él tiene la fuerza de un toro, como su padre Zeus.

FAETÓN: Mamá, ¿es verdad que Apolo, el dios Sol, es mi padre?

CLÍMENE: ¡Por supuesto! ¿No es acaso lo que siempre te he dicho?

FAETÓN: Sí, mamá, ¿pero es *realmente* verdad?

CLÍMENE: Sí, mi amor, lo es.

FAETÓN: Entonces, ¿cómo es que él nunca está aquí, como los otros padres?

Segundo segmento

CLÍMENE: Es que él se la pasa todos los días conduciendo la carroza del sol a través de los cielos para que haya luz y vida en la tierra.... ¿No me crees, hijo?

FAETÓN: Sí, pero.... Es que Epafo y los otros se burlan de mí cuando me refiero a mi padre.

CLÍMENE: ¡Ah! Eso es lo que te ha estado molestando, ¿verdad?

FAETÓN: Es que ellos dicen que es sólo un mito que las madres les cuentan a sus hijos para hacerlos sentirse importantes.

CLÍMENE: No debes prestarles atención. Están celosos. Eso es todo.

FAETÓN: Mamá, si realmente es verdad, dame una prueba, no tanto por mí, sino por los otros.

NARRADOR: Madre e hijo salen al jardín.

CLÍMENE: Faetón, mira al cielo y que el sol sea mi testigo. Te juro que Apolo es tu padre. Si te estoy engañando, que nunca más pueda ver la luz del día. ¿Ahora sí estás satisfecho hijo mío?

FAETÓN: Pero eso no es una prueba. Júralo por la infernal laguna Estigia.

NARRADOR: Clímene se horroriza de la petición de su hijo.

CLÍMENE: Faetón, sólo un dios puede hacer eso. Tu padre es un dios, pero yo no.

FAETÓN: Entonces, se lo debo pedir a él directamente.

CLÍMENE: Pues quizás eso es lo que debes hacer. El lugar de donde él parte no está muy lejos de aquí. Tú lo puedes encontrar. Tienes tanta presencia de ánimo como tu padre.

FAETÓN: Entonces iré mamá, ¡qué bueno! Yo mismo le pediré a mi padre que me dé su bendición.

CLÍMENE: Debes tener mucho cuidado.

FAETÓN: Hoy mismo partiré. Gracias, mamá.

NARRADOR: Faetón no cabía en sí de contento. Viajó hacia el este, mucho más allá de su país, hasta que llegó al borde de la tierra. Allí se encontraba un deslumbrante palacio del cual cada mañana partía

la ardiente carroza del sol. El palacio resplandecía de oro, sus tejados estaban coronados de marfil, y las puertas eran plateadas y brillantes. Faetón se detuvo asombrado frente a la puerta.

FAETÓN: ¡Qué hermosamente talladas están estas puertas! En ellas se puede apreciar toda la historia de la creación.

NARRADOR: En el centro se veía la tierra rodeada por el poderoso océano. A través de la tierra se veían hombres y mujeres, ciudades y bosques, bestias y plantas; y por encima de todo esto se elevaba la cúpula del cielo con los doce signos del zodíaco. Con un estallido de fuego las puertas del palacio se abrieron y Faetón entró. A su derecha e izquierda se encontraban las Horas, los Días, los Meses, los Años y los Siglos. Allí estaba la Primavera con flores en el cabello y el Verano con guirnaldas de trigo. El Otoño estaba coloreado de uvas de la cosecha, y el gélido Invierno aparecía con el cabello congelado. En un trono se encontraba Apolo, el dios que quizás era su padre. Faetón trató de acercarse, pero tuvo que retroceder, tan fuerte era la luz que emanaba del dios.

FAETÓN: ¡Mis ojos, no puedo ver!

NARRADOR: Cuando Apolo vio al muchacho en la puerta de inmediato reconoció a su hijo.

APOLO: Faetón, ¿por qué has venido hasta aquí?

FAETÓN: He venido en busca de mi padre. Perdóname si estoy equivocado, pero mi madre Clímene dice que tú lo eres. ¿Es verdad?

APOLO: Faetón, tu madre no te ha dicho ninguna mentira. Tú mereces ser llamado mi hijo.

NARRADOR: Apolo se sacó la brillante corona de luz y la dejó a un lado para no cegar al atemorizado muchacho.

APOLO: Ven aquí mi hijo, no tengas miedo.

FAETÓN: ¡Papá!

APOLO: ¡Hijo mío!

FAETÓN: Ahora ya no tengo que dudar nunca más. Pero, padre, nadie me va a creer si no llevo alguna prueba. Si regreso a casa y digo que tú me llamaste hijo, todavía se reirán de mí.

APOLO: ¡Yo soy tu padre! Que nadie lo dude. Juro por la laguna Estigia que te otorgaré cualquier deseo que me pidas. Nunca he visto ese río, porque el mundo de los muertos nunca es alumbrado por el sol. Pero cuando un dios jura por la laguna Estigia, debe cumplir su palabra.

FAETÓN: ¡Ya sé! Déjame que conduzca yo solo tu carroza a través del firmamento.

NARRADOR: El dios estaba horrorizado. No podía creer lo que escuchaba.

APOLO: Pídeme cualquier cosa menos eso. Es lo único que debo rehusar.

FAETÓN: Pero tú lo has jurado. No puedes rehusarte.

APOLO: Es que mi amor por ti me hizo actuar precipitadamente. Haría cualquier cosa por retirar mi promesa. ¡Sé razonable! Pídeme otra cosa.

FAETÓN: ¿Por qué no puedo aprender a hacer lo que tú haces, si realmente soy tu hijo?

APOLO: Lo que me pides es peligroso. La carroza no ha sido diseñada para manos mortales, menos aún para las manos de un joven. Tú me pides que te deje hacer lo que ni siquiera un dios se atrevería a pedir. Ningún dios puede tomar mi lugar en la flameante carroza, ni siquiera Zeus. Y, ¿quién es más poderoso que Zeus? No, mi hijo, sólo yo soy capaz de conducir esa carroza. Por favor pide otro deseo.

FAETÓN: Si yo puedo pelear con Epafo, el hijo de Zeus, también puedo conducir la carroza del sol.

APOLO: No sabes lo que estás pidiendo. Al comienzo, el camino es tan empinado que mis caballos apenas si pueden subir. Una vez en la cumbre, nos encontramos tan alto que aún yo me mareo al mirar hacia abajo a la tierra y al mar tan lejanos. Luego el descenso es tan vertical que los caballos deben ser controlados firmemente. Mientras tanto, el universo está girando y las estrellas pasan vertiginosas a mi alrededor. Imagínate en mi carroza. ¿Acaso la podrías controlar?

FAETÓN: Sí, porque tú eres mi padre.

APOLO: No entiendes, hijo mío. Imagínate que por un milagro te mantuvieras en el rumbo, todavía tendrías que pasar a través de salvajes constelaciones: el embistiente Tauro, el hambriento Leo, el ponzoñoso Escorpión y el maligno Cáncer. Mis propios corceles son indómitos, aun a mí me cuesta arduo trabajo controlarlos. Pide otra cosa. Si quieres una prueba de que soy tu padre, mírame al rostro y ve cuánto me preocupo por ti. Pide cualquier cosa, menos conducir mi carroza.

Tercer segmento

FAETÓN: ¡No te preocupes, papá, sí lo puedo hacer! ¡No te desilusionaré!

NARRADOR: ¿Qué podía hacer Apolo? No podía romper su promesa. Llevó al muchacho hacia la flameante carroza. Los caballos relincharon. Con gran placer, Faetón admiró la carroza. Estaba hecha de oro y plata con incrustaciones de piedras preciosas. Mientras el muchacho la contemplaba admirado, la diosa del amanecer abrió las puertas de la mañana y las estrellas comenzaron a huir del cielo.

APOLO: Ven, Faetón, déjame aplicar este ungüento en tu cara; te protejerá de las quemaduras; y deja que mi fogosa corona descanse sobre tu cabeza para iluminar al mundo.

FAETÓN: La llevaré con mucho orgullo, padre.

APOLO: Ahora, escúchame: No uses mucho el látigo y controla firmemente las riendas. Los caballos necesitan ser controlados, no estimulados. No cortes en línea recta a través del cielo. La ruta verdadera sigue una gran curva. Si vas demasiado alto, incendiarás los cielos, si bajas demasiado, carbonizarás la tierra. Y mantente alejado de las salvajes constelaciones. Eso es todo lo que te puedo decir, el resto se lo dejo a la fortuna.

NARRADOR: Faetón entusiasmado sube a la carroza.

FAETÓN: Ya estoy listo padre.

APOLO: Espera, toma mi consejo, no mi carroza. Deja que yo ilumine al mundo mientras que tú observas sano y salvo desde la sólida tierra.

FAETÓN: No te preocupes, papá, yo lo puedo hacer. Que comience el día.

APOLO: Escúchame hijo....

NARRADOR: Pero antes de que el padre pudiera terminar, el muchacho ya había incitado a los caballos que se lanzaron en loca carrera hacia el firmamento.

APOLO: Faetón, mantente por el medio del camino, toma las riendas firmemente....

FAETÓN: Adiós, padre.

NARRADOR: El muchacho pronto se encontró en problemas.

FAETÓN: ¡Tranquilícense! ¡Más despacio! ¡Más despacio!

NARRADOR: La carroza, sin Apolo, estaba más ligera que de costumbre; los caballos lo sabían y se fugaban fuera de control. Faetón estaba aterrorizado.

FAETÓN: ¡Las bestiales constelaciones! ¡Mi padre me lo advirtió! Allí está la Osa, debo alejarme.

NARRADOR: La Osa gruñó, el muchacho miró hacia abajo desde la cumbre de los cielos y vio la tierra lejana. Sus rodillas temblaron y casi se desmaya.

FAETÓN: ¡No debo mirar hacia abajo!

NARRADOR: El aterrorizado muchacho no soltó las riendas, pero tampoco las cogió firmemente. Y lo peor aún estaba por venir. El muchacho estaba exhausto.

FAETÓN: ¡Cómo quisiera ser el hijo de un pobre campesino, no de un dios! Quisiera que Apolo se hubiera reído en mi cara cuando lo llamé padre.

NARRADOR: Mientras la carroza se precipitaba, el Escorpión le clavó el aguijón a Faetón. El muchacho gritó. Estaban tan atemorizado que soltó las riendas. Los caballos tiraron cada uno por su lado, primero subieron y atropellaron a las estrellas y luego se lanzaron hacia la tierra.

FAETÓN: ¡Qué he hecho!¡Las nubes están hirviendo, las montañas se incendian, los valles, los cultivos y los árboles han estallado en llamas! Ciudades enteras son devoradas por el fuego. La carroza está iridiscente. ¡Voy a quemarme, todo se va a quemar!

NARRADOR: La carroza cayó descontroladamente y de sus ruedas se desprendían chispas. El Sahara se convirtió en desierto. Los grandes ríos se evaporaron. El océano hirvió. La Tierra, nuestra madre, temblando, habló.

LA TIERRA: ¿Es éste tu deseo, Zeus, dios de los cielos? ¿Es ésta mi recompensa por ofrecerle cultivos a los mortales? ¿Y qué ha hecho tu hermano, el dios de los mares, para merecer esta suerte? ¿Por qué están hirviendo y destruyéndose los océanos? A ti no parecen

importarte ni tus hermanos ni yo. Piensa en tus propios cielos. Si los mares se secan, las tierras perecen y los cielos se hunden, todos estaremos perdidos. ¡Salva lo que aún queda!

NARRADOR: Zeus llamó a todos los dioses. Quería que se dieran cuenta de que el Universo perecería si él no hacía algo por evitarlo. Especialmente quería que Apolo entendiera el terrible peligro.

ZEUS: ¿Se dan cuenta? La carroza corre descontrolada. Toda la creación se incendiará a menos que detenga a Faetón. ¡Tengo que hacerlo!

APOLO: Es mi hijo, mi hijo. Él me rogó conducir la carroza. Yo le había prometido por el Estigia que le concedería un deseo. Tuve que mantener mi palabra. Ahora sufre todo lo que temí.

NARRADOR: Zeus lanzó un rayo a la descontrolada carroza. Faetón cayó envuelto en llamas; parecía una estrella fugaz. Poco queda por narrar. Un dios río encontró el cuerpo de Faetón y le dio decente sepultura. Le puso una lápida y le talló un epitafio. Apolo lamentó la muerte de su hijo. Cuenta la historia que todo un día transcurrió sin la luz del sol. Clímene, la madre, vagó por la tierra hasta que llegó al lugar donde cayó Faetón. Allí leyó su epitafio:

«Aquí yace Faetón.
Neciamente trató de conducir
la carroza del sol.
La desgracia que causó
sirva de lección».

Leamos activamente

Lectura dramatizada. Practica con tus compañeros la lectura de la sección que te sea asignada para presentarla a la clase.

Ampliemos nuestra comprensión

Piensa y anota. Piensa en tres características esenciales de tu personalidad y anótalas en una hoja de papel. Por ejemplo podrías anotar: soy generoso(a), amable e impulsivo(a) o soy nervioso(a), trabajador(a) y responsable.

Encuentra tu signo. Fíjense en los cartelitos que se han colocado alrededor del salón. Según la fecha de nacimiento de cada uno, diríjanse hacia el lugar donde está la tarjeta que les corresponde. Por turno, compartan las características que anotaron. Decidan si hay alguna coincidencia entre los estudiantes que pertenecen a cada grupo. Compartan los resultados con toda la clase.

Los antiguos y el zodíaco. El hombre primitivo no se quedaba a vivir en un solo sitio, y como en ese tiempo no existían carreteras ni carteles indicadores, sus únicos puntos de referencia y orientación eran las estrellas. Sobre todo observó al sol. El hombre debió haberse dado cuenta muy pronto de que el sol siempre sale por la misma región y desaparece por la región opuesta. Este descubrimiento parece fácil y sencillo, pero, en realidad, fue el resultado de largas y cuidadosas observaciones. Su mente fantasiosa imaginó al sol como un carro de fuego arrastrado por briosos corceles que salía de un extremo del horizonte y se perdía en el otro. Asimismo, observó que las estrellas, en doce grupos distintos, se movían en el firmamento de acuerdo a las estaciones. Los antiguos llamaron a estos grupos estelares *constelaciones zodiacales* y les dieron bonitos nombres, según las imágenes que las formas de sus grupos sugerían: Aries, Tauro, Géminis, Cáncer, Leo, Virgo, Libra, Escorpión, Sagitario, Capricornio, Acuario y Piscis.

Observa y dibuja. En tu cuaderno dibuja tu signo zodiacal y escribe los rasgos más sobresalientes de tu carácter.

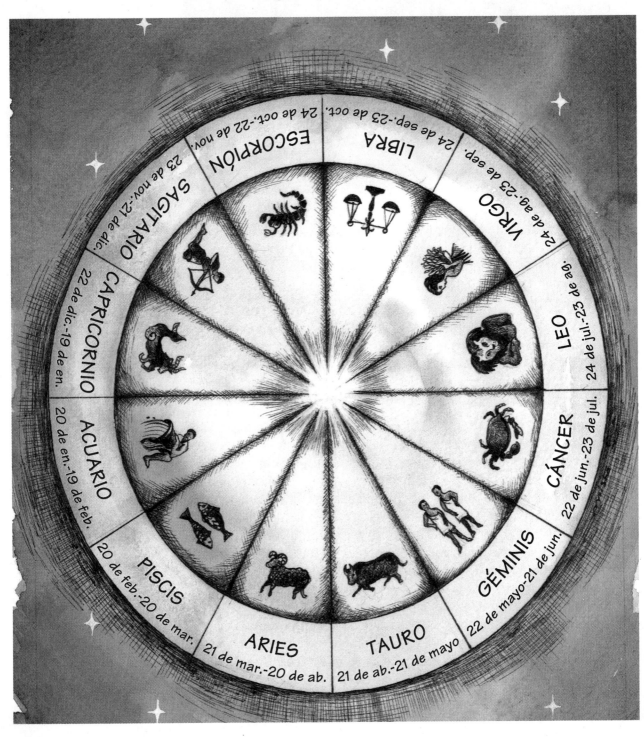

Alistémonos para leer

Uno de los temas más comunes en los mitos de los pueblos primitivos es el de cómo el hombre consiguió el fuego. En este capítulo y en el siguiente vas a leer dos versiones diferentes del mismo mito. A medida que los leas, fíjate en las semejanzas y diferencias entre las dos versiones.

Visualización. Tu maestro(a) va a leer en voz alta la descripción de una escena. Mientras él (ella) lee, cierra los ojos y trata de visualizarla en tu mente.

Leamos activamente

Lectura—Enseñanza recíproca. Ésta es una estrategia de lectura que te ayudará a leer más eficientemente. Con esfuerzo, perseverancia y tiempo lograrás dominar esta técnica.

La trampa del coyote

J. J. Gómez Palacios

El dios Kareya hizo a todos los hombres y los animales, pero no quiso que tuviesen fuego. Para asegurarse de que no robarían ni una brasa, lo encerró en un cofre y lo dio a guardar a dos viejas brujas.

Pero el coyote era amigo de los hombres y prometió ayudarlos. Primero convocó a todos los animales, desde el puma hasta la rana. Después los ubicó en fila a lo largo de un camino; era el camino que iba desde el pueblo de los indios hasta la región en que vivían las brujas. Hizo una fila muy larga, que empezaba con los animalitos más débiles ubicados cerca del pueblo, y terminaba con los animales más fuertes cerca de la casa de las viejas.

Después, el coyote fue a la vivienda de las brujas, como quien va de visita.

—¡Buenas noches! —les dijo—. ¡Qué nochecita tan fría! ¿Me dejarían sentarme junto al fuego?

Las brujas lo dejaron pasar y él se echó junto al fuego; al rato apoyó la cabeza entre las patas y se hizo el dormido, pero con el rabillo del ojo vigiló a las guardianas del fuego. Inútilmente esperó a que se durmieran; esas dos no dormían jamás, ni de día ni de noche, y el coyote se dio cuenta de que robar el fuego era más difícil de lo que él pensaba.

Al día siguiente se despidió y se fue muy tranquilo para que no sospechasen nada. Pero apenas se alejó de la casa corrió a buscar un indio y le dijo lo que tenía que hacer:

—Esta tarde volveré a la casa. Cuando yo esté allí, entrarás tú haciendo como si quisieras robar el fuego.

Esa tarde el coyote volvió a la casa y saludó a las viejas:

—Buenas tardes, hoy hace más frío que ayer. ¿Me dejarían calentarme junto al fuego?

Las brujas no sospecharon del coyote y lo dejaron entrar. Al poco rato se abrió la puerta y entró el indio, que se abalanzó sobre el fuego.

Enseguida las viejas lo sacaron corriendo por una puerta, y entonces el coyote aprovechó para robar el tizón y salió por la otra puerta con el fuego entre los dientes.

Las brujas guardianas vieron un resplandor de chispas, se dieron cuenta de la trampa y se volvieron para perseguir al coyote.

El coyote casi volaba, pero las brujas no eran lerdas; ya estaban por alcanzarlo cuando el coyote, cansadísimo, llegó al lugar donde le esperaba el puma y le arrojó el fuego.

El puma se echó a correr con el tizón entre los dientes, y las brujas detrás del puma. El puma corrió como loco hasta el sitio donde lo esperaba el oso y le arrojó el tizón; siguió la carrera el oso y las brujas detrás del oso. El oso se lo entregó al lobo, que siguió disparado, y las brujas detrás del lobo. El lobo se lo dio al zorro, el zorro al perro, el perro al conejo, y las incansables brujas siempre pisándoles los talones.

La ardilla estaba penúltima en la fila, y cuando recibió el fuego, corrió tan rápida que se le quemó la cola y el lomo (por eso tiene la cola enroscada sobre el cuerpo y dos manchas negras sobre los hombros). Corrió la ardilla, y las brujas detrás. La rana estaba la última en la fila porque era la más lerda; cuando la ardilla le arrojó el fuego, la rana se lo tragó y saltó hacia el agua. En el momento de zambullirse, una de las brujas la agarró de la cola y se la cortó (por eso las ranas no tienen cola). Nadó la rana bajo el agua ¡y las brujas allí se quedaron muertas de rabia!

Por fin, la rana salió a la superficie y escupió el tizón sobre un tronco seco. Los indios dicen que por esa razón, cuando se frotan dos maderas, se produce fuego.

Ampliemos nuestra comprensión

Cuadro de secuencia de acciones. Trabajando con un(a) compañero(a), copia y completa el cuadro siguiente.

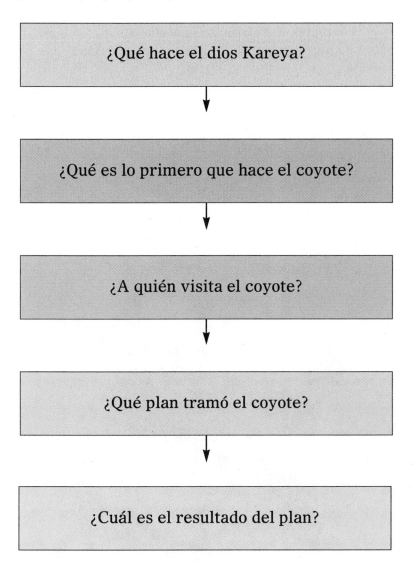

¿Qué hace el dios Kareya?

↓

¿Qué es lo primero que hace el coyote?

↓

¿A quién visita el coyote?

↓

¿Qué plan tramó el coyote?

↓

¿Cuál es el resultado del plan?

Trabajo en parejas

1. Haz una lista de los animales que intervienen en esta historia en el orden en que aparecen.

2. Ordena estas palabras de mayor a menor amplitud geográfica: planeta, pueblo, rancho, ciudad, nación, universo, provincia, región, capital, municipio, continente, estado.

Diálogo colaborativo.   En grupos escriban el diálogo que tuvo lugar en cada una de las siguientes escenas. Cada grupo se encargará de uno diferente. Al finalizar se hará una representación secuencial de los diálogos.

1. El dios Kareya les cuenta a las dos brujas que ha creado a los hombres y animales y les pide que guarden el fuego.

2. El coyote promete a los hombres conseguirles el fuego, y les cuenta su plan.

3. El coyote y las brujas se reúnen por primera y segunda vez en casa de éstas.

4. Los animales que roban el fuego tratan de protegerlo de las brujas.

Alistémonos para leer

Esta narración, «Cómo el tlacuache pudo robarse el fuego», forma parte de la visión cora sobre el origen del mundo. Los coras constituyen un grupo indígena cuyo pensamiento mágico religioso subsiste hasta nuestros días y se manifiesta en gran parte de sus actividades cotidianas. Este grupo habita en las montañas de la Sierra Madre Occidental, en el estado de Nayarit, y vive distribuido en ocho pueblos. Fernando Benitez, ensayista y novelista mexicano, recopiló este relato.

Cuadro de comparación y contraste. Vas a leer la otra versión de cómo el hombre obtuvo el fuego. Antes de leer, estudia el siguiente cuadro de comparación, cópialo en tu cuaderno y llena la primera parte que se refiere a la lectura que hiciste previamente.

	¿Cómo logró el hombre el fuego?	
	La trampa del coyote	**Cómo el tlacuache pudo robarse el fuego**
¿Quién posee el fuego?		
¿Quién lo busca y con qué objetivo?		
¿Cómo lo obtiene?		

Cómo el tlacuache pudo robarse el fuego

Mito de los indios cora de México

Hace muchos años no se conocía el fuego. Los hombres comían las raíces crudas, las semillas de chía crudas, la carne de los animales cruda. Todo debían comerlo crudo.

Los ancianos, los Principales, los que llamamos en nuestra lengua Tabaosimoa, se reunían y discutían entre ellos sobre la forma de tener algo que les diera calor y cociera sus alimentos. Discutían día y noche. Ayunaban, no tocaban a sus mujeres. Veían un fuego que salía por el oriente, pasaba encima de sus cabezas, se metía en el mar, y ellos no podían alcanzarlo....

Cansados los Principales, reunieron a todos los hombres y a todos los animales.

Hermanos —les dijeron—, ¿alguno de ustedes puede traernos el fuego que a diario pasa sobre nuestras cabezas?

—Se nos ocurre que cinco de nosotros vayamos al oriente, adonde aparece el Sol y le robemos uno de sus rayos, una brizna de ese fuego que nos calienta —propuso un hombre.

—Nos parece bien —contestaron los Principales—. Vayan cinco hombres y nosotros nos quedaremos aquí ayunando y rezando. Tal vez logren arrebatarle al Sol uno de sus rayos y tengamos al fin lo que tanta falta nos hace.

Salieron cinco hombres y llegaron al cerro donde nacía el fuego. Esperaron a que amaneciera. Entonces se dieron cuenta de que el Sol nacía en otro segundo cerro lejano y siguieron su camino.

Llegados a ese segundo cerro, vieron que el Sol aparecía en un tercero mucho más lejano y así lo persiguieron hasta un quinto cerro donde se les acabó el ánimo y regresaron tristes y cansados.

—Ah, Principales, hemos corrido de cerro en cerro persiguiendo al Sol y sabemos que nunca lo alcanzaremos. Por eso estamos tristes aquí de vuelta —tristes y derrotados.

—Bueno, ustedes han cumplido. Descansen. Nosotros seguiremos pensando en la forma de alcanzarlo. Les rogamos de todo corazón que nos ayuden con sus oraciones, con sus consejos.

Entonces salió Yaushu, el sabio Tlacuache, y dijo:

—Oigan ustedes, mis Principales: «Una vez hice un viaje al oriente y vi una luz muy lejana. Entonces me pregunté: ¿Qué es lo que brilla ahí, hasta donde alcanza mi vista? Yo debo saberlo. Me puse en camino día y noche. No dormía y apenas comía; no me importaba el sueño ni el cansancio. Al anochecer del quinto día vi que en la boca de una gran cueva ardía una rueda de leños, levantando llamas muy altas y torbellinos de chispas. Sentado en un banco, estaba un viejo mirando la rueda. Era un viejo alto, estaba desnudo, cubierto con su taparrabo de piel de tigre; tenía los cabellos parados y le brillaban espantosamente los ojos. De tarde en tarde se levantaba de su banco y echaba ramas y troncos a la rueda de lumbre. Me escondí asustado detrás de un árbol, sin atreverme a llegar. Luego me fui poco a poco. Mientras más me apartaba de la rueda, el calor disminuía. Es algo caliente —me dije—, algo terrible y peligroso». Eso fue lo que yo vi en el oriente, señores, padres míos.

—Y tú Yaushu, ¿quisieras volver a la cueva y traernos una brizna de esa luminaria?

—Yo me comprometo a volver si ustedes, Principales, y ustedes, mis hermanos, ayunan cinco días y le piden ayuda a los dioses con ofrendas de pinole y de algodones.

—Lo haremos según tus palabras, pero debes saber, Yaushu, que si nos engañas te mataremos.

Yaushu sonreía sin hablar. Los Principales ayunaron cinco días. Cinco días pidieron a los dioses que le concediera a Yaushu lo que anhelaban desde hacía larguísimos años. Cumplido el ayuno, le entregaron pinole de chía en cinco bolsas.

—Vengo pronto. De acuerdo con mi voluntad, en cinco días estaré de regreso. Espérenme pasada la media noche. Dejen a un lado el sueño y estén despiertos. Tal vez pueda morir. Si es así, no se lamenten, no piensen en mí.

Dicho esto Yaushu se fue cargando su pinole. A los cinco días encontró al Viejo sentado en el banco, contemplando el fuego.

—Buenas noches, Abuelo —saludó Yaushu.

El Viejo no contestó una palabra.

—Buenas noches, Abuelo —repitió Yaushu.

—¿Qué andas haciendo a estas horas? —le preguntó el Dueño del Fuego.

—Los ancianos, mis Principales que están abajo, me pidieron que les llevara agua sagrada.

—¿Por qué no viniste más temprano? Son horas inoportunas.

—Soy el correo de los Naboasimoa. Estoy muy cansado y sólo te pido que me des permiso de dormir un poco aquí contigo. Mañana al amanecer seguiré mi camino.

Después de rogarle mucho con su vocecita delgada y su poder de dominio, el Viejo le permitió quedarse fuera de la cueva:

—Puedes pasar aquí la noche a condición de no tocar ninguna cosa.

Yaushu se sentó cerca del fuego, mezcló el pinole con el agua de su bule y lo vació en dos platitos ofreciéndole uno al Viejo:

—Si tienes hambre yo te convido de mi bastimento, aunque todavía tengo mucho que andar.

El Viejo olió el pinole y su olor le llegó al corazón. Tomando el platito, vertió un poco en el centro de la hoguera. Luego metió el dedo en la mezcla, arrojó unas gotas por encima de su hombro, otras sobre la tierra y luego comió el resto. Dijo, devolviéndole a Yaushu el platito:

—Es muy rico tu bastimento, de mucha sustancia y me ha llenado la barriga. Que Dios te lo pague: «She timua, tamashiten».

Yaushu tendió su cobija a poca distancia de la cueva. Pensaba y pensaba sobre la manera de robarse el fuego. Luego, se le oyó roncar. El Viejo tendió a su vez una piel seca de animal y descansó su cabeza en una piedra. Al rato se levantó, le hizo una reverencia a la hoguera y la avivó. Después se acostó nuevamente; la piel crujía a cada uno de sus movimientos. Poco después roncaba.

Yaushu golpeó entonces el suelo con uno de sus pies y, convencido de que el Viejo dormía, se deslizó silenciosamente, estiró su cola y tomando un carbón encendido, se alejó poco a poco.

Había recorrido un largo trecho cuando sintió que se le venía encima un ventarrón. Los árboles se doblaban, rodaban las piedras. Yaushu corrió con todas sus fuerzas, pero el ventarrón lo alcanzó y el Viejo se paró frente a él temblando de rabia:

—Nieto, ¿qué es lo que hiciste? Te dije que no tocaras ninguna de mis cosas y has robado a tu abuelo. Ahora todo está hecho y vas a morir.

De inmediato, lo tomó con sus manos poderosas tratando de arrancarle el tizón. Aunque el carbón le quemaba la cola, Yaushu no lo soltó; el tizón era como una parte de su cuerpo. El Viejo lo pisoteó, le

machacó los huesos, lo levantó en el aire sacudiéndolo y al final lo arrojó al mundo. Entonces, seguro de haberlo matado, el Viejo volvió a cuidar el fuego. Yaushu rodó por la cuesta, bañado en sangre, chisporroteando como una bola de fuego. Así llegó donde estaban orando los Tabaosimoa. Más muerto que vivo, desenroscó su cola chamuscada, dejó caer el tizón, y los Principales encendieron hogueras.

El Tlacuache fue llamado el héroe Yaushu, en recuerdo de haber traído a los hombres el fuego del oriente. Todavía muestra la cola pelada y anda trabajosamente por los caminos, debido a que el Abuelo Fuego, con su terrible poder, le quebró todos los huesos.

Ampliemos nuestra comprensión

Comparación y contraste. Al terminar esta segunda versión sobre el origen del fuego, completa la segunda parte del cuadro comparativo.

Apuntes literarios

Los relatos de la literatura tradicional comprenden, entre otros, los mitos y las leyendas.

El mito es una historia que presenta explicaciones que el hombre se da acerca de los fenómenos que no alcanza a comprender. En ellos intervienen dioses y personajes maravillosos que realizan acciones sobrenaturales. Los temas se refieren al origen de la vida, fenómenos de la naturaleza, relaciones entre el hombre y su medio ambiente.

La leyenda se refiere a sucesos cuyos personajes son seres humanos que tienen características excepcionales o misteriosas. Por lo general se basan en un hecho real que, a través del tiempo, va adquiriendo características fantásticas.

Como puedes ver, desde el comienzo de la historia, el hombre siempre se ha preocupado por encontrar **el sentido de su vida**. En esa eterna búsqueda de soluciones, la literatura plantea una serie de alternativas que dan una respuesta a nuestros interrogantes.

Conclusión de la unidad

Síntesis y conexión de conceptos

Árbol de conexiones. Como repaso de esta unidad, clasifica los conceptos aprendidos, copiando y llenando el siguiente diagrama. Luego, compártelo con un(a) compañero(a).

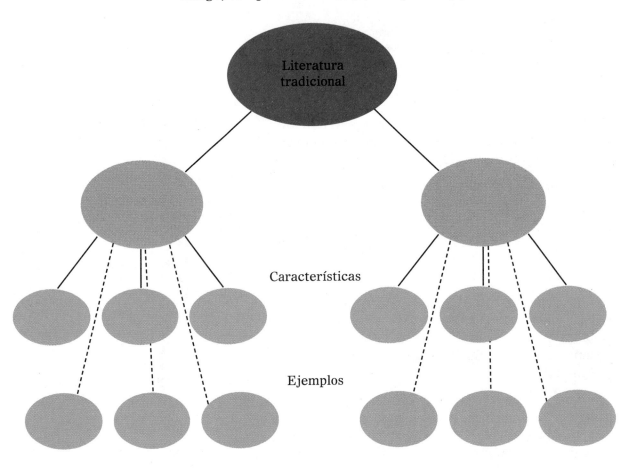

Toto, 1984, Frank Romero

Shadow and Sunlight, 1941, Allan Rohan Crite

Segunda unidad

Nuestra vida en comunidad

Le rodearon millones de individuos,
con un ruego común: «¡Quédate hermano!»
Pero el cadáver, ¡ay! siguió muriendo.

Entonces todos los hombres de la tierra
le rodearon; les vio el cadáver triste, emocionado;
incorporóse lentamente,
abrazó al primer hombre; echóse a andar...

César Vallejo

*E*l hombre es un ser social. Su vida se desenvuelve en el seno de la comunidad, en relación con los demás seres humanos. Si bien estas relaciones pueden ser armoniosas y llenas de satisfacciones, en muchas ocasiones, surgen conflictos, a los cuales debemos tratar de encontrar soluciones que ayuden a formar una sociedad más unida y solidaria. Los relatos de esta unidad muestran las experiencias de diversos personajes en su trato con los seres que los rodean.

Reflexión literaria

Hemos seleccionado las siguientes citas de autores para que reflexiones acerca de las razones que inspiran a los escritores a escribir sus obras y acerca de las funciones que puede tener la literatura en la sociedad. Lee las citas en silencio y discute estos temas con un(a) compañero(a). Luego copien el siguiente cuadro en sus cuadernos y complétenlo.

	G. García Márquez	Rodrigo Soto	Senel Paz	Rosaura Sánchez
País de origen	Colombia	Costa Rica	Cuba	Estados Unidos
Fecha de nacimiento	1928	1962	1950	1941
Edad				
¿Por qué escribe?				
Una idea importante de su entrevista es...				
¿Qué sentimientos le inspira el escribir?				

Gabriel García Márquez

Extracto de la entrevista realizada por Plinio Apuleyo Mendoza, publicada en su libro El olor de la guayaba, *Bogotá: Oveja Negra, 1982.*

—Empecé a escribir por casualidad, quizás sólo para demostrarle a un amigo que mi generación era capaz de producir escritores. Después caí en la trampa de seguir escribiendo por gusto y luego en la otra trampa de que nada me gustaba más en el mundo que escribir.

—*¿Cuál es en tu caso el punto de partida de un libro?*

—Una imagen visual. En otros escritores, creo, un libro nace de una idea, de un concepto. Yo siempre parto de una imagen. «La siesta del martes», que considero mi mejor cuento, surgió de la visión de una mujer y de una niña vestidas de negro y con un paraguas negro, caminando bajo un sol ardiente en un pueblo desierto.

—*¿Qué pasa cuando el libro que escribes se está terminando?*

—Deja de interesarme para siempre. Como decía Hemingway, es un león muerto.

Rodrigo Soto

Extracto de los comentarios del autor para la edición de 16 cuentos latinoamericanos, *Coedición Latinoamericana, 1992.*

Creo que la creación literaria es un camino como cualquier otro —ni mejor ni peor— para aprender de uno mismo, de los demás y del mundo.

(...) Quiero ser optimista, lo elijo, intento serlo a toda costa: ¿con qué fuerzas vivir sino con las que nacen de la convicción de que aún es posible mejorar las cosas?

Rosaura Sánchez

Extractos de las respuestas de Rosaura Sánchez para la edición de la antología Vistas del mundo hispánico, *Scribner Book Companies, Inc., 1986. Su cuento «Tres generaciones» aparece en la página 261 de este libro.*

¿Qué papel cree usted que tiene el(la) escritor(a) en nuestra sociedad? ¿Es diferente este papel para una escritora chicana?

El papel del escritor o de la escritora es siempre ideológico. El escritor analiza y refleja no sólo su propia perspectiva sino también la de su época. A veces los escritores sencillamente apoyan y refuerzan la ideología dominante, pero es posible asumir una actitud crítica y analítica en la literatura, para señalar las contradicciones de la sociedad y las fallas del sistema económico y político. La tarea del escritor es, por lo tanto, la de concientizar al lector. Pero sólo podrá hacerlo si el texto está bien escrito y bien logrado, lingüística y estructuralmente.

El papel de una escritora chicana es también ideológico. El escritor, sea hombre o mujer, debe ser un escritor comprometido a la lucha de clases, aquí en Estados Unidos, como en América Latina o en el resto del mundo.

Senel Paz

Extracto de los comentarios vertidos por el autor para la edición de 16 cuentos latinoamericanos, Coedición Latinoamericana, 1992. Su cuento «Como un escolar sencillo» aparece en la página 215 de este libro.

Escribir es un intento de comprender la vida, de comprenderse uno mismo y de dialogar con los demás. Muchas veces es un disfrute, un gozo, una felicidad, porque te sientes muy bien creando personajes e historias y sabes que éstos tendrán algún sentido para otras personas. En otras ocasiones es sufrir: sufres por lo triste que hay en el destino de los demás y en el tuyo propio, o sufres simplemente porque no puedes escribir como quieres, porque no logras que tus historias, sobre el papel, sean tan buenas como en tu mente, crees que nunca lo vas a lograr, que es imposible. Escribir es un trabajo difícil, duro, que pocos logran hacer bien. Demanda mucha paciencia, mucho estudio, mucha perseverancia.

Los escritores son los voceros de la comunidad. Al contar sus vivencias transcriben no sólo su propia realidad sino la del mundo en general. Así, a través de sus obras, vemos reflejados los problemas, las inquietudes, los anhelos del individuo y de la sociedad. En las lecturas de esta unidad encontrarás temas como la injusticia, la desigualdad social, la discriminación y la solidaridad. A medida que vayas leyendo las selecciones de esta unidad, analiza en qué forma presenta el escritor cada uno de estos temas y pregúntate qué sentimientos te inspira cada una de las situaciones presentadas.

Alistémonos para leer

La escuela es un reflejo de la vida en la que se presentan toda clase de situaciones. En el cuento «El premio» de Marta Salinas veremos cómo se soluciona un problema difícil que enfrenta una estudiante de la escuela intermedia.

Piensa, anota y comparte. Piensa en alguna ocasión en que fuiste tratado injustamente. Describe lo que pasó. Explica cómo te sentiste y cuál fue tu reacción. Al terminar de escribir comparte con un(a) compañero(a) tus anotaciones.

Guía anticipatoria. Lee las siguientes afirmaciones con cuidado y, trabajando individualmente, decide si estás de acuerdo o en desacuerdo con ellas. Luego, compara tus respuestas con las de un(a) compañero(a).

	De acuerdo	En desacuerdo	
1.	_____	_____	La justicia siempre triunfa al final.
2.	_____	_____	En la mayoría de los casos los maestros son justos con sus estudiantes.
3.	_____	_____	Los estudiantes deben respetar las decisiones de los maestros aunque no estén de acuerdo con ellas.
4.	_____	_____	Uno debe defender sus derechos siempre.
5.	_____	_____	Debemos desconfiar de las personas que no nos miran a la cara.
6.	_____	_____	Los estudiantes de bajos recursos económicos generalmente no se destacan en sus estudios.
7.	_____	_____	La raza o el grupo étnico al que pertenece un estudiante no influye para nada en la asignación de premios en las escuelas.
8.	_____	_____	Los consejos de los padres o abuelos son siempre valiosos.

Lectura oral. Vas a leer en voz alta y bajo la dirección del (de la) maestro(a) la primera parte del cuento «El premio».

El premio

Marta Salinas

Traducción de Ruth Barraza y Aída Walqui-van Lier

Primera parte

La escuelita a la cual asistí en Texas tenía una tradición: al finalizar
el octavo grado se premiaba al alumno que hubiera recibido las
calificaciones más altas con una hermosa chamarra de color verde y
dorado, que eran los colores de la escuela. La letra *S* en dorado lucía al
frente en el lado izquierdo y el nombre del ganador, también en dorado,
estaba bordado sobre el bolsillo. Hacía algunos años, mi hermana mayor
Rosie, había ganado la chamarra. Yo, que entonces cursaba el octavo
grado, esperaba ganarla este año. Desde el primer grado había sacado las
más altas calificaciones de mi clase, y este último año soñaba con ponerme
la chamarra. Mi padre era un trabajador del campo que no ganaba
suficiente para alimentar a sus ocho hijos, así que, cuando cumplí los seis
años, nos enviaron a mí y a mi hermana a casa de mis abuelos para que
ellos nos criaran. Nosotras no podíamos participar en los deportes de la
escuela porque había que pagar cuotas de matrícula, uniformes y viajes
fuera del pueblo; así que, a pesar de que éramos bastante ágiles y atléticas,
nunca hubiéramos podido soñar con ganar una chamarra de deportes. Ésta,
la chamarra de aprovechamiento, era nuestra única oportunidad.

Cerca de la graduación, en mayo, nos invadió la fiebre primaveral
y ya nadie prestó atención a clase; en lugar de eso contemplábamos a
través de las ventanas, y nos observábamos los unos a los otros,
queriendo acelerar las últimas semanas de clases. Yo me desesperaba

cada vez que me miraba en el espejo. Era muy flaca, sin ninguna curva; me llamaban «palillo» y «habichuela», y yo reconocía que así era como se me veía. Tenía el pecho completamente chato, no tenía caderas; todo lo que tenía era buenos sesos. Eso no es mucho para una chica de catorce años, pensaba, mientras distraídamente iba de mi clase de historia al gimnasio. Se acercaba una hora más de sudar en la clase de baloncesto y de mostrar mis piernas de palillos. Fue entonces cuando recordé que mi uniforme de educación física todavía estaba en una bolsa debajo de mi escritorio donde lo había olvidado. Tenía que regresar hasta la clase para recogerlo. La entrenadora Thompson gruñía como una osa si alguien no estaba uniformado para la clase. Había dicho que yo era una buena delantera, y hasta había tratado de convencer a mi abuela para que me dejara jugar en el equipo. Ella, consciente del costo, contestó que no.

Casi había llegado a la puerta del salón, cuando escuché unas voces que discutían furiosamente. Me detuve ya que no quería ser indiscreta; titubeé sin saber qué hacer. Necesitaba el uniforme y me estaba atrasando, pero no quería interrumpir una discusión entre mis maestros. Reconocí las voces: la del señor Schmidt, mi maestro de historia, y la del señor Boone, mi maestro de matemáticas. Parecían discutir acerca de mí. No lo podía creer. Todavía recuerdo la impresión que me causó. Me apreté contra la pared, como tratando de confundirme con el grafiti que estaba escrito allí.

—Me niego a hacerlo. No me importa quién sea su padre. Sus notas ni se acercan a las de Martha. No mentiré ni falsificaré ningún certificado. Martha tiene un promedio de A más, y tú lo sabes muy bien.

Era la voz del señor Schmidt que sonaba muy fastidiada. La voz del señor Boone se sentía suave y tranquila.

—Mira, el papá de Joann no sólo es miembro de la Junta Directiva, sino que también es el dueño de la única tienda en el pueblo. Podemos decir que hubo un empate y…

Mis oídos retumbaban ahogando el resto de las palabras; aquí y allá una palabra se filtraba a través del ruido: «…Martha es mexicana… renuncia… no lo haré». El señor Schmidt salió a toda prisa y, para mi suerte, fue en dirección contraria hacia el auditorio y no me vio. Temblando esperé unos minutos; luego entré, agarré mi bolsa y huí del salón. El señor Boone levantó la cabeza cuando entré, pero no dijo nada. Hasta hoy día no recuerdo si tuve problemas en educación física por llegar tarde, o cómo pasé el resto de esa tarde. Llegué a casa muy triste y lloré sobre la almohada esa noche para que mi abuelita no me pudiera escuchar. Parecía una coincidencia que yo hubiera escuchado esa conversación.

Cuando al día siguiente el director me llamó a su oficina, yo ya sabía por qué lo hacía. Se veía incómodo y apesadumbrado. Yo decidí que no le iba a facilitar las cosas y lo miré directamente a los ojos. Él me retiró la mirada jugando nerviosamente con los papeles en el escritorio.

—Martha —dijo—, este año ha habido un cambio en las reglas respecto al premio de la chamarra. Como bien sabes, siempre ha sido gratis —se aclaró la garganta y continuó—; este año la Junta Directiva ha decidido cobrar quince dólares, lo que por supuesto, no cubre el costo total de la chamarra.

Lo miré incrédula y de mi garganta salió un suspiro de desencanto. Esto no era lo que esperaba. Todavía continuaba sin mirarme directamente.

—Entonces, si no puedes pagar los quince dólares por la chamarra, se la daremos al siguiente alumno.

Con toda la dignidad que pude mostrar contesté:

—Hablaré con mi abuelo y mañana le contestaré.

Ampliemos nuestra comprensión

Trabajo de equipo: hacer predicciones. En grupos de cuatro discutan y elaboren una lista de las posibles reacciones de Martha. Compartan con el grupo cómo hubieran reaccionado ustedes y den sus razones.

Diagrama «mente abierta». Tu maestro(a) te entregará un diagrama «mente abierta» como el que aparece aquí a continuación. Dentro del diagrama representa los sentimientos e ideas de Martha. Puedes hacer esto por medio de dibujos, símbolos o palabras y frases sacados de la historia.

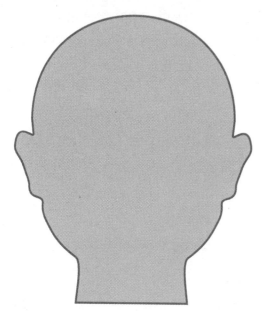

Composición. Este cuento está narrado en primera persona, desde el punto de vista de Martha. Ponte en su lugar y escribe un final para el cuento.

Cuatro en turno. Comparte con tus compañeros de equipo el final del cuento que escribiste.

Lectura en grupos. Terminen de leer el cuento en sus grupos. Deben alternarse para la lectura y hacer «buenas» preguntas practicando la estrategia de la **enseñanza recíproca** que aprendieron en la primera unidad.

Segunda parte

Después que el camión me dejó en el paradero, lloré todo el camino a casa. El camino de tierra se extendía por un cuarto de milla desde la carretera, de manera tal que cuando llegué a casa mis ojos estaban rojos e hinchados.

—¿Dónde está el abuelo? —le pregunté a mi abuelita mirando al suelo para que no me preguntara por qué había estado llorando. Ella estaba cosiendo una colcha y no levantó la vista.

—Creo que está ahí atrás trabajando en el campo de frijoles.

Salí y miré las siembras. Ahí estaba. Lo podía ver caminando entre los surcos, su cuerpo doblado sobre las plantitas, azadón en mano. Lentamente me le acerqué, tratando de pensar cuál sería la mejor manera de pedirle el dinero. Una brisa fría soplaba y un dulce olor de mezquite flotaba en el aire, pero a mí no me importaba. Pateé un terrón de tierra. ¡Deseaba tanto la chaqueta! Para mí significaba mucho más que ser «valedictorian» y decir un discurso de agradecimiento la noche de la graduación. Representaba ocho años de arduo trabajo y expectativas. Yo sabía que tenía que ser honesta con mi abuelo. Era mi única oportunidad. Él me vio y levantó la vista. Esperó a que yo hablara. Me aclaré la garganta nerviosamente y puse mis manos atrás para que no viera cómo temblaba.

—Abuelo, tengo que pedirte un gran favor —le dije en español, el único idioma que él conocía. Él aún esperaba silenciosamente. Empecé de nuevo:

—Abuelo, este año, dice el director, que el premio de la chamarra, no va a ser gratis. Va a costar quince dólares. Y tengo que llevar el dinero mañana o se lo darán a otro estudiante. Las últimas palabras salieron de

mi boca con súbita rapidez. Mi abuelo se enderezó cansado y recostó su barbilla en el mango del azadón. Miró hacia el campo que estaba lleno de pequeñas plantas verdes de frijoles. Yo esperaba ansiosa que dijera que me podía dar el dinero.

Volteó hacia mí y me preguntó quedamente:

—¿Qué significa una chamarra de premio?

Le contesté rápidamente. Quizás todavía había una oportunidad.

—Significa que te la has ganado por tener las notas más altas durante ocho años y por eso es que te la dan.

Muy tarde me di cuenta del significado de mis palabras. El abuelo se dio cuenta que yo entendía que no era cuestión de dinero. No era eso. Regresó a escarbar las hierbas malas que crecían entre las delicadas plantitas de frijoles. Era trabajo muy agotador. A veces los pequeños tallos estaban tan juntos... Finalmente habló de nuevo:

—Entonces, Marta, si tú pagas por la chamarra no es un premio, ¿verdad? Dile a tu director que no pagaré los quince dólares.

Regresé a la casa y me encerré en el baño por un buen tiempo. Estaba molesta con mi abuelo, aunque sabía que él tenía razón, y estaba furiosa con la Junta Directiva, fueran quienes fueran. ¿Por qué tenían que cambiar las reglas justamente cuando a mí me tocaba ganar la chamarra?

La niña que se presentó en la oficina del director al día siguiente era una muchacha muy triste y desanimada. Esta vez él sí me miró a los ojos.

—¿Qué te dijo tu abuelo?

Me senté muy derecha en la silla.

—Me pidió que le dijera que no pagará los quince dólares.

El director murmuró algo que no pude entender y caminó hacia la ventana. Se paró a contemplar algo afuera. Parecía más grueso que de costumbre cuando se levantó; era un hombre alto y enjuto, de cabellos grises, y yo observé su nuca mientras esperaba que hablara.

—¿Por qué? —preguntó finalmente—. Tu abuelo tiene el dinero. ¿No es dueño de una pequeña finca de frijoles?

Lo miré esforzándome para que mis ojos se mantuvieran secos.

—Dijo que si tenía que pagar por ella, entonces la chamarra no sería un premio —le dije, y me levanté para irme.

—Me imagino que tendrá que dársela a Joann—. No había pensado decirle eso; se me escapó. Casi estaba en la puerta cuando me llamó.

—Martha, espera.

Volteé y lo miré esperando. ¿Qué quería ahora? Escuchaba mi corazón palpitando fuertemente. Algo amargo y de sabor desagradable estaba subiendo hacia mi boca. Tenía miedo de enfermarme. No necesitaba ningún discurso de consuelo. Él suspiró ruidosamente y regresó a su gran escritorio. Me miró mordiéndose el labio como cavilando.

—Bueno, ¡maldición! Haremos una excepción en tu caso. Le diré a la Junta Directiva que tú recibirás la chamarra.

Apenas lo podía creer.

Hablé rápida y nerviosamente:

—Muchas gracias, señor director. De pronto me sentí magníficamente bien. En esa época no sabía lo que era la adrenalina, pero sí sabía que algo estaba corriendo dentro de mí y que me hacía sentir tan alta como el cielo. Quería gritar, saltar, correr la milla, hacer algo. Salí corriendo para poder llorar en el pasadizo donde nadie me viera. Al finalizar el día, el señor Schmidt me guiñó el ojo y dijo:

—Me he enterado de que tú vas a sacarte la chamarra de premio este año.

Su cara se veía tan feliz e inocente como la de un bebé, pero yo estaba consciente de la situación. Sin contestarle lo abracé y corrí al camión. Lloré nuevamente en el camino a casa, pero esta vez de felicidad. Estaba ansiosa de contárselo al abuelo y corrí directamente al campo. Me acerqué al surco donde él estaba trabajando, y sin decirle nada, me agaché y empecé a sacar las hierbas con mis manos. Mi abuelo trabajó junto conmigo por unos minutos, pero no me preguntó qué había pasado. Luego que hube acumulado un pequeño montón de malezas entre los surcos, me paré y lo miré.

—El director dice que va a hacer una excepción conmigo y que, después de todo, recibiré la chamarra. Eso fue después de que le conté lo que dijiste.

Mi abuelo no dijo nada, me dio una palmadita en el hombro y sonrió. Sacó el arrugado pañuelo rojo que siempre llevaba en su bolsillo trasero y se secó el sudor de la frente.

—Mejor anda a ver si tu abuela necesita ayuda con la comida.

Le respondí con una amplia sonrisa. A mí no me engañaba. Regresé a casa entre saltos y carreras, silbando una melodía cualquiera.

Ampliemos nuestra comprensión

Revisar.   Ahora que ya has terminado de leer el cuento, revisa tus respuestas a la guía anticipatoria. ¿Han cambiado tus ideas respecto a esas afirmaciones? Si es así explica por qué.

Trabajo de equipo.   El (La) maestro(a) te entregará una tarjeta con una de las siguientes preguntas para que la discutas con tus compañeros de equipo y escriban una respuesta que compartirán con la clase.

1. ¿Crees que fue justa la decisión de la Junta Directiva de cambiar las reglas para la entrega del premio de la chamarra? ¿Cuáles fueron los motivos que la llevaron a cambiar las reglas?

2. ¿Piensas que el abuelo fue injusto con Martha al no querer darle el dinero para la chamarra? ¿Por qué?

3. ¿Crees que debemos cuestionar la autoridad? ¿En qué casos debemos hacerlo? Da ejemplos.

Libro de secuencia.   Escoge ocho eventos del cuento, escribe un breve resumen de cada uno, ilústralos y ponlos en secuencia en un libro en forma de acordeón, siguiendo el modelo que aparece a continuación.

Alistémonos para leer

2

La gente a veces actúa inconscientemente, sin darse cuenta del daño que pueden causarles a otras personas. En el cuento «Once» de Sandra Cisneros se presenta una de estas situaciones para reflexionar.

Escritura en el diario. Todos hemos tenido en nuestras vidas momentos vergonzosos en que hubiéramos querido que nos «tragara la tierra». Piensa en uno de esos momentos y descríbelo en tu diario. Tendrás cinco minutos.

Comparte. Siéntate con un(a) compañero(a). Compartan lo que escribieron y digan qué les enseñó esa experiencia.

Escucha y piensa. Vas a escuchar un cuento titulado «Once». Mientras lo escuchas, ten presente las siguientes preguntas. Las mismas serán discutidas al finalizar el cuento.

1. ¿Quién es la protagonista de esta historia?
2. ¿Cuál es el tema central?

Once

Sandra Cisneros

Traducción de Liliana Valenzuela

Lo que no entienden acerca de los cumpleaños y lo que nunca te dicen es que cuando tienes once, también tienes diez y nueve y ocho y siete y seis y cinco y cuatro y tres y dos y uno. Y cuando te despiertas el día que cumples once años esperas sentirte once, pero no te sientes. Abres los ojos y todo es tal como ayer, sólo que es hoy. Y no te sientes como si tuvieras once para nada. Todavía te sientes como si tuvieras diez. Y sí los tienes—debajo del año que te vuelve once.

Como algunos días puede que digas algo estúpido, y esa es la parte de ti que todavía tiene diez. O tal vez algunos días necesitas sentarte en el regazo de tu mamá porque tienes miedo, y esa es la parte de ti que tiene cinco. Y tal vez un día cuando ya eres grande tal vez necesitas llorar como si tuvieras tres, y está bien. Eso es lo que le digo a Mamá cuando está triste y necesita llorar. Tal vez se siente como si tuviera tres.

Porque el modo como uno se hace viejo es un poco como una cebolla o los anillos adentro de un tronco de árbol o como mis muñequitas de madera que embonan una adentro de la otra, cada año adentro del siguiente. Así es como es tener once años.

No te sientes once. No luego luego. Tarda varios días, hasta semanas, a veces hasta meses antes de que dices once cuando te preguntan. Y no te sientes inteligente once, no hasta que casi ya tienes doce. Así es.

Sólo que hoy quisiera no tener tan sólo once años repiqueteando adentro de mí como centavitos en una caja de Curitas. Hoy quisiera tener ciento dos años en lugar de once porque si tuviera ciento dos hubiera sabido qué decir cuando la Srta. Price puso el suéter rojo sobre mi escritorio. Hubiera sabido cómo decirle que no era mío en lugar de quedarme sentada ahí con esa cara y con nada saliendo de mi boca.

«¿De quién es ésto?» dice la Srta. Price, y levanta el suéter arriba en el aire para que toda la clase lo vea. «¿De quién? Ha estado metido en el ropero durante un mes.»

«Mío no», dice todo el mundo. «Mío no.»

«Tiene que ser de alguien», la Srta. Price sigue diciendo, pero nadie se puede acordar. Es un suéter feo con botones de plástico rojos y un cuello y unas mangas todas estiradas como si lo pudieras usar para una cuerda de saltar. Tal vez tiene mil años y aún si fuera mío no lo diría.

Tal vez porque soy flaquita, tal vez porque no le caigo bien, esa estúpida de Sylvia Saldívar dice, «Creo que es de Raquel.» Un suéter feo como ése, todo raído y viejo, pero la Srta. Price le cree. La Srta. Price agarra el suéter y lo pone justo en mi escritorio, pero cuando abro la boca no sale nada.

«Ese no es, yo no, tú no estás…No es mío», digo por fin con una vocecita que tal vez era yo cuando tenía cuatro.

«Claro que es tuyo», dice la Srta. Price. «Me acuerdo que lo usaste una vez.» Porque ella es más grande y la maestra, tiene la razón y yo no.

No es mío, no es mío, no es mío, pero la Srta. Price ya está pasando a la página treinta y dos, y al problema de matemáticas número cuatro. No sé por qué pero de repente me siento enferma adentro, como si la parte de mí que tiene tres quisiera salir por mis ojos, sólo que los aprieto duro y muerdo con mis dientes bien duro y me trato de acordar que hoy tengo once, once. Mamá me está haciendo un pastel para hoy en la noche, y cuando Papá venga a casa todos van a cantar feliz cumpleaños, feliz cumpleaños a ti.

Pero cuando el mareo se me pasa y abro los ojos, el suéter rojo todavía está ahí parado como una montañota roja. Muevo el suéter rojo para la esquina de mi escritorio con mi regla. Muevo mi lápiz y libros y goma tan lejos de él como sea posible. Hasta muevo mi silla un poquito a la derecha. No es mío, no es mío, no es mío.

En mi cabeza estoy pensando cuánto falta para el recreo, cuánto falta hasta que pueda agarrar el suéter rojo y tirarlo por encima de la barda de la escuela, o dejarlo ahí colgado sobre un parquímetro, o hacerlo bolita y aventarlo en el callejón. Excepto que cuando acaba la clase de matemáticas la Srta. Price dice fuerte y enfrente de todos, «Vamos, Raquel, ya basta», porque ve que empujé el suéter rojo hasta la orillita de mi escritorio y está colgado sobre la orilla como una cascada, pero no me importa.

«Raquel», dice la Srta. Price. Lo dice como si estuviera enojada. «Ponte ese suéter inmediatamente y déjate de tonterías.»

«Pero no es…»

«¡Ahora mismo!» dice la Srta. Price.

Es cuando quisiera no tener once, porque todos los años dentro de mí—diez, nueve, ocho, siete, seis, cinco, cuatro, tres, dos y uno—están empujando por detrás de mis ojos cuando pongo un brazo por una manga del suéter que huele a requesón, y luego el otro brazo a través de la otra y me paro con mis brazos separados como si el suéter me hiciera daño y sí, todo sarnoso y lleno de gérmenes que ni siquiera son míos.

Ahí es cuando todo lo que he estado guardando adentro desde esta mañana, desde cuando la Srta. Price puso el suéter en mi escritorio, por fin sale, y de repente estoy llorando enfrente de todo el mundo. Quisiera ser invisible pero no lo soy. Tengo once y hoy es mi cumpleaños y estoy llorando como si tuviera tres enfrente de todos. Pongo mi cabeza sobre

el escritorio y entierro mi cara en mis brazos estúpidos de suéter de payaso. Mi cara toda caliente y la baba saliéndose de mi boca porque no puedo parar los ruiditos de animal que salen de mí, hasta que ya no quedan lágrimas en mis ojos, y sólo está mi cuerpo temblando como cuando tienes hipo, y toda la cabeza me duele como cuando bebes leche demasiado aprisa.

Pero lo peor sucede justo antes de que suene la campana para el recreo. Esa estúpida Phyllis López, que es todavía más tonta que Sylvia Saldívar, ¡dice que se acuerda que el suéter rojo es de ella! Me lo quito inmediatamente y se lo doy a ella, sólo que la Srta. Price hace de cuenta como si no pasara nada.

Hoy tengo once años. Hay un pastel que Mamá está haciendo para hoy, y cuando Papá llegue a casa del trabajo nos lo comeremos. Va a haber velitas y regalos y todos van a cantar feliz cumpleaños, feliz cumpleaños a ti, Raquel, sólo que ya es demasiado tarde.

Hoy tengo once años. Tengo once, diez, nueve, ocho, siete, seis, cinco, cuatro, tres, dos y uno, pero quisiera tener ciento dos. Quisiera tener cualquier cosa menos once, porque hoy quiero estar ya lejos, lejos como un globo que se escapó, como una pequeña *o* en el cielo, tan chiquitita chiquitita que tienes que cerrar los ojos para verla.

Cuadro de tres columnas.   Copia en tu cuaderno el siguiente cuadro que utilizarás para tomar notas. El (La) maestro(a) te asignará un cuento. En la columna de la izquierda anota algunas citas del cuento que te den pistas sobre el narrador: ¿quién es?, ¿cuántos años tiene?, ¿qué piensa de la situación?, etc.; en la segunda columna escribe tu interpretación de la cita. Al terminar la lectura completa la tercera columna junto con tu grupo. Deberán escribir una descripción lo más completa posible del narrador del cuento y de cómo nos presenta los hechos.

Como producto final de esta actividad, cada grupo preparará un cartelón colaborativo que debe incluir la primera y tercera columnas y todas las ideas del grupo.

Cuento:		
Citas del cuento	Mi interpretación	Conclusiones del grupo acerca del narrador

Punto de vista.   Tanto «El premio» como «Once» están narrados desde el punto de vista de las protagonistas Martha y Raquel. En equipos de cuatro escriban un monólogo, presentando el punto de vista de los siguientes personajes. Cada equipo presentará su monólogo a la clase.

1. El abuelo
2. El director de la escuela
3. El señor Schmidt
4. El señor Boone
5. La señorita Price
6. Sylvia Saldívar
7. Phyllis López

Comparación y contraste.   Raquel en el cuento «Once» y
Martha en «El premio» son víctimas de una situación injusta.
Sin embargo, en un caso, el daño es realizado con intención
o malicia; mientras que en el otro, el daño surge de la
insensibilidad de uno de los personajes. Dibuja un diagrama de
Venn como el siguiente y compara la situación de Martha y de
Raquel, indicando cuáles son las características comunes a
ambas y cuáles son los rasgos exclusivos de cada una.

Diagrama de Venn

Apuntes literarios

«El premio» y «Once» son obras narrativas. Las obras narrativas son aquéllas que nos cuentan una historia. Las novelas, cuentos y leyendas pertenecen al género narrativo. Los elementos esenciales de estas obras son:

Tema: La idea central de la obra o el mensaje del autor.

Ambiente: Los elementos como el paisaje, lugar geográfico y social en que se desarrolla una historia, época en que sucede y tiempo que transcurre dentro de ella.

Personajes: Cada uno de los seres humanos, sobrenaturales o simbólicos que toman parte en la acción de una obra literaria.

Argumento: Conjunto de hechos que se narran en una obra.

Conflicto: Problema central que se plantea en una obra literaria.

Punto de vista: Según quién sea el narrador de la obra, así será el punto de vista. La obra puede estar narrada en primera persona desde el punto de vista de un personaje o puede estar narrada en tercera persona por alguien que está fuera de la historia.

Alistémonos para leer

3

Muchas veces, con las mejores intenciones, realizamos acciones que producen resultados diferentes a los que anticipamos. En una forma humorística, Gregorio López y Fuentes narra uno de estos acontecimientos en el cuento «Una carta a Dios».

Piensa, anota y comparte. Piensa en alguna ocasión en que ayudaste a alguien y no te lo agradeció. ¿Cómo te sentiste?

Trabajo en equipo: Ideas novedosas solamente. El cuento que van a leer se titula: «Una carta a Dios». Copien el siguiente cuadro en tu cuaderno. En grupos, anoten tres ideas de lo que se imaginan que va a tratar este cuento. Luego cada grupo compartirá sus ideas con la clase, evitando repetir las ideas que ya hayan sido expresadas por otros grupos. En la parte de abajo del cuadro, anoten tres ideas nuevas que escuchen de los otros grupos.

Cuento: Una carta a Dios
Este cuento podría tratarse de: 1.   2.   3.
Tres ideas nuevas son: 1.   2.   3.

Una carta a Dios

Gregorio López y Fuentes

La casa… única en todo el valle… estaba en lo alto de un cerro bajo. Desde allí se veían el río y, junto al corral, el campo de maíz maduro con las flores del frijol que siempre prometían una buena cosecha.

Lo único que necesitaba la tierra era una lluvia, o a lo menos un fuerte aguacero. Durante la mañana, Lencho… que conocía muy bien el campo… no había hecho más que examinar el cielo hacia el noreste.

—Ahora sí que viene el agua, vieja.

Y la vieja, que preparaba la comida, le respondió:

—Dios lo quiera.

Los muchachos más grandes trabajaban en el campo, mientras que los más pequeños jugaban cerca de la casa, hasta que la mujer les gritó a todos:

—Vengan a comer.

Fue durante la comida cuando, como lo había dicho Lencho, comenzaron a caer grandes gotas de lluvia. Por el noreste se veían avanzar grandes montañas de nubes. El aire estaba fresco y dulce.

El hombre saltó a buscar algo en el corral solamente para darse el gusto de sentir la lluvia en el cuerpo, y al entrar exclamó:

—Estas no son gotas de agua que caen del cielo; son monedas nuevas; las gotas grandes son monedas de diez centavos y las gotas chicas son de cinco.

Y miraba con ojos satisfechos el campo de maíz maduro con las flores del frijol, todo cubierto por la transparente cortina de la lluvia. Pero, de pronto, comenzó a soplar un fuerte viento y con las gotas de

agua comenzaron a caer granizos muy grandes. Esos sí que parecían monedas de plata nueva. Los muchachos, exponiéndose a la lluvia, corrían a recoger las perlas heladas.

—Esto sí que está muy malo —exclamaba mortificado el hombre—, ojalá que pase pronto...

No pasó pronto. Durante una hora cayó el granizo sobre la casa, la huerta, el monte, el maíz y todo el valle. El campo estaba blanco, como cubierto de sal. Los árboles, sin una hoja. El maíz, destruído. El frijol, sin una flor. Lencho, con el alma llena de tristeza. Pasada la tempestad, en medio del campo, dijo a sus hijos:

—Una nube de langostas habría dejado más que esto... El granizo no ha dejado nada: no tendremos ni maíz ni frijoles este año...

La noche fue de lamentaciones.

—¡Todo nuestro trabajo, perdido!

—¡Y nadie que pueda ayudarnos!

—Este año pasaremos hambre...

Pero en el corazón de todos los que vivían en aquella casa solitaria en medio del valle había una esperanza: la ayuda de Dios.

—No te aflijas tanto, aunque el mal es muy grande. ¡Recuerda que nadie se muere de hambre!

—Eso dicen: nadie se muere de hambre...

Y durante la noche, Lencho pensó mucho en su sola esperanza: la ayuda de Dios, cuyos ojos, según le habían explicado, lo miran todo, hasta lo que está en el fondo de las conciencias.

Lencho era un hombre rudo, que trabajaba como una bestia en los campos, pero sin embargo sabía escribir. El domingo siguiente, con la luz del día, después de haberse fortificado en su idea de que hay alguien que nos protege, empezó a escribir una carta que él mismo llevaría al pueblo para echarla al correo.

No era nada menos que una carta a Dios.

«Dios», escribió, «si no me ayudas, pasaré hambre con toda mi familia durante este año. Necesito cien pesos para volver a sembrar y vivir mientras viene la nueva cosecha, porque el granizo...»

Escribió «A Dios» en el sobre, metió la carta, y todavía preocupado, fue al pueblo. En la oficina de correos, le puso un sello a la carta y echó ésta en el buzón.

Un empleado, que era cartero y también ayudaba en la oficina de correos, llegó riéndose mucho ante su jefe, y le mostró la carta dirigida a Dios. Nunca en su existencia de cartero había conocido esa casa. El jefe de la oficina...gordo y amable...también empezó a reír, pero muy pronto se puso serio y, mientras daba golpecitos en la mesa con la carta, comentaba:

—¡La fe! ¡Ojalá que yo tuviera la fe del hombre que escribió esta carta! ¡Creer como él cree! ¡Esperar con la confianza con que él sabe esperar! ¡Empezar correspondencia con Dios!

Y, para no desilusionar aquel tesoro de fe, descubierto por una carta que no podía ser entregada, el jefe de la oficina tuvo una idea: contestar la carta. Pero cuando la abrió, era evidente que para contestarla necesitaba algo más que buena voluntad, tinta y papel. Pero siguió con su determinación, pidió dinero a su empleado, él mismo dio parte de su sueldo y varios amigos suyos tuvieron que darle algo «para una obra de caridad».

Fue imposible para él reunir los cien pesos pedidos por Lencho, y sólo pudo enviar al campesino un poco más de la mitad. Puso los billetes en un sobre dirigido a Lencho y con ellos una carta que tenía sólo una palabra como firma: DIOS.

Al siguiente domingo, Lencho llegó a preguntar, más temprano que de costumbre, si había alguna carta para él. Fue el mismo cartero quien le entregó la carta, mientras que el jefe, con la alegría de un hombre que ha hecho una buena acción, miraba por la puerta desde su oficina.

Lencho no mostró la menor sorpresa al ver los billetes...tanta era su seguridad...pero se enfadó al contar el dinero... ¡Dios no podía haberse equivocado, ni negar lo que Lencho le había pedido!

Inmediatamente, Lencho se acercó a la ventanilla para pedir papel y tinta. En la mesa para el público, empezó a escribir, arrugando mucho la frente a causa del trabajo que le daba expresar sus ideas. Al terminar, fue a pedir un sello, que mojó con la lengua y luego aseguró con un puñetazo.

Tan pronto como la carta cayó al buzón, el jefe de correos fue a abrirla. Decía:

«Dios: Del dinero que te pedí, sólo llegaron a mis manos sesenta pesos. Mándame el resto, como lo necesito mucho; pero no me lo mandes por la oficina de correos, porque los empleados son muy ladrones. —Lencho.»

Establece conexiones

1. Copia el siguiente diagrama de causa y efecto en tu cuaderno y llénalo, indicando una situación presentada en el cuento y la reacción del personaje.

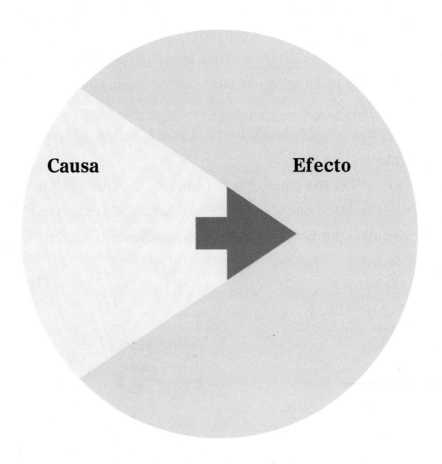

Causa   Efecto

2. Comparte los diagramas elaborados con tres de tus compañeros.

3. Escribe una composición sobre el siguiente tema:

«En el cuento que acabas de leer se presenta una situación en que el hombre se enfrenta a una circunstancia difícil. ¿Cuál es esta circunstancia y cuál es la actitud del hombre frente a ella? Discute tu respuesta en una composición, dando ejemplos concretos, tomados del cuento, que apoyen tu interpretación.»

Dibuja. En una hoja de papel, haz un dibujo que represente el ambiente del cuento «Una carta a Dios».

Taller de composición: Descripción de un lugar

Dibuja. Hacer un dibujo nos puede ayudar a prepararnos para escribir. Vas a escribir una descripción de tu vecindario, de la calle donde vives o viviste hace tiempo o de cualquier otro lugar que sea importante para ti. Antes de empezar a escribir vas a hacer un mapa o dibujo del lugar sobre el cual vas a escribir. El dibujo o mapa debe cubrir toda la hoja. Incluye:

- las calles y sus nombres.
- la casa y los nombres de las personas que viven allí.
- algunos detalles del lugar: árboles, tiendas, lotes vacíos, etc.
- señala sitios donde han ocurrido hechos significativos para ti o para la comunidad: el lugar donde sucedió un accidente, donde te encuentras con tu novio(a), donde juegas con tus amigos, etc.

Escribe. Ahora vas a escribir rápidamente durante diez minutos. Describe brevemente tres aspectos del lugar que has escogido. Por ejemplo: cómo se ve el lugar, una persona típica de allí, lo que hacen las personas que viven ahí, etc. Al terminar relee lo que escribiste y encierra en un círculo el aspecto que te parezca más interesante.

Comparte.   Háblale a un(a) compañero(a) acerca del lugar que vas a describir. Léele lo que escribiste, muéstrale y explícale tu dibujo.

Redacta.   Ahora puedes empezar a escribir tu composición. Usa tus anotaciones y dibujos. Utiliza muchos detalles para darle vida al lugar, a los personajes o a algún incidente que sucedió allí.

Revisa.   Cuando hayas terminado de escribir el borrador de tu composición, intercámbiala con la de un(a) compañero(a) para que cada uno revise la del otro. Cada uno leerá su composición en voz alta. Mientras uno lee, el otro debe escuchar atentamente y contestar las siguientes preguntas en otra hoja de papel:

- ¿Es interesante la introducción del ensayo? ¿De qué otra forma podría empezar?
- ¿Cuáles son los detalles que más te gustaron?
- ¿Qué cosas no están muy claras?
- ¿Qué más te gustaría saber sobre ese lugar?

Escribe la copia final teniendo en cuenta los comentarios de tu compañero(a).

The Sower, Vincent van Gogh

4

Alistémonos para leer

Los siguientes tres poemas presentan reflexiones que hacen sus autores acerca de distintos problemas sociales. Los poetas escogidos son Nicolás Guillén, un poeta cubano; Langston Hughes, un poeta estadounidense; y César Vallejo, un poeta peruano.

Primera lectura. Los siguientes tres poemas presentan respuestas que ofrecen los poetas frente a problemas sociales. Lee silenciosamente el primer poema y reflexiona acerca del conflicto al que se refiere Guillén y su desenlace.

No sé por qué piensas tú...

Nicolás Guillén

No sé por qué piensas tú,
soldado, que te odio yo,
si somos la misma cosa,
yo,
tú.

Tú eres pobre, lo soy yo;
soy de abajo, lo eres tú;
¿de dónde has sacado tú,
soldado, que te odio yo?

Me duele que a veces tú
te olvides de quién soy yo;
caramba, si yo soy tú,
lo mismo que tú eres yo.

Pero no por eso yo
he de malquererte, tú;
si somos la misma cosa,
yo,
tú,
no sé por qué piensas tú,
soldado, que te odio yo.

Ya nos veremos yo y tú,
juntos en la misma calle,
hombro con hombro, tú y yo,
sin odios ni yo ni tú,
pero sabiendo tú y yo,
a dónde vamos yo y tú...
¡No sé por qué piensas tú,
soldado, que te odio yo!

Escucha, anota y comparte. Ahora escucha la lectura del poema que hará el (la) maestro(a). Identifica el conflicto que se presenta y su desenlace y anótalo en tu cuaderno. Comparte tus respuestas con un(a) compañero(a).

Leamos activamente

Lectura oral. El (La) maestro(a) asignará uno de los dos poemas siguientes para que, en grupos de cuatro, preparen una lectura dramatizada. Cada estudiante puede leer una parte, o pueden leer algunos versos a coro. Luego cada grupo presentará su lectura a la clase. Todos los miembros del grupo deben participar.

Una vez terminadas las presentaciones de todos los grupos, discute con un(a) compañero(a) las mismas preguntas que discutiste en el poema de Guillén. Anota tus respuestas y prepárate para defenderlas frente a la clase.

Apuntes literarios

Tono. Cuando se habla del **tono** de una poesía nos referimos a la impresión general o sentimiento que ésta produce en el lector. Algunos poemas pueden hacerte sentir alegría o euforia; otros son serios o tristes, humorísticos o románticos y así por el estilo.

Yo también canto a América

Langston Hughes

Yo también canto a América.

Yo soy el hermano negro.

Me mandan a la cocina

Cuando las visitas vienen:

pero yo me río,

como bien

y crezco fuerte.

Mañana

me sentarán a la mesa.

Y cuando las visitas lleguen,

ya nadie osará decirme:

«Vete a la cocina».

Además;

verán qué hermoso soy.

Y se arrepentirán.

Yo también soy América.

Masa

César Vallejo

Al fin de la batalla,
y muerto el combatiente, vino hacia él un hombre
y le dijo: «¡No mueras, te amo tanto!»
Pero el cadáver, ¡ay! siguió muriendo.

Se le acercaron dos y repitiéronle:
«¡No nos dejes! ¡Valor! ¡Vuelve a la vida!»
Pero el cadáver, ¡ay! siguió muriendo.

Acudieron a él veinte, cien, mil, quinientos mil,
clamando: «¡Tanto amor y no poder nada contra la muerte!»
Pero el cadáver, ¡ay! siguió muriendo.

Le rodearon millones de individuos,
con un ruego común: «¡Quédate hermano!»
Pero el cadáver, ¡ay! siguió muriendo.

Entonces todos los hombres de la tierra
le rodearon; les vio el cadáver triste, emocionado;
incorporóse lentamente,
abrazó al primer hombre; echóse a andar…

Ampliemos nuestra comprensión

Análisis del tono: Piensa y contesta

1. ¿Cómo es el tono de los poemas que has leído en esta unidad? ¿Qué sentimientos te inspira cada uno de ellos?

2. Copia en tu cuaderno algunos versos que contribuyen a producir este tono.

Fiesta, 1942, Alfonso Ramírez Fajardo, watercolor, 18-1/2 x 24-1/2, collection of The Museum of Modern Art, New York, Inter-American Fund, photograph ©1994 The Museum of Modern Art

Alistémonos para leer

Uno de los problemas más difíciles que enfrentamos en nuestra vida en comunidad es la discriminación que sienten algunos grupos o individuos frente a otros. Esta discriminación es causada por la intolerancia, que está basada en la ignorancia. Las dos siguientes selecciones, la de esta lección y la de la lección siguiente, presentan dos tipos diferentes, aunque lamentablemente comunes, de discriminación.

Piensa, anota y comparte

1. Haz una lista de nombres despectivos o epítetos que los estudiantes usan para estereotipar a otros. Comparte tu lista con la clase.

2. Escribe en tu diario por qué crees que la gente usa estos términos para referirse a otros y qué consecuencias trae esto.

3. Comparte con un(a) compañero(a) lo que escribiste.

Cuadro anticipatorio. En la obra de teatro que vas a leer hay cuatro personajes: un chino, un negro, un blanco y un judío. Copia en tu cuaderno el siguiente cuadro anticipatorio. Trabajando con un(a) compañero(a), llena la primera columna del cuadro.

	Lo que sé de este grupo	Ahora pienso que...
Chinos		
Negros		
Blancos		
Judíos		

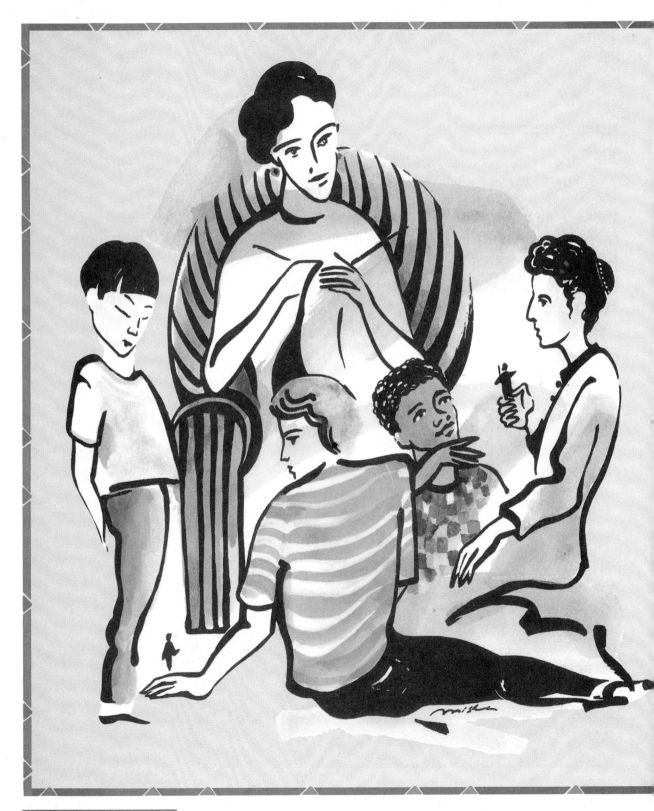

Poema con niños

Nicolás Guillén

La escena, en un salón familiar. La madre, blanca, y su hijo. Un niño negro, uno chino, uno judío, que están de visita. Todos de doce años más o menos. La madre, sentada, hace labor, mientras a su lado, ellos juegan con unos soldaditos de plomo.

I

LA MADRE *(dirigiéndose al grupo):* ¿No ven? Aquí están mejor que allá, en la calle… No sé cómo hay madres despreocupadas, que dejan a sus hijos solos todo el día por esos mundos de Dios. (*Se dirige al niño negro.*) Y tú, ¿cómo te llamas?

EL NEGRO: ¿Yo? Manuel. *(señalando al chino)* Y éste se llama Luis. *(señalando al judío)* Y éste se llama Jacobo…

LA MADRE: Oye, ¿sabes que estás enterado, eh? ¿Vives cerca de aquí?

EL NEGRO: ¿Yo? No, señora. *(señalando al chino)* Ni éste tampoco. *(señalando al judío)* Ni éste…

EL JUDÍO: Yo vivo por allá por la calle de Acosta, cerca de la Terminal. Mi papá es zapatero. Yo quiero ser médico. Tengo una hermanita que toca el piano, pero como en casa no hay piano, siempre va a casa de una amiga suya, que tiene un piano de cola… El otro día le dio un dolor…

LA MADRE: ¿Al piano de cola o a tu hermanita?

EL JUDÍO: *(ríe)* No; a la amiga de mi hermanita. Yo fui a buscar al doctor…

LA MADRE: ¡Ajá! Pero ya se curó, ¿verdad?

EL JUDÍO: Sí; se curó en seguida; no era un dolor muy fuerte…

LA MADRE: ¡Qué bueno! *(dirigiéndose al niño chino)* ¿Y tú? A ver, cuéntame. ¿Cómo te llamas tú?

EL CHINO: Luis...

LA MADRE: ¿Luis? Verdad, hombre, si hace un momento lo había chismeado el pícaro de Manuel. ¿Y qué, tú eres chino de China, Luis? ¿Tú sabes hablar en chino?

EL CHINO: No, señora; mi padre es chino, per yo no soy chino. Yo soy cubano, y mi mamá también.

EL HIJO: ¡Mamá! ¡Mamá! *(señalando al chino)* El padre de éste tenía una fonda, y la vendió.

LA MADRE: ¿Sí? ¿Y cómo lo sabes tú, Rafaelito?

EL HIJO *(señalando al chino)*: Porque éste me lo dijo. ¿No es verdad, Luis?

EL CHINO: Verdad, yo se lo dije, porque mamá me lo contó.

LA MADRE: Bueno, a jugar, pero sin pleitos, ¿eh? No quiero disputas. Tú, Rafael, no te cojas los soldados para ti solo, y dales a ellos también...

EL HIJO: Sí, mamá, si ya se los repartí. Tocamos a seis cada uno. Ahora vamos a hacer una parada, porque los soldados se marchan a la guerra.

LA MADRE: Bueno, en paz, y no me llames, porque estoy por allá dentro... *(Vase.)*

II

Los niños, solos, hablan mientras juegan con sus soldaditos.

EL HIJO: Estos soldados me los regaló un capitán que vive ahí enfrente. Me los dio el día de mi santo.

EL NEGRO: Yo nunca he tenido soldaditos como los tuyos. Oye: ¿no te fijas en que todos son iguales?

EL JUDÍO: ¡Claro! Porque son de plomo. Pero los soldados de verdad...

EL HIJO: ¿Qué?

EL JUDÍO: ¡Pues que son distintos! Unos son altos y otros más pequeños. ¿Tú no ves que son hombres?

EL NEGRO: Sí, señor; los hombres son distintos. Unos son grandes, como éste dice, y otros son más chiquitos. Unos negros y otros blancos, y otros amarillos (señalando al chino) como éste... Mi maestra dijo en la clase el otro día que los negros son menos que los blancos... ¡A mí me dio una pena!

EL JUDÍO: Sí... También un alemán que tiene una botica en la calle de Compostela me dijo que yo era un perro, y que a todos los de mi raza los debían matar. Yo no lo conozco, ni nunca le hice nada. Y ni mi mamá ni mi papá tampoco... ¡Tenía más mal carácter!

EL CHINO: A mí me dijo también la maestra, que la raza amarilla era menos que la blanca... La blanca es la mejor.

EL HIJO: Sí; yo lo leí en un libro que tengo; un libro de geografía. Pero dice mi mamá que eso es mentira; que todos los hombres y todos los niños son iguales. Yo no sé cómo va a ser, porque fíjate que ¿no ves? yo tengo la carne de un color, y tú (Se dirige al chino.) de otro, y tú (Se dirige al negro.) de otro, y tú (Se dirige al judío.) y tú. ¡Pues mira qué cosa! ¡Tú no, tú eres blanco igual que yo!

EL JUDÍO: Es verdad; pero dicen que como tengo la nariz, así un poco... no sé... un poco larga, pues que soy menos que otras gentes que la tienen más corta. ¡Un lío! Yo me fijo en los hombres y en otros muchachos por ahí, que también tienen la nariz larga, y nadie les dice nada...

EL CHINO: ¡Porque son cubanos!

EL NEGRO (dirigiéndose al chino): Sí... Tú también eres cubano, y tienes los ojos prendidos como los chinos.

EL CHINO: ¡Porque mi padre era chino, animal!

EL NEGRO: ¡Pues entonces tú no eres cubano! ¡Y no tienes que decirme animal! ¡Vete para Cantón!

EL CHINO: ¡Y tú vete para África, negro!

EL HIJO: ¡No griten, que viene mamá, y luego nos va a pelear!

EL JUDÍO: ¿Pero tú no ves que este negro le dijo chino?

EL NEGRO: ¡Cállate, tú, judío, perro, que tu padre es zapatero y tu familia...

EL JUDÍO: Y tú, carbón de piedra, y tú, mono, y tú... *(Todos se enredan a golpes, con gran escándalo. Aparece la madre corriendo.)*

III

LA MADRE: ¡Pero qué es eso! ¿Se han vuelto locos? ¡A ver, Rafaelito, ven aquí! ¿Qué es lo que pasa?

EL HIJO: Nada, mamá, que se pelearon por el color...

LA MADRE: ¿Cómo por el color? No te entiendo...

EL HIJO: Sí, te digo que por el color, mamá...

EL CHINO *(señalando al negro)*: ¡Señora, porque éste me dijo chino, y que me fuera para Cantón!

EL NEGRO: Sí, y tú me dijiste negro, y que me fuera para África...

LA MADRE *(riendo)*: ¡Pero hombre! ¿Será posible? ¡Si todos son lo mismo!

EL JUDÍO: No, señora; yo no soy igual a un negro...

EL HIJO: ¿Tú ves, mamá, como es por el color?...

EL NEGRO: Yo no soy igual a un chino.

EL CHINO: ¡Míralo! ¡Ni yo quiero ser igual a ti!

EL HIJO: ¿Tú ves, mamá, tú ves?

LA MADRE *(autoritariamente)*: ¡Silencio! ¡Sentarse y escuchar! *(Los niños obedecen, sentándose en el suelo, próximos a la madre, que comienza:)*

La sangre es un mar inmenso
que baña todas la playas...
Sobre sangre van los hombres,
navegando en sus barcazas:
reman, que reman, que reman,
¡nunca de remar descansan!
Al negro de negra piel
la sangre el cuerpo le baña;
la misma sangre, corriendo,
hierve bajo carne blanca.
¿Quién vio la carne amarilla,
cuando las venas estallan,
sangrar sino con la roja
sangre con que todos sangran?
¡Ay del que separa niños,
porque a los hombres separa!
El sol sale cada día,
va tocando en cada casa,
da un golpe con su bastón,
y suelta una carcajada...
¡Que salga la vida al sol,
de donde tantos la aguardan,
y veréis cómo la vida
corre de sol empapada!
La vida saltando,
la vida suelta y sin vallas,
vida de la carne negra,
vida de la carne blanca,
y de la carne amarilla,
con sus sangres desplegadas...

(Los niños, fascinados, se van levantando, y rodean a la madre, que

los abraza formando un grupo con ellos, pegados a su alrededor.

Continúa:)

Sobre sangre van los hombres
navegando en sus barcazas:
reman, que reman, que reman,
¡nunca de remar descansan!
Ay de quien no tenga sangre,
porque de remar acaba,
y si acaba de remar,
dan con su cuerpo en la playa,
un cuerpo seco y vacío,
un cuerpo roto y sin alma,
¡un cuerpo roto y sin alma!

(Poema de A. Vicente Martínez)

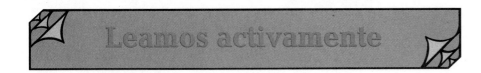

Leamos activamente

Lectura dramatizada. En grupos de cinco preparen la lectura dramatizada de la sección que te asigne el (la) maestro(a) para presentarla a la clase en forma secuencial.

Ampliemos nuestra comprensión

Completa y comparte. Ahora que has terminado la lectura, regresa al cuadro anticipatorio y completa la segunda columna. Comparte tus respuestas con un(a) compañero(a).

Análisis del tema. Lee en la página 94 en la sección **Apuntes literarios** la definición de «tema» de una obra literaria. Cópiala en tu cuaderno.

Tres en turno. Comparte oralmente tu respuesta a la siguiente pregunta: ¿Cuál es el mensaje que el autor de esta historia nos quiere comunicar?

Afiche colaborativo. Después de llegar a un consenso, en grupos preparen un cartelón ilustrando el tema de esta historia. Pongan un título, hagan una ilustración y escojan una cita del texto para explicar su ilustración. Recuerden que las citas se escriben entre comillas.

6

Alistémonos para leer

En el cuento «Los chicos» las escritora española Ana María Matute nos muestra un ejemplo de la discriminación de clases sociales.

Diagrama espina.   Piensa por un momento en la siguiente pregunta y luego copia y llena el diagrama que sigue:

¿Cuáles son las causas por las cuales se discrimina a otros?

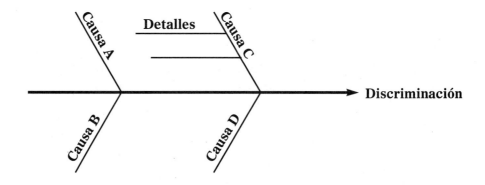

Solución de un problema.   El (La) maestro(a) le entregará a cada grupo una tarjeta donde está escrito un caso de discriminación que ha sucedido en la vida real. Cada grupo tendrá un caso diferente. En grupos, discutan el caso y lleguen a un consenso sobre cuál sería la solución más acertada al problema. Expliquen las razones de su decisión. Luego presenten a la clase sus conclusiones.

Los chicos

Ana María Matute

Eran sólo cinco o seis, pero así, en grupo, viniendo carretera adelante, se nos antojaban quince o veinte. Llegaban casi siempre a las horas achicharradas de la siesta, cuando el sol caía de plano contra el polvo y la grava desportillada de la carretera vieja, por donde ya no circulaban camiones ni carros, ni vehículo alguno. Llegaban entre una nube de polvo, que levantaban sus pies, como las pezuñas de caballos. Los veíamos llegar y el corazón nos latía de prisa. Alguien, en voz baja, decía: «¡Qué vienen los chicos…!» Por lo general, nos escondíamos para tirarles piedras, o huíamos.

Porque nosotros temíamos a los chicos como al diablo. En realidad, eran una de las mil formas del diablo, a nuestro entender. Los chicos harapientos, malvados, con los ojos oscuros y brillantes como cabezas de alfiler negro. Los chicos descalzos y callosos, que tiraban piedras de largo alcance, con gran puntería, de golpe más seco y duro que las

nuestras. Los que hablaban un idioma entrecortado, desconocido, de palabras como pequeños latigazos, de risas como salpicaduras de barro. En casa nos tenían prohibido terminantemente entablar relación alguna con esos chicos. En realidad, nos tenían prohibido salir del prado, bajo ningún pretexto. (Aunque nada había tan tentador, a nuestros ojos, como saltar el muro de piedras y bajar al río que, al otro lado, huía verde y oro, entre los juncos y los chopos.) Más allá, pasaba la carretera vieja, por donde llegaban casi siempre aquellos chicos distintos, prohibidos.

Los chicos vivían en los alrededores del Destacamento Penal. Eran los hijos de los presos del Campo, que redimían sus penas en la obra del pantano. Entre sus madres y ellos habían construído una extraña aldea de chabolas y cuevas, adosadas a las rocas, porque no se podían pagar el alojamiento en la aldea, donde, por otra parte, tampoco eran deseados. «Gentuza, ladrones, asesinos...», decían las gentes del lugar. Nadie les hubiera alquilado una habitación. Y tenían que estar allí. Aquellas mujeres y aquellos niños seguían a sus presos, porque de esta manera vivían del jornal que, por su trabajo, ganaban los penados.

Para nosotros, los chicos eran el terror. Nos insultaban, nos apedreaban, deshacían nuestros huertecillos de piedra y nuestros juguetes, si los pillaban sus manos. Nosotros los teníamos por seres de otra raza, mitad monos, mitad diablos. Sólo de verlos nos venía un temblor grande, aunque quisiéramos disimularlo.

El hijo mayor del administrador era un muchacho de unos trece años, alto y robusto, que estudiaba el bachillerato en la ciudad. Aquel verano vino a casa de vacaciones, y desde el primer día capitaneó nuestros juegos. Se llamaba Efrén y tenía unos puños rojizos, pesados como mazas, que imponían un gran respeto. Como era mucho mayor que nosotros, audaz y fanfarrón, le seguíamos a donde él quisiera.

El primer día que aparecieron los chicos de las chabolas, en tropel, con su nube de polvo, Efrén se sorprendió de que echáramos a correr y saltáramos el muro en busca de refugio.

—Sois cobardes —nos dijo.— ¡Esos son pequeños!

No hubo forma de convencerle de que eran otra cosa: de que eran algo así como el espíritu del mal.

—Bobadas —dijo. Y sonrió con una manera torcida y particular, que nos llenó de admiración.

Al día siguiente, cuando la hora de la siesta, Efrén se escondió entre los juncos del río. Nosotros esperábamos, ocultos detrás del muro, con el corazón en la garganta. Algo había en el aire que nos llenaba de pavor. (Recuerdo que yo mordía la cadenilla de la medalla y que sentía en el paladar un gusto de metal raramente frío. Y se oía el canto crujiente de las cigarras entre la hierba del prado.) Echados en el suelo, el corazón nos golpeaba contra la tierra.

Al llegar, los chicos escudriñaron hacia el río, por ver si estábamos buscando ranas, como solíamos. Y para provocarnos empezaron a silbar y a reír de aquella forma de siempre, opaca y humillante. Ése era su juego: llamarnos, sabiendo que no apareceríamos. Nosotros seguimos ocultos y en silencio. Al fin, los chicos abandonaron su idea y volvieron al camino, trepando terraplén arriba. Nosotros estábamos anhelantes y sorprendidos, pues no sabíamos lo que Efrén quería hacer.

Mi hermano mayor se incorporó a mirar por entre las piedras y nosotros le imitamos. Vimos entonces a Efrén deslizarse entre los juncos como una gran culebra. Con sigilo trepó hacia el terraplén, por donde subía el último de los chicos, y se le echó encima.

Con la sorpresa, el chico se dejó atrapar. Los otros ya habían llegado a la carretera y cogieron piedras, gritando. Yo sentí un gran temblor en las rodillas, y mordí con fuerza la medalla. Pero Efrén no se dejó intimidar. Era mucho mayor y más fuerte que aquel diablillo negruzco que retenía en sus brazos, y echó a correr arrastrando a su prisionero hacia el refugio del prado, donde le aguardábamos. Las piedras caían a su alrededor y en el río, salpicando de agua aquella hora abrasada. Pero Efrén saltó ágilmente sobre las pasaderas, y arrastrando al chico, que se revolvía furiosamente, abrió la empalizada y entró con él en el prado. Al verlo perdido, los chicos de la carretera dieron media vuelta y echaron a correr, como gazapos, hacia sus chabolas.

Sólo de pensar que Efrén traía a una de aquellas furias, y estoy segura de que mis hermanos sintieron el mismo pavor que yo. Nos

arrimamos al muro, con la espalda pegada a él, y un gran frío nos subía
por la garganta.

Efrén arrastró al chico unos metros, delante de nosotros. El chico se
revolvía desesperado e intentaba morderle las piernas, pero Efrén
levantó su puño enorme y rojizo, y empezó a golpearle la cara, la cabeza
y la espalda. Una y otra vez, el puño de Efrén caía, con un ruido opaco.
El sol brillaba de un modo espeso y grande, sobre la hierba y la tierra.
Había un gran silencio. Sólo oíamos el jadeo del chico, los golpes de
Efrén y el fragor del río, dulce y fresco, indiferente, a nuestras
espaldas. El canto de las cigarras parecía haberse detenido. Como
todas las voces.

Efrén estuvo mucho rato golpeando al chico con su gran puño. El chico, poco a poco, fue cediendo. Al fin, cayó al suelo de rodillas, con las manos apoyadas en la hierba. Tenía la carne oscura, del color del barro seco, y el pelo muy largo, de un rubio mezclado de vetas negras, como quemado por el sol. No decía nada y se quedó así, de rodillas. Luego, cayó contra la hierba, pero levantando la cabeza, para no desfallecer del todo. Mi hermano mayor se acercó despacio, y luego nosotros.

Parecía mentira lo pequeño y lo delgado que era. «Por la carretera parecían mucho más altos», pensé. Efrén estaba de pie a su lado, con sus grandes y macizas piernas separadas, los pies calzados con gruesas botas de ante. ¡Qué enorme y brutal parecía Efrén en aquel momento!

—¿No tienes aún bastante? —dijo en voz muy baja, sonriendo. Sus dientes, con los colmillos salientes, brillaron al sol.— Toma, toma...

Le dio con la bota en la espalda. Mi hermano mayor retrocedió un paso y me pisó. Pero yo no podía moverme: estaba como clavada en el suelo. El chico se llevó la mano a la nariz. Sangraba, no se sabía si de la boca o de dónde.

Efrén nos miró.

—Vamos —dijo.— Éste ya tiene lo suyo.

Y le dio con el pie otra vez.

—¡Lárgate, puerco! ¡Lárgate en seguida!

Efrén se volvió, grande y pesado, despacioso, hacia la casa. Muy seguro de que le seguíamos.

Mis hermanos, como de mala gana, como asustados, le obedecieron. Sólo yo no podía moverme, no podía, del lado del chico. De pronto, algo raro ocurrió dentro de mí. El chico estaba allí, tratando de incorporarse, tosiendo. No lloraba. Tenía los ojos muy achicados, y su nariz, ancha y aplastada, vibraba extrañamente. Estaba manchado de sangre. Por la barbilla le caía la sangre, que empapaba sus andrajos y la hierba.

Súbitamente me miró. Y vi sus ojos de pupilas redondas, que no eran negras sino de un pálido color de topacio, transparentes, donde el sol se metía y se volvía de oro. Bajé los míos, llena de una vergüenza dolorida.

El chico se puso en pie, despacio. Se debió herir en una pierna, cuando Efrén lo arrastró, porque iba cojeando hacia la empalizada. No me atreví a mirar su espalda, renegrida y desnuda entre los desgarrones. Sentí ganas de llorar, no sabía exactamente por qué. Únicamente supe decirme: «Si sólo era un niño. Si era nada más que un niño, como otro cualquiera».

Ampliemos nuestra comprensión

Análisis del punto de vista. «Los chicos» está narrado desde el punto de vista de la niña que acompaña a los chicos ricos del pueblo. ¿Crees que la historia sería diferente si la contara otro personaje, por ejemplo, Efrén o uno de los hijos de los penados? Compruébalo usando distintos puntos de vista en el siguiente diálogo colaborativo.

Diálogo colaborativo. En grupos van a escribir un diálogo tomando el punto de vista que te asigne tu maestro(a). Unos van a escribir un diálogo entre los chicos del pueblo y otros van a escribir el diálogo que pudo ocurrir entre los hijos de los penados. Cualquiera que sea el punto de vista que les toque, pónganse en el puesto de los personajes y presenten los hechos como los hubieran contado ellos.

Conclusión de la unidad

Síntesis y conexión de conceptos

Diario de doble entrada. Haz un repaso mental de los cuentos y poemas cubiertos en esta unidad. Escoge tres de las lecturas que más te hayan impresionado. Dibuja un diario de doble entrada. En la columna de la izquierda anota un problema presentado en cada una de las lecturas, y en la de la derecha, anota tus reacciones, sentimientos, opiniones, sugerencias de solución, etc.

Carta a un personaje. Imagínate que eres un personaje de uno de los cuentos de esta unidad. Escríbele una carta a uno de los personajes de otro cuento. Por ejemplo, escoges ser Martha, la protagonista de «El premio», y le vas a escribir a Efrén, de «Los chicos». En tu carta le dirás lo que piensas de su situación, si estás de acuerdo con sus acciones, o puedes decirle cómo habrías reaccionado tú en su lugar. Recuerda que es el personaje del cuento, en este caso Martha, y no tú quien escribe la carta.

Canción.   Hay ciertos autores que piensan que la literatura tiene un rol social, es decir, el de crear conciencia en la gente sobre las injusticias que existen en nuestra sociedad. Tu maestro(a) va a tocar una canción de Horacio Guaraní, cantada por Mercedes Sosa. Mira el texto de la canción en la página 131 y anota cómo interpreta el autor la función del artista en la sociedad.

Los diagramas.   Hay muchas maneras de diagramar la información que conocemos. Tú has aprendido varias formas en estas dos unidades. Por ejemplo: **el ramillete de ideas**, en el que se anotan todas las ideas sin establecer conexiones entre ellas; el **árbol de conexiones**, en el que se buscan relaciones entre las distintas ideas y se establece su jerarquización; el **cuadro de comparación y contraste**, en el que se anotan semejanzas y diferencias, etc.

Presenta las ideas más importantes de la unidad utilizando uno de los diagramas que has aprendido u otro que se te ocurra.

Fraternity, Diego Rivera

Si se calla el cantor

por Horacio Guaraní
cantada por Mercedes Sosa

Si se calla el cantor calla la vida
porque la vida, la vida misma
es todo canto,
si se calla el cantor, muere de espanto
la esperanza, la luz y la alegría.

Si se calla el cantor se quedan solos
los humildes gorriones de los diarios,
los obreros del puerto se persignan,
quién habrá de luchar por su salario.

Qué ha de ser de la vida si el que canta
no levanta su voz en las tribunas
por el que sufre, por el que no hay
ninguna razón que lo condene
a andar sin manta.

Si se calla el cantor muere la rosa
de qué sirve la rosa sin el canto,
debe el canto ser luz sobre los campos
iluminando siempre a los de abajo.

Que no calle el cantor porque el silencio
cobarde apaña la maldad que oprime,
no saben los cantores de agachadas,
no callarán jamás de frente al crimen.

Que se levanten todas las banderas
cuando el cantor se plante con su grito,
que mil guitarras desangren en la noche
una inmortal canción al infinito.

Si se calla el cantor... calla la vida.

Tercera unidad

La experiencia migrante

El otro lado

El deseo,
Entrar, llegar, vivir.
La esperanza,
Arriesgarse, trabajar, aprender.
El viaje,
Peligros, sinsabores, temores.
El encuentro,
Desconocimientos, dificultades, barreras.
La realidad,
Miseria, discriminación, explotación.

Sylvia S. Lizárraga

En todas las épocas el hombre ha emprendido largas y peligrosas travesías en busca de mejores condiciones de vida. Algunos migrantes alcanzan al final de su camino esa tierra prometida donde forjarse un futuro mejor para sí y para los suyos, otros nunca lo logran; pero, en esa búsqueda, todos han tenido que sufrir dolorosas experiencias, experiencias que quedan grabadas en la memoria para siempre.

1

Alistémonos para leer

El protagonista del cuento «Cajas de cartón» de Francisco Jiménez sufre muy temprano en su vida la dolorosa experiencia de tener que renunciar a sus sueños.

Piensa, anota y comparte.   Cuenta una experiencia en tu vida en que tuviste que abandonar algo o a alguien. ¿Cómo te sentiste?

Trabajo de equipo.   El cuento que van a leer se titula «Cajas de cartón». En grupos, anoten tres ideas de lo que se imaginan que va a tratar el cuento.

Compartir con la clase: Ideas novedosas solamente.   Los grupos compartirán con la clase evitando repetir ideas que ya hayan sido expresadas por otros grupos.

Lectura oral.   Vas a leer la primera parte del cuento en voz alta bajo la dirección del (de la) maestro(a).

Cajas de cartón

Francisco Jiménez

Primera parte

Era a fines de agosto. Ito, el contratista, ya no sonreía. Era natural. La cosecha de fresas terminaba, y los trabajadores, casi todos braceros, no recogían tantas cajas de fresas como en los meses de junio y julio.

Cada día el número de braceros disminuía. El domingo sólo uno —el mejor pizcador— vino a trabajar. A mí me caía bien. A veces hablábamos durante nuestra media hora de almuerzo. Así es como aprendí que era de Jalisco, de mi tierra natal. Ese domingo fue la última vez que lo vi.

Cuando el sol se escondía detrás de las montañas, Ito nos señaló que era hora de ir a casa. «Ya es horra», gritó en su español mocho. Ésas eran las palabras que yo ansiosamente esperaba doce horas al día, todos los días, siete días a la semana, semana tras semana, y el pensar que no las volvería a oír me entristeció.

Por el camino rumbo a casa, Papá no dijo una palabra. Con las dos manos en el volante miraba fijamente hacia el camino. Roberto, mi hermano mayor, también estaba callado. Echó para atrás la cabeza y cerró los ojos. El polvo que entraba de fuera lo hacía toser repetidamente.

Era a fines de agosto. Al abrir la puerta de nuestra chocita, me detuve. Vi que todo lo que nos pertenecía estaba empacado en cajas de cartón. De repente sentí aún más el peso de las horas, los días, las semanas, los meses de trabajo. Me senté sobre una caja, y se me llenaron los ojos de lágrimas al pensar que teníamos que mudarnos a Fresno.

Esa noche no pude dormir, y un poco antes de las cinco de la madrugada Papá, que a la cuenta tampoco había pegado los ojos en toda la noche, nos levantó. A los pocos minutos los gritos alegres de mis hermanitos, para quienes la mudanza era una gran aventura, rompieron el silencio del amanecer. Los ladridos de los perros pronto los acompañaron.

Mientras empacábamos los trastes del desayuno, Papá salió para encender la «Carcanchita». Ése era el nombre que Papá le puso a su viejo Plymouth negro del año '38. Lo compró en una agencia de carros usados en Santa Rosa en el invierno de 1949. Papá estaba muy orgulloso de su carro. «Mi carcanchita» lo llamaba cariñosamente. Tenía derecho a sentirse así. Antes de comprarlo, pasó mucho tiempo mirando otros carros. Cuando al fin escogió la «Carcanchita», la examinó palmo a palmo. Escuchó el motor, inclinando la cabeza de lado a lado como un perico, tratando de detectar cualquier ruido que pudiera indicar problemas mecánicos. Después de satisfacerse con la apariencia y los sonidos del carro, Papá insistió en saber quién había sido el dueño. Nunca lo supo, pero compró el carro de todas maneras. Papá pensó que el dueño debía haber sido alguien importante porque en el asiento de atrás encontró una corbata azul.

Papá estacionó el carro enfrente a la choza y dejó andando el motor. «Listo», gritó. Sin decir palabra, Roberto y yo comenzamos a acarrear las cajas de cartón al carro. Roberto cargó las dos más grandes, y yo las más chicas. Papá luego cargó el colchón ancho sobre la capota del carro y lo amarró con lazos para que no se volara con el viento en el camino.

Todo estaba empacado menos la olla de Mamá. Era una olla vieja y galvanizada que había comprado en una tienda de segunda en Santa

María el año que yo nací. La olla estaba llena de abolladuras y mellas, y mientras más abollada estaba, más le gustaba a Mamá. «Mi olla» la llamaba orgullosamente.

Sujeté abierta la puerta de la chocita mientras Mamá sacó cuidadosamente su olla, agarrándola por las dos asas para no derramar los frijoles cocidos. Cuando llegó al carro, Papá tendió las manos para ayudarle con ella. Roberto abrió la puerta posterior del carro y Papá puso la olla con mucho cuidado en el piso detrás del asiento. Todos subimos a la «Carcanchita». Papá suspiró, se limpió el sudor de la frente con las mangas de la camisa, y dijo con cansancio: «Es todo».

Mientras nos alejábamos, se me hizo un nudo en la garganta. Me volví y miré nuestra chocita por última vez.

Al ponerse el sol llegamos a un campo de trabajo cerca de Fresno. Ya que Papá no hablaba inglés, Mamá le preguntó al capataz si necesitaba más trabajadores. «No necesitamos a nadie», dijo él, rascándose la cabeza. «Pregúntele a Sullivan. Mire, siga este mismo camino hasta que llegue a una casa grande y blanca con una cerca alrededor. Allí vive él».

Cuando llegamos allí, Mamá se dirigió a la casa. Pasó por la cerca, por entre filas de rosales hasta llegar a la puerta. Tocó el timbre. Las luces del portal se encendieron y un hombre alto y fornido salió. Hablaron brevemente. Cuando el hombre entró en la casa, Mamá se apresuró hacia el carro. «¡Tenemos trabajo! El señor nos permitió quedarnos allí toda la temporada», dijo un poco sofocada de gusto y apuntando hacia un garaje viejo que estaba cerca de los establos.

El garaje estaba gastado por los años. Roídas de comejenes, las paredes apenas sostenían el techo agujereado. No tenía ventanas y el piso de tierra suelta ensabanaba todo de polvo.

Esa noche, a la luz de una lámpara de petróleo, desempacamos las cosas y empezamos a preparar la habitación para vivir. Roberto enérgicamente se puso a barrer el suelo, Papá llenó los agujeros de las paredes con periódicos viejos y con hojas de lata. Mamá les dio de comer a mis hermanitos. Papá y Roberto entonces trajeron el colchón y lo pusieron en una de las esquinas del garaje. «Viejita», dijo Papá, dirigiéndose a Mamá, «tú y los niños duerman en el colchón. Roberto, Panchito y yo dormiremos bajo los árboles».

Muy tempranito por la mañana al día siguiente, el señor Sullivan nos enseñó dónde estaba su cosecha y, después del desayuno, Papá, Roberto y yo nos fuimos a la viña a pizcar.

A eso de las nueve, la temperatura había subido hasta cerca de cien grados. Yo estaba empapado de sudor y mi boca estaba tan seca que parecía como si hubiera estado masticando un pañuelo. Fui al final del surco, cogí la jarra de agua que habíamos llevado y comencé a beber. «No tomes mucho; te vas a enfermar», me gritó Roberto. No había

acabado de advertirme cuando sentí un gran dolor de estómago. Me caí de rodillas y la jarra se me deslizó de las manos.

Solamente podía oír el zumbido de los insectos. Poco a poco me empecé a recuperar. Me eché agua en la cara y el cuello y miré el lodo negro correr por los brazos y caer a la tierra que parecía hervir.

Todavía me sentía mareado a la hora del almuerzo. Eran las dos de la tarde y nos sentamos bajo un árbol grande de nueces que estaba al lado del camino. Papá apuntó el número de cajas que habíamos pizcado. Roberto trazaba diseños en la tierra con un palito. De pronto vi palidecer a Papá que miraba hacia el camino. «Allá viene el camión de la escuela», susurró alarmado. Instintivamente, Roberto y yo corrimos a escondernos entre las viñas. El camión amarillo se paró frente a la casa del señor Sullivan. Dos niños muy limpiecitos y bien vestidos se apearon. Llevaban libros bajo sus brazos. Cruzaron la calle y el camión se alejó. Roberto y yo salimos de nuestro escondite y regresamos a donde estaba Papá. «Tienen que tener cuidado», nos advirtió.

Después del almuerzo volvimos a trabajar. El calor oliente y pesado, el zumbido de los insectos, el sudor y el polvo hicieron que la tarde pareciera una eternidad. Al fin las montañas que rodeaban el valle se tragaron el sol. Una hora después estaba demasiado obscuro para seguir trabajando. Las parras tapaban las uvas y era muy difícil ver los racimos. «Vámonos», dijo Papá señalándonos que era hora de irnos. Entonces tomó un lápiz y comenzó a figurar cuánto habíamos ganado ese primer día. Apuntó números, borró algunos, escribió más. Alzó la cabeza sin decir nada. Sus tristes ojos sumidos estaban humedecidos.

Cuando regresamos del trabajo, nos bañamos afuera con el agua fría bajo una manguera. Luego nos sentamos a la mesa hecha de cajones de madera y comimos con hambre la sopa de fideos, las papas y tortillas de harina blanca recién hechas. Después de cenar nos acostamos a dormir, listos para empezar a trabajar a la salida del sol.

Al día siguiente, cuando me desperté, me sentía magullado, me dolía todo el cuerpo. Apenas podía mover los brazos y las piernas. Todas las mañanas cuando me levantaba me pasaba lo mismo hasta que mis músculos se acostumbraron a ese trabajo.

Era lunes, la primera semana de noviembre. La temporada de uvas se había terminado y yo ya podía ir a la escuela. Me desperté temprano esa mañana y me quedé acostado mirando las estrellas y saboreando el pensamiento de no ir a trabajar y de empezar el sexto grado por primera vez ese año. Como no podía dormir, decidí levantarme y desayunar con Papá y Roberto. Me senté cabizbajo frente a mi hermano. No quería mirarlo porque sabía que él estaba triste. Él no asistiría a la escuela hoy, ni mañana, ni la próxima semana. No iría hasta que se acabara la temporada de algodón, y eso sería en febrero. Me froté las manos y miré la piel seca y manchada de ácido enrollarse y caer al suelo.

Diagrama «mente abierta». Tu maestro(a) te entregará un diagrama «mente abierta», como el que aparece a continuación. Dentro del diagrama vas a representar al personaje central de este cuento: ¿Qué está pensando? ¿Qué piensa de sí mismo? ¿Qué quiere? ¿Qué siente? ¿Cuáles son sus aspiraciones?, etc. Puedes hacer esto por medio de dibujos, símbolos o palabras y frases sacados de la historia. Escribe el nombre del personaje en la línea de arriba.

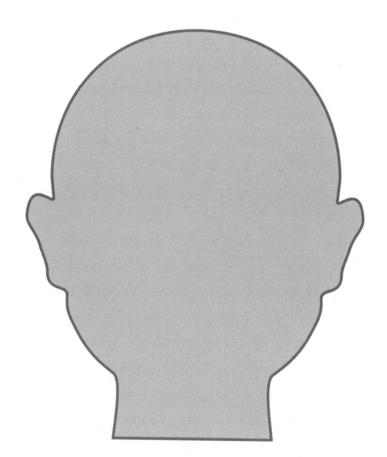

Lectura silenciosa. Vas a leer la segunda parte del cuento silenciosamente.

Segunda parte

Cuando Papá y Roberto se fueron a trabajar, sentí un gran alivio. Fui a la cima de una pendiente cerca de la choza y contemplé a la «Carcanchita» en su camino hasta que desapareció en una nube de polvo.

Dos horas más tarde, a eso de las ocho, esperaba el camión de la escuela. Por fin llegó. Subí y me senté en un asiento desocupado. Todos los niños se entretenían hablando o gritando.

Estaba nerviosísimo cuando el camión se paró delante de la escuela. Miré por la ventana y vi una muchedumbre de niños. Algunos llevaban libros, otros juguetes. Me bajé del camión, metí las manos en los bolsillos, y fui a la oficina del director. Cuando entré oí la voz de una mujer diciéndome: «May I help you?» Me sobresalté. Nadie me había hablado inglés desde hacía meses. Por varios segundos me quedé sin poder contestar. Al fin, después de mucho esfuerzo, conseguí decirle en inglés que me quería matricular en el sexto grado. La señora entonces me hizo una serie de preguntas que me parecieron impertinentes. Luego me llevó a la sala de clase.

El señor Lema, el maestro de sexto grado, me saludó cordialmente, me asignó un pupitre, y me presentó a la clase. Estaba tan nervioso y tan asustado en ese momento cuando todos me miraban que deseé estar con Papá y Roberto pizcando algodón. Después de pasar la lista, el señor Lema le dio a la clase la asignatura de la primera hora. «Lo primero que haremos esta mañana, es terminar de leer el cuento que comenzamos ayer», dijo con entusiasmo. Se acercó a mí, me dio su libro y me pidió que leyera. «Estamos en la página 125», me dijo. Cuando lo oí, sentí que toda la sangre se me subía a la cabeza, me sentí mareado. «¿Quisieras leer?», me preguntó en un tono indeciso. Abrí el libro a la página 125.

Mi boca estaba seca. Mis ojos se me comenzaron a aguar. El señor Lema entonces le pidió a otro niño que leyera.

Durante el resto de la hora me empecé a enojar más y más conmigo mismo. Debí haber leído, pensaba yo.

Durante el recreo me llevé el libro al baño y lo abrí a la página 125. Empecé a leer en voz baja, pretendiendo que estaba en clase. Había muchas palabras que no sabía. Cerré el libro y volví a la sala de clase.

El señor Lema estaba sentado en su escritorio. Cuando entré me miró sonriéndose. Me sentí mucho mejor. Me acerqué a él y le pregunté si me podía ayudar con las palabras desconocidas. «Con mucho gusto», me contestó.

El resto del mes pasé mis horas del almuerzo estudiando ese inglés con la ayuda del buen señor Lema.

Un viernes durante la hora del almuerzo, el señor Lema me invitó a que lo acompañara a la sala de música. «¿Te gusta la música?», me preguntó. «Sí, muchísimo», le contesté entusiasmado, «me gustan los corridos mexicanos». El sonido me hizo estremecer. Me encantaba ese sonido. «¿Te gustaría aprender a tocar este instrumento?», me preguntó. Debió haber comprendido la expresión en mi cara porque antes que yo respondiera, añadió: «Te voy a enseñar a tocar esta trompeta durante las horas del almuerzo».

Ese día casi no podía esperar el momento de llegar a casa y contarles las nuevas a mi familia. Al bajar del camión me encontré con mis hermanitos que gritaban y brincaban de alegría. Pensé que era porque yo había llegado, pero al abrir la puerta de la chocita, vi que todo estaba empacado en cajas de cartón...

Diagrama «mente abierta».   Revisa y completa tu diagrama «mente abierta». ¿Qué más aprendiste sobre Panchito después de leer la segunda parte del cuento?

Análisis del personaje.   En uno o dos párrafos explica el significado de los símbolos, imágenes, dibujos y/o palabras que incluiste en tu diagrama «mente abierta» y di por qué los escogiste.

Composición.   Imagínate qué le pasó a Panchito en los años que siguieron. Comienza tu composición con las palabras: «Han pasado veinte años y...» Trata de describir vívidamente a Panchito: ¿cómo se ve? ¿dónde está? ¿qué está haciendo? ¿en qué trabaja? Usa tu imaginación, pero básate en datos concretos que aparezcan en la historia. Usa el diagrama y los párrafos que escribiste arriba para especular sobre lo que le pasó al personaje.

Cuatro en turno.   Comparte con tus compañeros de equipo la continuación del cuento que escribiste. Luego tu maestro(a) te leerá la historia de Panchito.

Trabajo de equipo.   En grupos de cuatro van a hacer un cartelón representando uno de los temas del cuento. Deben llegar a un consenso sobre cuál tema van a representar y cómo lo van a representar (pueden usar dibujos, símbolos, colores, etc.). Además deben escoger una cita del cuento que ilustre ese tema. Luego presentarán sus trabajos a la clase.

Alistémonos para leer

A través de la lectura de «El trabajo en el campo» de Rose Del Castillo Guilbault podemos ver las experiencias de otra familia dedicada al trabajo agrícola.

Entrevista en tres etapas

1. ¿Cuál es el trabajo más duro que te ha tocado realizar en tu vida?

2. ¿Por qué tuviste que hacer ese trabajo?

3. ¿Qué te enseñó esa experiencia?

Lectura oral. Leerás «El trabajo en el campo» en voz alta, bajo la dirección de tu maestro(a). Vas a practicar la técnica de hacer «buenas preguntas».

El trabajo en el campo

Rose Del Castillo Guilbault

Traducción de Ruth Barraza

El «fil» era como mi padre y sus amigos lo llamaban: un anglicismo para referirse al campo, a la siembra. Los primeros trabajos que tuve fueron en el«fil». Yo crecí en el valle de Salinas donde, si eres joven y mexicano, los únicos trabajos que puedes conseguir durante el verano son en la agricultura.

Aunque no hay absolutamente nada romántico acerca del trabajo en los campos, en cambio sí ofrece un ambiente fértil donde aprender importantes lecciones para la vida sobre el trabajo, los valores familiares y lo que significa para un mexicano crecer en los Estados Unidos. Los campos eran el escenario donde las verdades de la vida eran representadas: las luchas, dificultades, humillaciones, el humor, la amistad y la compasión. Para muchos jóvenes mexicanos el trabajo en el campo representa prácticamente un rito de pasaje.

Puedo recordar con desagradable claridad la primera vez que trabajé en el campo. Fue durante el verano del año en que cumplí los once años. Me sentía desalentada y aburrida. Quería salir de vacaciones, como muchos de mis compañeros de clase, pero mis padres no podían darse ese lujo.

Mi madre se mostró muy comprensiva; ella también anhelaba ver a su familia en México, así que se le ocurrió la idea de que podíamos ganar los 50 pesos que necesitábamos para pagar el boleto en el autobús de la Greyhound hasta Mexicali, si las dos trabajábamos en la cosecha del ajo que estaba a punto de empezar en la granja donde vivíamos.

El primer escollo que teníamos que vencer para ganar ese dinero era convencer a mi padre, un mexicano muy tradicional, de que nos dejara trabajar. Él había sido muy enfático en ese punto con mi madre. Para él, una esposa que trabajaba, significaba que el hombre era incapaz de sostener a su familia.

Hasta el día de hoy, no tengo ni idea de cómo hizo para convencerlo. Tal vez fue el hecho de que el trabajo era muy corto —cinco días— o tal vez fue porque no habíamos podido ir a México en más de un año. Mi padre sabía que mi madre necesitaba hacer una visita anual a sus familiares. En todo caso, nos prometió que hablaría con su jefe al día siguiente para pedirle que nos permitiera formar parte de la cuadrilla de recolección del ajo.

El jefe se mostró escéptico acerca de emplearnos. No porque tuviera reparos en contratar a una mujer y a una niña, sino porque le preocupaba nuestra inexperiencia y falta de vigor. Después de todo, éste era un trabajo de hombres y, además, él tenía un plazo que cumplir. ¿Qué sucedería si nosotras retrasábamos la recolección y él tenía que pagar un día extra a un trabajador?

—¿Desde cuándo es la recolección del ajo tal arte? —replicó mi madre, cuando mi padre le comunicó esa noche las reservas del jefe. Pero enseguida le dijo que el jefe había decidido darnos una oportunidad.

Empezamos inmediatamente, a las seis de la mañana del día siguiente. La mañana de agosto era fría y gris, aún cubierta por una neblina húmeda. Nos pusimos varias capas de ropa para protegernos del frío de la madrugada: una camiseta, una chaqueta, una sudadera; a medida que el sol fuera calentando nos iríamos quitando ropa. Nos envolvimos bufandas alrededor de la cabeza y luego nos cubrimos con gorros tejidos. Este era nuestro uniforme de trabajo en el campo, y es el mismo uniforme que todavía usan los hombres y mujeres que se pueden ver cuando se viaja por los valles de California.

Un capataz nos mostró la forma correcta de recoger el ajo. «Enganchen el saco en este cinturón especial. Así sus manos quedarán libres para recoger el ajo y echarlo en el saco».

Observamos cuidadosamente mientras él se acomodaba el saco a la cintura y caminaba lentamente por el surco, inclinándose ligeramente mientras sus manos giraban como una máquina segadora, haciendo que los bulbos volaran del suelo hasta el saco.

—Fácil —dijo enderezando su saco.

Y yo aprendí que era fácil hasta cuando el saco comenzaba a llenarse. Entonces, no sólo no se quedaba en el gancho del cinturón, sino que se volvía tan pesado que era imposible para una niña de once años poder arrastrarlo.

Me pasé toda la mañana probando distintas formas de mantener el saco alrededor de la cintura. Traté de atarlo a diferentes partes del cuerpo con la bufanda. Pero fue inútil: cuando estaba lleno hasta cierto nivel, era simplemente imposible moverlo. Así que recurrí a un método más laborioso, pero efectivo. Arrastraba el saco con las dos manos, luego iba y venía corriendo, recogiendo puñados de ajo que depositaba en el saco estacionario. Debo de haber parecido muy tonta.

Escuché risas en los campos distantes. Miré a mi alrededor, preguntándome cuál sería el chiste, y lentamente me di cuenta de que se reían de mí. Me dio un vuelco el estómago cuando escuché el impaciente crujido de las botas del capataz detrás de mí. ¿Me iría a decir que me fuera a casa?

—No, no, no lo estás haciendo bien —gesticuló violentamente enfrente de mí.

—Pero no puedo hacerlo de la misma forma en que usted lo hace. El saco es muy pesado —le expliqué.

De repente se escucharon voces de hombre:

—¡Déjala, hombre! Déjala que lo haga a su manera.

El capataz se encogió de hombros, volteó los ojos, y se alejó murmurando entre dientes. Mi madre se me acercó sonriendo. Era la hora del almuerzo.

Después del almuerzo, el sol de la tarde me aletargó. El sudor me corría por la espalda haciendo que me picara la piel y poniéndome pegajosa. Era desalentador ver cómo todos me pasaban. La tarde se arrastraba tan pesadamente como el saco que llevaba.

Al final del día me sentía como si alguien me hubiera puesto una plancha caliente entre los hombros.

Los días siguientes se convirtieron en una confusión de músculos adoloridos y bulbos de ajo. Los surcos parecían estirarse como elásticos, expandiéndose cada día que pasaba. La sonrisa de mi madre y sus palabras de ánimo, que me aliviaban en los primeros días, ya no me confortaban.

Aun en casa me sentía dominada por el insidioso ajo. Se me introducía en la piel y en la ropa. No importaba cuánto me restregara, el ajo parecía emanar de mis poros y el olor me sofocaba en el sueño.

En la que sería mi última mañana de trabajo, simplemente no pude levantarme de la cama. Tenía el cuerpo tan adolorido que el más ligero movimiento lanzaba oleadas de dolor por mis músculos. Tenía las piernas vacilantes de tanto agacharme y sentía como si los hombros me los hubieran separado. Todo mi cuerpo era un dolor palpitante. ¡El campo me había vencido!

—Simplemente no puedo hacerlo —le dije llorando a mi madre, y las lágrimas me sabían a ajo.

—Vale la pena trabajar para conseguir todo lo que vale la pena tener —me dijo suavemente.

—No me importan las vacaciones. Estoy cansada. No vale la pena —le dije llorando.

—Sólo faltan unas pocas hileras. ¿Estás segura de que no puedes terminar? —insistió mi madre.

Pero para mí, esas pocas hileras podían muy bien haber sido ciento. Me sentía muy mal por haberme dado por vencida después de trabajar tanto, pero, francamente, no me parecía justo tener que pagar un precio tan alto para ir de vacaciones. Después de todo, mis amigos no tenían que hacerlo.

Mi madre estuvo muy callada todo el día. Yo había olvidado que se trataba de sus vacaciones también. Mi padre se sorprendió de encontrarnos sentadas y arregladas cuando llegó a casa. Escuchó en silencio las explicaciones de mi madre. Y, después de una pausa, dijo:

—Bueno, si todos trabajamos, podemos todavía terminar esta noche los surcos que faltan, justo dentro del plazo.

Al mirar los ojos de mi padre, enrojecidos y rodeados de un círculo de polvo, sus cabellos polvorientos y su overol manchado de lodo, me sentí sobrecogida por un extraño sentimiento de lástima y gratitud al mismo tiempo. Por la inclinación de sus hombros, me daba cuenta de que estaba cansado de su agotador trabajo en el campo. Y, terminar lo que faltaba del nuestro, representaba poco menos que un acto de amor.

Me sentía hecha pedazos. La idea de enfrentarme nuevamente al campo, me aterrorizaba. Pero no dije nada, y me tragué mi repugnancia hasta que se me formó un nudo en la garganta.

Esa noche de verano, los tres trabajamos codo a codo, bromeando, hablando, riendo, mientras terminábamos el trabajo. Cuando

terminamos de colocar el último saco de ajo, ya había oscurecido y nosotros nos habíamos quedado silenciosos. Las últimas luces del atardecer me hicieron sentir tan apacible como el alivio de saber que el trabajo estaba finalmente concluido.

Trabajé todos los veranos siguientes; algunos en el campo (nunca más en la recolección del ajo), y más adelante en las empacadoras de vegetales, siempre al lado de mi madre. El trabajar juntas creó entre nosotras un lazo muy especial. Y, a través de esta relación, y de mi relación con otras familias mexicanas arrojadas a esta sociedad agrícola, recibí una educación tan sólida y rica como la tierra que trabajamos.

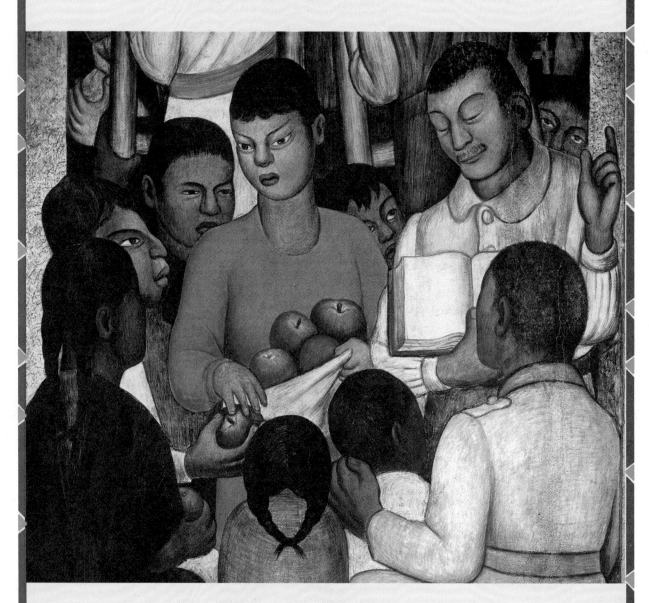

Los frutos de la tierra, detail, 1926, Diego Rivera

Diálogo colaborativo. En grupos de cuatro van a escribir el diálogo que tuvo lugar en una de las siguientes escenas. El (La) maestro(a) les dirá cuál escena le corresponde a cada grupo. Al finalizar se hará una representación secuencial de los libretos.

1. El diálogo que tuvo lugar entre Rosa, su padre y su madre antes de que ellas comenzaran a trabajar.

2. El diálogo que tuvo lugar entre el capataz, Rosa y su madre la primera mañana de trabajo.

3. El diálogo que tuvo lugar entre Rosa y su madre la mañana del último día de trabajo.

4. El diálogo que tuvo lugar entre Rosa, la madre y el padre cuando éste llega a casa en la tarde del último día y las encuentra arregladas sin haber ido a trabajar.

Flor semántica. Busca en el cuento que acabas de leer palabras que correspondan a cada una de las categorías de la flor semántica.

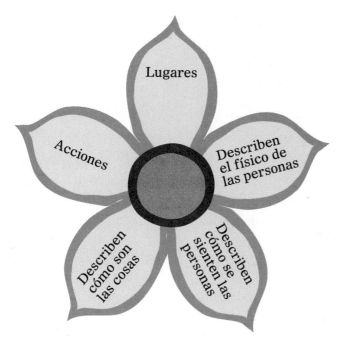

3

Alistémonos para leer

Un bello ejemplo de la nueva poesía chicana es el poema «Lo mejor de dos lados» de Juan José Gloria Rocha, seleccionado para esta lección.

Entrevista. Vas a entrevistar a un(a) familiar o amigo(a) que haya emigrado de otro país. Copia el siguiente diagrama para anotar la información.

Entrevista sobre la inmigración

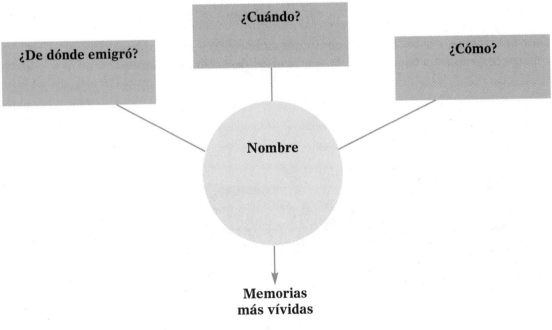

1.

2.

3.

Leamos activamente

Diario de doble entrada. Copia en tu cuaderno el siguiente cuadro. En la columna de la izquierda copia versos del poema que te parezcan interesantes o que se relacionan contigo de alguna manera. En la columna de la derecha escribe tus reacciones a cada pasaje que has seleccionado. Tus reacciones pueden indicar lo que significa el fragmento, algo que te hizo recordar, lo que no entiendes, qué sentimientos te inspira o cualquier otro comentario que quieras anotar.

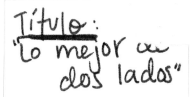

Título del poema:	
Pasajes del poema	**Mis reacciones**

Lectura silenciosa. Lee el poema silenciosamente y toma notas en el diario de doble entrada.

Pero aquí sus aguas se tiñen de sangre
Y lo cruzan hombres en fuga,
Cual animales cazados por «la autoridad».

Le Pont Neuf,
O el de Los Suspiros,
El Brooklyn Bridge...
Cuando cae la tarde
Embellecen a su ciudad.

Pero los nuestros son los puentes:
De la vergüenza,
De la austeridad,
De la división,
De la impunidad.

¿Por qué?

Ampliemos nuestra comprensión

Tres en turno. Comparte tus anotaciones en el diario de doble entrada con tus compañeros de equipo.

Piensa e ilustra. Piensa en las imágenes que te formaste en la mente mientras leías el poema. Haz una ilustración que muestre lo que te imaginaste y escribe una oración explicativa debajo del dibujo. Puedes escoger un verso del poema. Comparte tu ilustración con un(a) compañero(a).

Investiga. El poeta menciona varios puentes famosos en el poema. Investiga dónde quedan algunos de ellos.

Colcha de retazos. En una hoja de papel sin líneas, haz un dibujo que represente la experiencia migrante* de la persona que entrevistaste. Debes además escribir una sola palabra que exprese el sentimiento más fuerte que experimentó esta persona. Por ejemplo: **angustia, esperanza,** etc. Formen una colcha en la cartelera con todos los dibujos de la clase. Usen tiras de cartulina de distintos colores para marcar la separación entre un dibujo y otro.

* En otras partes de los EE.UU. se usa la palabra «migratorio» en vez de «migrante».

4

Alistémonos para leer

La nostalgia producida por el recuerdo del suelo patrio es el tema de los poemas de Nicolás Guillén y de Virgilio Dávila que aparecen a continuación.

Cuadro de comparación y contraste. Copia el siguiente cuadro en tu cuaderno. Trabajando con un(a) compañero(a), van a anotar algunas semejanzas y diferencias que encuentren entre los dos poemas.

	Responde tú...	**Nostalgia**
¿Cuál es el país a que se refiere el poeta?		
¿Qué sentimientos expresa el poeta?		
¿Cuáles aspectos de la patria mencionan?		

Responde tú...

Nicolás Guillén

Tú, que partiste de Cuba,
responde tú,
¿dónde hallarás verde y verde,
azul y azul,
palma y palma bajo el cielo?
Responde tú.

Tú, que tu lengua olvidaste,
responde tú,
y en lengua extraña masticas
el güel y el yu,
¿cómo vivir puedes mudo?
Responde tú.

Tú, que dejaste la tierra,
responde tú,
donde tu padre reposa
bajo una cruz,
¿dónde dejarás tus huesos?
Responde tú.

Ah, desdichado, responde,
responde tú,
¿dónde hallarás verde y verde,
azul y azul,
palma y palma bajo el cielo?
Responde tú.

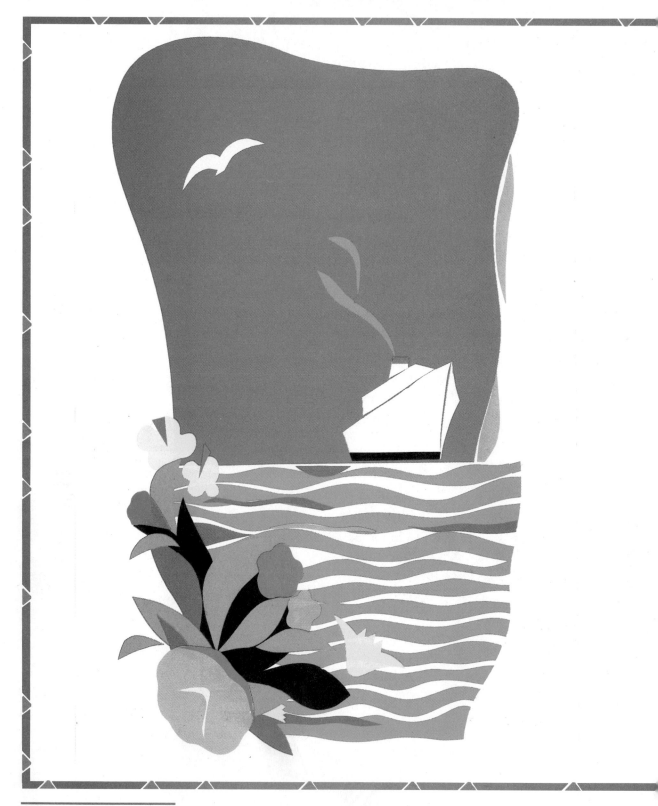

Nostalgia

Virgilio Dávila

Tras un futuro mejor
el lar nativo dejé,
y mi tienda levanté
en medio de Nueva York.
Lo que miro en derredor
es un triste panorama,
y mi espíritu reclama
por honda nostalgia herido
el retorno al patrio nido.
¡Mamá! ¡Borinquen me llama!

¿En dónde aquí encontraré
como en mi suelo criollo
el plato de arroz con pollo,
la taza de buen café?
¿En dónde, en dónde veré
radiantes en su atavío
las mozas, ricas en brío,
cuyas miradas deslumbran?
¡Aquí los ojos no alumbran!
¡Este país no es el mío!

Si escucho aquí una canción
de las que aprendí en mis lares,
o una danza de Tavárez,
Campos, o Dueño Colón,

mi sensible corazón
de amor patrio más se inflama,
y heraldo que fiel proclama
este sentimiento santo,
viene a mis ojos el llanto...
¡Borinquen es pura flama!

En mi tierra, ¡qué primor!
En el invierno más crudo
ni un árbol se ve desnudo,
ni una vega sin verdor.
Priva en el jardín la flor,
camina parlero el río,
el ave en el bosque umbrío
canta su canto arbitrario,
y aquí... ¡La nieve es sudario!
¡Aquí me muero de frío!

Ampliemos nuestra comprensión

Escribe un poema. Has leído cuatro poemas en esta unidad. Los autores expresan en ellos sus sentimientos íntimos acerca de experiencias de sus vidas. Hay muchas experiencias que nos afectan en la vida tanto positiva como negativamente. Piensa en una experiencia que te ha afectado de alguna manera y escribe un poema. El poema no tiene que rimar. Puedes imitar, por ejemplo, el poema que aparece al comienzo de esta unidad: «El otro lado». Copia los versos impares y completa los demás tú.

Apuntes literarios

Prosa y verso. **Prosa** es la estructura del lenguaje que no está sujeta, como el verso, a medida y cadencia. Los escritos en prosa están divididos en párrafos para separar las ideas. Los poemas se diferencian de la prosa en la forma como aparecen escritos en la página. Los poetas no tienen que usar párrafos. Ellos pueden arreglar las palabras de muchas formas diferentes para expresar sus ideas y sentimientos. Muchas veces los poemas están divididos en **estrofas,** que son grupos de líneas (versos).

Fíjate en los poemas que has leído en esta lección. ¿Cómo están divididos? ¿Cuántas estrofas tiene cada uno? ¿Cuántos versos tiene cada estrofa?

Escoge la estrofa que más te haya gustado y léesela a un(a) compañero(a).

5

Alistémonos para leer

La separación de un niño del lado de sus padres puede ser una experiencia traumática. El protagonista de la novela *Kike* de Hilda Perera nos cuenta con humor algunas de las difíciles situaciones a las que se tiene que enfrentar.

Cuadro de tres columnas. Vas a leer el primer capítulo de la novela *Kike*. El protagonista de esta obra es un niño de ocho años que se ve forzado por las circunstancias a enfrentar una serie de situaciones muy difíciles para él. En el curso de nuestras vidas, todos tenemos que enfrentar situaciones que, en su momento, nos parecen imposibles de vencer. Por ejemplo: el primer día de escuela para Panchito en el cuento «Cajas de cartón», el último día de trabajo de Rosa en «El trabajo en el campo». Copia el siguiente cuadro en tu cuaderno. Piensa en algunas experiencias similares que tú has tenido y anótalas en el cuadro.

¿Qué pasó?	¿Qué sentí?	¿Qué aprendí?

Kike

Hilda Perera

Buenas tardes, señores pasajeros. Éste es el vuelo 102 de Cubana de Aviación, con destino a Miami.

No vi quién lo decía y a mí nadie me dice «señor», pero de todos modos contesté:

—Buenas tardes.

Mi hermano se echó a reír y me dijo:

—¡Cretino!

Entonces se encendieron unas lucecitas rojas en las alas del avión, y la voz dijo:

—Señores pasajeros, por favor, abróchense el cinturón de seguridad.

Me lo abroché, aunque ya tenía muchas ganas de ir al baño. Siempre me pasa cuando no puedo moverme. Mamá dice que si me distraigo no me orino, así es que me puse a fijarme en todo lo que había a mi alrededor. Empujé la tapa de una cajita metálica que hay en el brazo del asiento. Nada. Cuando empujé más, se abrió de pronto y me llené de ceniza y de colillas de cigarro. El botón redondo que está al lado echa el asiento para atrás. Así. Me da para estirar bien las piernas. Lo probé tres o cuatro veces.

Como sin querer estaba dando patadas por debajo del asiento, la señora que estaba delante de mí se viró y me dijo:

—Hijito, por favor, estate quietecito.

En el techo hay un redondel de metal con un agujerito. Trato de alcanzarlo y no puedo. Pongo los pies en el asiento, y entonces

sí. Cuando lo abro todo, entra una corriente de aire frío de lo más rica, pero a la señora le da coriza y empieza a estornudar.

Mi hermano Toni me dice:

—Estate quieto. Pareces una lagartija.

Mi hermano me cae mal. Todos los hermanos mayores son unos pesados y unos chivatos.

Para entretenerme, cojo el papel que mi mamá me prendió al bolsillo de la camisa con un alfiler y lo abro. Arriba dice: «APRÉNDETE ESTO DE MEMORIA»; así, con mayúscula y subrayado dos veces. Cuando mamá quiere que haga algo, o me grita o subraya las cosas. Después dice: «Me llamo Jesús Andrés Lendián Gómez», como si yo fuera idiota y no lo supiera, y «tengo ocho años», que no es verdad, porque casi tengo nueve. Luego viene la parte que tengo que aprenderme, aunque creo que ya me la sé: «mi abuelo es Francisco Lendián. Vive en el 243 de Michigan Avenue, en Miami Beach, y su teléfono es el JE2-3054». Lo que está presillado al papel no es un pasaporte, porque yo no tengo pasaporte, sino una cosa que se llama *Visa Waiver*[1], que fue un lío conseguirla; mi papá y mi mamá llamaron a qué se yo cuánta gente para que nos la mandaran a mi hermano y a mí. Toni dice que si la pierdo, me mata. Cierro los ojos y repito el teléfono de mi abuelo, pero nada más llego al cuarto: ¡se está moviendo el avión!

—Toni, ¿ya?

—Ya —dice Toni, que siempre habla como si todo lo supiera.

Ahora arrancan los motores, y el avión se dispara a correr por la pista. Me suenan las tripas. Pego la nariz a la ventanilla a ver si veo a mi papá o a mi mamá, pero lo único que se ve es la terraza del aeropuerto y

---

[1] Visado especial concedido por Estados Unidos, en el que se pasan por alto algunos de los trámites reglamentarios. La mayoría de los niños refugiados de Cuba viajaron a Estados Unidos con *Visa Waiver*.

un montón de gente moviendo pañuelos. Cojo el mío y digo adiós bien pegado a la ventanilla; mamá dijo que así sabía dónde estábamos. Yo creo que no me vieron, porque el avión va a mil. Las casas, los postes y las palmas pasan corriendo frente a la ventanilla. De pronto me halan el estómago, como cuando subo en los ascensores. Una fuerza me pega al asiento. El avión despega y en seguida empiezo a ver La Habana al revés: es decir, desde arriba, y parece un pueblo de enanos: los automóviles parecen juguetes, y las palmas, que siempre son tan altas, se ven como pinceles. Ya casi no se ve nada, porque estamos entrando en una nube. Las nubes son como humo, así que si te caes allá arriba, sigues para abajo y te escachas. Ahora estamos entrando en unas nubes negras que parecen montañas. El avión coge un bache y empieza a caerse. Tengo miedo. Tengo muchísimo miedo, pero no se lo digo a mi hermano. Más bien trago y trago a ver si puedo tragarme una bola que tengo en la garganta desde que traté de ver a papá y mamá y no los vi; pero hago como si estuviera mirando por la ventanilla, para que mi hermano no vea que estoy llorando.

La muchacha rubia empieza a explicarnos que «en caso de pérdida de presión en la cabina, automáticamente caerían unas máscaras como éstas», y agarra una igualita a la de anestesia —cuando me operaron de las amígdalas— y se la pone. Después dice que apagáramos nuestros cigarrillos y respiráramos normalmente. Como si estuviera anunciando pasta de dientes, sigue diciendo que «en el improbable caso de una emergencia» —emergencia es cuando el avión se va a caer— «tomen sus salvavidas, que están colocados debajo de cada asiento». Se puso el suyo y dijo que lo infláramos sólo cuando ya estuviéramos fuera del avión. Yo pienso lo difícil que debe de ser inflar un salvavidas cuando uno está nervioso porque el avión se acaba de escachar en el mar. En las películas siempre se forman líos tremendos; todo el mundo llora y grita a la vez. Para quitarme el miedo, le pregunto a Toni:

—¿Qué pasa si lo inflamos dentro?

—Que te trabas en la puerta, idiota. ¿No ves que las puertas son muy estrechas?

—Y si uno se traba, ¿qué pasa?

Mi hermano se pone bizco y saca la lengua.

AHORA sí que si no voy, me orino. El baño está al frente y cada vez que entra alguien se enciende un letrero. Por fastidiarme, cuando me levanto, mi hermano me pone un traspiés. Si no me agarro de la pierna de un señor que estaba al otro lado del pasillo, me caigo. Yo no era el único que tenía ganas: había una cola larguísima. Un señor me vio la cara de apuro y me dijo que pasara primero. El baño es tan chiquito que casi no puedes. Cuando tiras de la cadena, que no es cadena, sino un pedal, hace muchísimo ruido y se abre el fondo del inodoro. Yo pienso si todo saldrá volando. El jabón sale a chorritos por un tubo y huele a perro. El papel resbala. Por eso ponen unas toallitas con mucho perfume para que te laves las manos. Al salir, se me trabó la puerta, pero me abrieron. De regreso vi al piloto y al copiloto y por poco me cuelo en la cabina, pero la muchacha rubia me preguntó si quería algo. Le dije que agua, y me dio un vaso de cartón con hielo. Me encanta mascar hielo, porque en casa no me dejan. Dicen que da caries. Cuando volví al asiento, estaba pasando un señor con una bandeja de caramelos. Le pedí unos cuantos y, al cogerlos, se me cayó el vaso con los hielos encima de la señora de la coriza. En Cuba no hay caramelos. Me comí dos juntos y quise guardar el resto para después. Por eso cogí mi gusano, que estaba debajo de mi asientó. El gusano es como una maleta, sólo que no es

como las maletas, sino largo y de tela gruesa. Mamá le puso ruedas al mío para que pudiera arrastrarlo yo solo. Dentro me puso un abrigo de franela a cuadros que huele a cucaracha, porque era una manta de mi abuela, y ella cuando guarda la ropa le pone unas bolitas que huelen a rayo y se llaman naftalina. También me pusieron como veinte pares de calcetines, todos con pareja. Mamá los cambió por frijoles negros y dos kilos y medio de café. Desde que en Cuba no hay nada de nada, mamá se pasa la vida cambiando cosas. Hace una ensalada de pollo sin pollo y una mayonesa con zanahorias de lo más rica, y luego la cambia por toallas o sábanas o por vasos que son la mitad de abajo de las botellas de Coca-Cola. Papá inventó un líquido de frenos que hace con aceite de ricino y también consigue tuercas y alambres. A veces es divertido. Los zapatos de mi hermano, esos amarillo–canario, llenos de huequitos, que parecen de bobo, eran de un ruso que los cambió por un litro de alcohol puro, a un señor amigo de papá que cambia alcohol por huevos. Como mi papá cría pollos, tiene huevos de sobra para hacer cambios.

En el gusano también me pusieron cantidad de calzoncillos que me hizo mi abuela con sábanas viejas, un retrato de papá y mamá y una cajita con píldoras. Las redondas son para si me da estreñimiento. A mí nunca me da estreñimiento, sino diarrea, pero me las pusieron de todos modos. Abuela dice «está flojito del vientre» y a mí me da muchísima rabia, porque yo lo que tengo es diarrea, como los grandes. Las píldoras para la diarrea saben a pared. Las amarillas son para la fiebre, y un jarabe verde que sabe a demonio es para la tos. En cuanto llegue a Miami, yo pienso que se me caiga y se rompa el frasco. Tata Amelia me puso en el gusano una cajita con un azabache para el mal de ojo. Papá dice que no hay mal de ojo, pero Tata Amelia dice que sí, que ella ha visto cómo nada más con que una persona mire mal a una planta, se pone mustia y se muere, y que a su sobrina le echaron mal de ojo y se fue poniendo chiquitica y arrugada como una vieja, hasta que se murió. Tata Amelia también dice que no se debe mecer un sillón solo, porque se muere el más chiquito de la casa, y cuando se murió el mono de abuela dijo «que en él se ensuelva», que quiere decir que es mejor que se muera un mono antes que se muera alguien de verdad. Yo quiero mucho a Tata Amelia, porque siempre me defiende y me hace dulces cuando consigue azúcar. Ella dice que yo soy su hijo y que nací negro igual que ella, pero que luego me dio lechada y me regaló a mi mamá. Tata Amelia se agarró a la ventanilla del coche cuando yo me iba y siguió corriendo a mi lado y diciendo: «¡Mi niño! ¡Mi niño!», hasta que el coche corrió más que ella.

Me siento solo y le pregunto a mi hermano:

—¿Qué pasa si no está el abuelo esperándonos?

—Lo llamamos por teléfono.

—¿Y si llamamos por teléfono y no contesta?

—Buscamos a un policía.

Yo no voy a llamar a un policía, porque no creo en policías desde el día que vino uno verde olivo con mucha barba y sacó a papá de la casa a punta de metralleta, y estuvimos muchos días sin verlo y sin saber dónde estaba. Yayo, el jardinero, que es bizco de un ojo y siempre parece que está mirándose la nariz, vino y le dijo a mi mamá que a papá lo habían llevado al colegio de los curas, al mismo que yo iba antes de que se lo cogieran los comunistas. Entonces me escapé de casa sin decir nada, salí corriendo y me encaramé en la mata de mango que está detrás de la tapia del colegio. Allí, en el patio donde antes nos daban el recreo, había como doscientos hombres dando vueltas. En seguida vi a mi papá y le chiflé con el chiflido de los Lendián, que lo inventó mi abuelo, y se oye a dos leguas. Mi papá supo que era yo y me buscó con la vista.

—¿Qué haces ahí, Kike? —me dijo—. ¡Vete, vete en seguida, no vayan a verte!

Yo le pregunté si había visto al cura Joselín, el que jugaba al fútbol con nosotros.

—No está aquí. Todos se fueron ayer. Pero ahora vete, hijo. Dile a tu madre que estoy bien. Que me mande comida.

Era mentira: todos los curas no se fueron, porque fusilaron a tres. Al día siguiente, Candita, la vecina de al lado, que es una gorda chismosa y todo lo dice bajito para que yo no oiga, vino y le dijo a mi mamá —y yo lo oí— que el padre Joselín, cuando ya lo iban a fusilar, gritó: «¡Viva Cristo Rey!» y «¡Viva Cuba libre!», y que lo fusilaron de todos modos. Entonces, yo lo veo agarrándose el estómago y echando sangre por la boca, como en la película del samurai que se enterró un cuchillo en la barriga y se le puso la cara feísima. Ahora no puedo pensar en eso; no puedo. Porque si lo pienso, sueño; y si lo sueño, me da pesadilla. Y si me da pesadilla, me orino. Ojalá que nunca vuelva a orinarme; mi hermano me juró que no se lo decía a nadie, si le daba un peso todas las semanas. Pero no sé si abuelo me dará dinero en Miami; si no, seguro que lo dice, o me fastidia llamándome Simeón en vez de Jesús. Como si supiera lo que estoy pensando, me pregunta:

—¿Te subiste la cremallera?

Me cae mal que me pregunten si me subí la cremallera, pero miro por si acaso. Como nos desnudaron en el aeropuerto y tuve que volver a vestirme y fui al baño, a lo mejor me la dejé abierta. Mamá nos metió un cuento de que ellos se quedaban para que no les cogieran la casa y la finca, y que nosotros íbamos a Miami a estudiar en un colegio grandísimo, con campo de pelota, de tenis, piscina y hasta caballos. Ya en la puerta, cuando íbamos a despedirnos, mi mamá hizo como si estuviera contenta y me dijo: «¡Mándame un retrato con tu caballo!» Mi papá me abrazó y me dijo que me portara como un hombre, que es lo que dicen siempre los padres cuando hay que hacer algo que es una lata. A mi abuela se le puso la nariz roja como un tomate y empezó a llorar y a decir: «¡Ay, Dios mío, Sagrado Corazón de Jesús!», que es lo que dice cuando se pone triste. A mí me dieron ganas de no pasar la puerta, aunque no fuera al colegio, ni tuviera nunca ningún caballo. Mi hermano me empujó y entramos a la pecera. La pecera no es pecera, pero le dicen así, porque es un cuarto todo con cristales en vez de paredes y la gente se ve de un lado y del otro y no pueden tocarse. Yo vi a un hombre con las manos puestas en el cristal y la mujer del otro lado, y los dos llorando, y me dio mucha pena, porque yo nunca había visto a un hombre llorar así. Entonces una miliciana gorda para arriba y flaca para abajo, nos dijo que pasáramos al registro.

Yo hice como si no hubiera oído, porque me daba vergüenza que vieran mis calzoncillos hechos de sábanas viejas. Un miliciano flaco, mandón y con metralleta nos dijo:

—Pasen ahí y desnúdense.

Ahí mismo me di cuenta que todo lo del colegio y el caballo era un paquete, porque a nadie lo desnudan cuando se embarca para ir al colegio.

Ampliemos nuestra comprensión

Cuadro de dos columnas. El narrador de esta historia es Kike. La manera como nos cuenta los eventos nos hace reír a menudo. Sin embargo, a través de sus palabras y acciones, nos damos cuenta de lo que realmente está sintiendo. Copia el cuadro siguiente en tu cuaderno. En la columna de la izquierda anota qué está sintiendo el personaje y en la de la derecha escribe una cita del texto que lo prueba o explícalo con tus propias palabras.

¿Cómo se siente Kike?	¿Cómo lo sé?

Apuntes literarios **Motivos y sentimientos de los personajes.** Por lo general, los escritores tratan de crear personajes que parezcan reales, con los mismos sentimientos y comportamiento que los seres reales. Pero muchas veces los escritores no nos dicen directamente cómo se siente un personaje o qué motivos tiene para hacer algo. ¿Cómo podemos averiguarlo?

Existen tres maneras de conocer a un personaje:

1. A través de sus acciones y de sus palabras.
2. Por lo que los otros personajes nos dicen de él o de ella.
3. Por las descripciones directas del autor.

Destrezas de estudio

Gráficas

En los cuentos y poemas de esta unidad se ha hecho referencia a personas provenientes de distintos países de Latinoamérica que ahora viven en los Estados Unidos. De acuerdo con los datos proporcionados por el último censo, en los Estados Unidos hay 22,354.059 personas de ascendencia hispana. De éstos, aproximadamente el 60% son de origen mexicano, 12% de origen puertorriqueño, 5% cubanos y el resto proviene de diferentes países de Latinoamérica y de España.

Distribución de la población de ascendencia hispana en los Estados Unidos

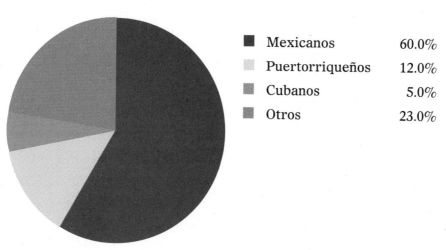

■ Mexicanos	60.0%
■ Puertorriqueños	12.0%
■ Cubanos	5.0%
■ Otros	23.0%

Tanto el párrafo como la gráfica presentan la misma información. ¿Cuál te resulta más fácil de entender?

Las gráficas nos presentan información de una forma visual y nos permiten ver las diferencias, semejanzas y relaciones entre distintos datos numéricos. Existen tres tipos de gráficas:

1. Las **gráficas circulares** se usan para mostrar las relaciones entre las partes y el todo. En la gráfica de la página 183, por ejemplo, el círculo completo representa el número total de personas de ascendencia hispana en los Estados Unidos, o sea el 100%. Cada uno de los segmentos en que está dividido el círculo muestra cuál porcentaje de esta población proviene de cada grupo. Al mirar la gráfica nos damos cuenta rápidamente de que más de la mitad de la población hispana es de origen mexicano.

2. Las **gráficas de barras** usan barras para mostrar la información y nos permiten hacer comparaciones. La información de la gráfica circular sobre la distribución de la población hispana en los Estados Unidos podría haberse representado mediante una gráfica de barras.

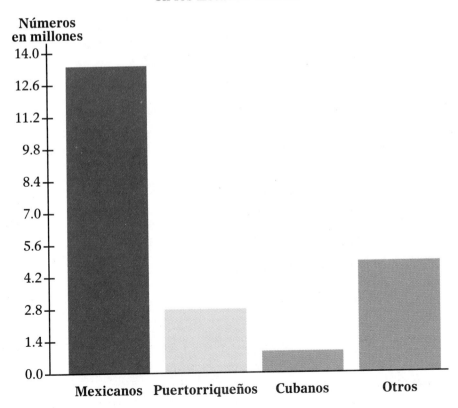

Población de ascendencia hispana en los Estados Unidos

3. Las **gráficas lineales** nos muestran en qué forma los números aumentan o disminuyen a través del tiempo. Por ejemplo, en la gráfica de abajo se muestra cómo ha aumentado la emigración de puertorriqueños hacia los Estados Unidos desde 1940 hasta 1990.

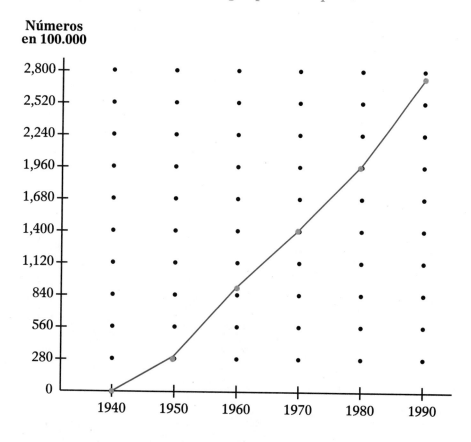

Población de origen puertorriqueño

Datos demográficos. Consulta la gráfica de arriba para contestar las siguientes preguntas. Escribe las respuestas en tu cuaderno.

1. ¿Qué tipo de gráfica es?

2. ¿Cuántos puertorriqueños vivían en los Estados Unidos en 1940?

3. ¿Cuál fue el aumento de la población puertorriqueña entre 1950 y 1970?

4. ¿Cuál fue el aumento de la población entre 1970 y 1980?

Los estudiantes bilingües. Usa la siguiente información para hacer una gráfica de barras:

La Escuela Linda Vista tiene 300 estudiantes en el programa bilingüe. De éstos, 155 son hispanos, 75 son filipinos, 33 son coreanos y el resto de otras nacionalidades.

Sigue las siguientes instrucciones:

1. Escribe el título.
2. Escribe los nombres de las distintas nacionalidades y la palabra «otros» en la parte de abajo de la gráfica.
3. Escribe «Número de estudiantes» a la izquierda de la gráfica y escribe los números de 10 en 10.
4. Dibuja las barras.

Ahora calcula el porcentaje que representa cada nacionalidad y haz una gráfica circular.

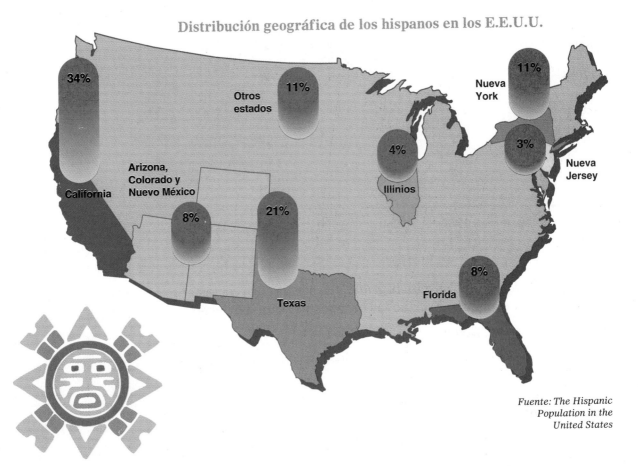

Distribución geográfica de los hispanos en los E.E.U.U.

Fuente: The Hispanic Population in the United States

Conclusión de la unidad

Síntesis y conexión de conceptos: Taller de composición

Un incidente autobiográfico.   Las lecturas de esta unidad nos hablan de las experiencias dolorosas que han sufrido varios niños migrantes. Estas experiencias les dejaron enseñanzas muy profundas. Escribe una composición sobre un incidente en tu vida del cual aprendiste algo acerca de ti mismo(a).

Un incidente es algo que sucede en un corto período de tiempo: en unas pocas horas o en un día como máximo.

Antes de empezar a escribir, repasa las lecturas de esta unidad: revisa el cuadro de tres columnas que llenaste antes de empezar la lectura de *Kike* y escoge una experiencia sobre la que quieres escribir.

Ahora vas a hacer un ramillete de ideas para recordar todos los detalles que puedas. Haz un círculo en una hoja de papel y escribe dentro de él, el tema que vas a desarrollar. Luego escribe o dibuja a su alrededor todo lo que recuerdes sobre ese incidente.

Usando todas tus notas, puedes empezar a escribir tu composición. Incluye muchos detalles que ayuden al lector a «ver» dónde ocurrió el incidente, quiénes estaban allí y lo que pasó. Explica también cómo te sentiste cuando ocurrió ese incidente y por qué es importante lo que aprendiste.

Respuesta de un(a) compañero(a):   Una vez que hayas terminado el primer borrador de tu composición compártelo con un(a) compañero(a). Cada estudiante leerá su propia composición y contestará las siguientes preguntas sobre la composición del otro:

- ¿Cuál es tu primera reacción?

- ¿Qué es lo que más te gusta de su composición? Señala específicamente palabras, detalles o expresiones que te gustaron.

- ¿Qué cosas no están muy claras? Dile al escritor qué más te gustaría saber del incidente, de sus sentimientos o de lo que aprendió de esa experiencia.

- Anota cualquier otro comentario que pudiera ayudar al escritor a mejorar su composición o a hacerla más interesante para el lector.

Las respuestas de tu compañero te ayudarán a revisar tu redacción. Escribe tu copia final de la composición.

Diagrama de Venn.   Este diagrama se usa para mostrar semejanzas y diferencias. Escoge dos personajes de dos de las selecciones leídas en esta unidad y compáralos usando un diagrama de Venn como el que se ilustra. Por ejemplo, puedes comparar a Panchito y a Rosa, o a Kike y a Panchito.

Diagrama de Venn

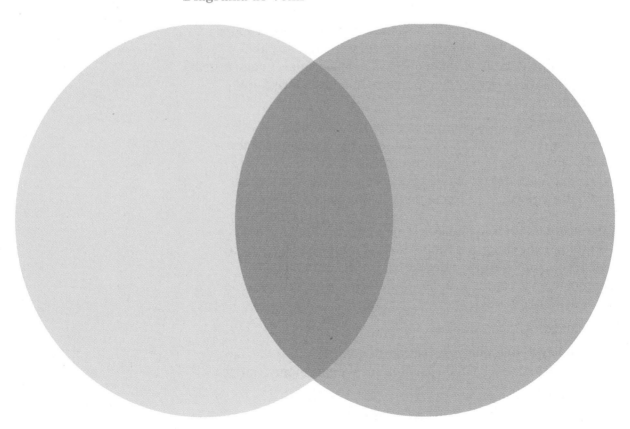

Estás en el banquillo. Esta es una actividad en la cual vas a asumir el papel de uno de los personajes de las historias que has leído en esta unidad y vas a contestar preguntas que te harán otros personajes. Con tus compañeros de grupo escojan uno de los personajes de los cuentos leídos: Kike, su hermano, Rosa, la mamá de Rosa, Panchito, el papá de Panchito, el hermano, etc. No pueden repetir un personaje. Después de decidir cuál personaje van a representar deben hacer dos cosas:

1. Hagan una lista de todas las características del personaje. Deben conocerlo muy bien porque ustedes se van a poner en su lugar y deberán contestar las preguntas que les hagan los otros personajes.

2. Elaboren tres o cuatro preguntas que su personaje le haría a cada uno de los otros personajes.

En el segundo grupo en que estarás, cada estudiante será un personaje diferente y deberá ponerse en el banquillo para contestar las preguntas de los otros personajes.

Mapa de un personaje. Escoge el personaje que más te ha impactado en las obras que leíste en esta unidad. Copia en tu cuaderno el diagrama que aparece a continuación y llénalo de la siguiente manera:

1. Escribe el nombre del personaje en el rectángulo central.

2. En los otros rectángulos escribe palabras que describan al personaje y los eventos del cuento donde se refleja esa característica del personaje.

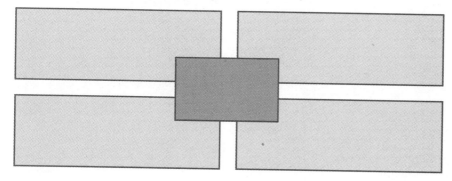

Ilustra y justifica. Escucha la canción «Niños campesinos». Escoge la estrofa que más te guste y en una tarjeta de 5"x8" haz un dibujo que la represente. En la parte de atrás de la tarjeta explica por qué escogiste esa estrofa.

Niños campesinos

Canción chicana

Como a la una, dos, tres, cuatro, cinco,
seis de la mañana,
el sol calienta ranchos anchos y de luz
todos los baña.
Y a esos campos van los niños campesinos
sin un destino,
sin un destino,
son peregrinos de verdad.

Van de camino los veranos, inviernos,
y primaveras,
cruzando estados y condados y ciudades
extranjeras
como las golondrinas van bajo los
cielos,
dándose vuelo,
dándose vuelo,
de sus anhelos de verdad.

Van a la pisca de la uva, betabel y
de manzana,
y allí la pasan todo el día
estos niños entre las ramas,
de sol a sol hasta que llegan
pagadores
dándoles flores,
dándoles flores,
para dolores de verdad.

Pero algún día estos niños serán hombres
y mujeres,
trabajadores campesinos que defienden
sus quereres,
y mano en mano tomarán otro camino
con un destino,
con un destino,
para campesinos de verdad.

Como a la una, dos, tres, cuatro, cinco,
seis de la mañana,
el sol calienta ranchos anchos y de luz
todos los baña.
Y a esos campos sólo van los
esquiroles.
¡Viva la huelga!
¡Viva la huelga!
¡Viva la causa de verdad!

Barbacoa para cumpleaños, 1993, Carmen Lomas Garza

Cuarta unidad

Relaciones familiares

Los hermanos

Yo tengo tantos hermanos
que no los puedo contar
en el valle, la montaña
en la pampa y en el mar.
Cada cual con sus trabajos
con sus sueños cada cual.
Con la esperanza adelante
con los recuerdos detrás
yo tengo tantos hermanos
que no los puedo contar.

Atahualpa Yupanqui

*L*as relaciones familiares muchas veces son fuente de alegría, paz, energía y esperanza. Otras veces, sin embargo, ocasionan tensión, angustia, frustración y pena. A través de las selecciones de esta unidad, exploraremos diversas situaciones, los sentimientos que ellas generan y la posibilidad de otras alternativas de solución.

Alistémonos para leer

El siguiente poema de Abelardo Delgado es una bella expresión del amor filial.

Guía anticipatoria. Trabajando con un(a) compañero(a), lean las siguientes afirmaciones con cuidado y decidan si están de acuerdo con ellas o no. Es posible que sus opiniones difieran.

	De acuerdo	En desacuerdo	
1.	_____	_____	A menudo los adolescentes les dicen a sus padres cuánto los quieren.
2.	_____	_____	Un padre que comete errores no merece el respeto de sus hijos.
3.	_____	_____	Los padres siempre desean lo mejor para sus hijos.
4.	_____	_____	Es igualmente posible ser buen padre en un país ajeno que en la tierra natal.
5.	_____	_____	Si una persona tiene una buena posición económica, tendrá mejores posibilidades de ser un buen padre.
6.	_____	_____	Un padre profesional merece más respeto que un padre campesino.

Homenaje a los padres chicanos

Abelardo Delgado

Con el semblante callado

con el consejo bien templado

demandando siempre respeto,

con la mano ampollada y el orgullo repleto,

así eres tú y nosotros te hablamos este día,

padre, papá, apá, jefito, dad, daddy…father,

como acostumbremos llamarte, eres el mismo.

La cultura nuestra dicta

que el cariño que te tenemos

lo demostremos poco

y unos hasta creemos

que father's day

es cosa de los gringos

pero no…

tu sacrificio es muy sagrado

para dejarlo pasar hoy encallado.

Tu sudor es agua bendita

y tu palabra sabia,

derecha como esos surcos

que con fe unos labran día tras día,

nos sirve de alimento espiritual

y tu sufrir por tierras

y costumbres tan extrañas,

tu aguante, tu amparo, tu apoyo

todo eso lo reconocemos y lo agradecemos

y te llamamos hoy con fuerza

                        para que oigas

aun si ya estás muerto,

                    aun si la carga fue mucha

o la tentación bastante

                y nos abandonaste

aun si estás en una cárcel

o en un hospital...

óyeme, padre chicano, oye también a mis hermanos,

hoy y siempre, papá, te veneramos.

Lectura silenciosa.   Vas a leer el poema «Homenaje a los padres chicanos». Copia el siguiente cuadro en una hoja aparte. En la primera columna anota la idea central que el poema te comunica. En el espacio titulado «**Preguntas**» anota dos o tres preguntas cuyas respuestas te ayudarían a entender mejor el texto.

¿Qué comunica el poema?		
Lo que pensé al principio	Lo que pensamos en el grupo	¿Cómo llegamos a esta conclusión?
Preguntas	Respuestas	

Lectura colaborativa.   Escuchen la lectura que hará el (la) maestro(a). Luego en grupos de cuatro, leerán el poema colaborativamente. Cada estudiante leerá el texto impreso en un color específico.

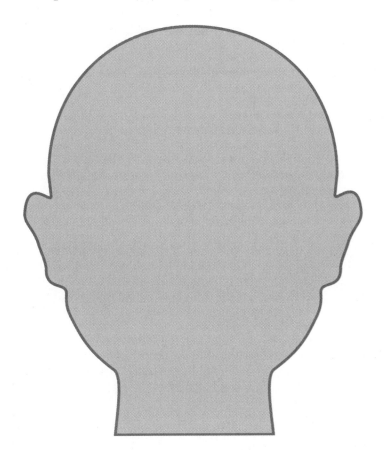

Cuatro en turno. Compartan sus significados individuales y las preguntas que les sugirió el poema. Discútanlo y pónganse de acuerdo sobre cuál es el mensaje. Anoten la respuesta del grupo en la columna central del cuadro.

Diagrama «mente abierta». En un diagrama «mente abierta», como el que se muestra, representa con palabras, citas, dibujos y/o símbolos las ideas y sentimientos que siente el autor del poema. Compártelo con tus compañeros de equipo.

Trabajo individual. Reflexiona sobre el proceso que has seguido y luego completa las otras secciones del cuadro.

2

Alistémonos para leer

La muerte de un hijo constituye siempre una gran tragedia. En el siguiente cuento, esta situación se ve agravada por circunstancias muy especiales. Su lectura te permitirá observar aspectos no comunes del dolor maternal.

Escritura rápida.   Ciertamente una guerra impacta la vida de un país en general. En tu diario reflexiona acerca de las consecuencias desastrosas que puede traer una guerra para la familia.

Trabajo de equipo.   El cuento que van a leer se titula «Una caja de plomo que no se podía abrir». En grupos, anoten tres ideas de lo que se imaginan que va a tratar el cuento.

Compartir con la clase: Ideas novedosas solamente.   Los grupos compartirán con la clase siguiendo la técnica de las ideas novedosas solamente.

Leamos activamente

Lectura dramatizada.   Lean el cuento en sus grupos, dramatizando las partes dialogadas. Divídanse los roles entre los cuatro: narrador, doña Milla, el teniente y Sotero Valle.

Una caja de plomo que no se podía abrir

José Luis González

Esto sucedió hace dos años, cuando llegaron los restos de Moncho Ramírez, que murió en Corea. Bueno, eso de «los restos de Moncho Ramírez» es un decir, porque la verdad es que nadie llegó a saber nunca lo que había dentro de aquella caja de plomo que no se podía abrir. De plomo, sí señor, y que no se podía abrir; y eso fue lo que puso como loca a doña Milla, la mamá de Moncho, porque lo que ella quería era ver a su hijo antes de que lo enterraran. Pero más vale que yo empiece a contar esto desde el principio.

Seis meses después que se llevaron a Moncho Ramírez a Corea, doña Milla recibió una carta del gobierno que decía que Moncho estaba en la lista de los desaparecidos en combate. La carta se la dio doña Milla a un vecino para que se la leyera porque venía de los Estados Unidos y estaba en inglés. Cuando doña Milla se enteró de lo que decía la carta se encerró en sus dos piezas y se pasó tres días llorando. No les abrió la puerta ni a las vecinas que fueron a llevarle guarapillos.

En el ranchón se habló muchísimo de la desaparición de Moncho Ramírez. Al principio algunos opinamos que Moncho seguramente se había perdido en algún monte y que ya aparecería cualquier día. Otros dijeron que a lo mejor los coreanos lo habían hecho prisionero y después de la guerra lo devolverían. Por las noches, después de comer, los hombres nos reuníamos en el patio del ranchón y nos poníamos a discutir sobre esas dos posibilidades, y así vinimos a llamarnos «los perdidos» y «los prisioneros», según

lo que pensáramos que le había sucedido a Moncho Ramírez. Ahora que ya todo eso es un recuerdo, yo me pregunto cuántos de nosotros pensábamos, sin decirlo, que Moncho no estaba perdido en ningún monte ni era prisionero de los coreanos, sino que estaba muerto. Yo pensaba eso muchas veces pero nunca lo decía, y ahora me parece que a todos les pasaba igual. Porque no está bien eso de ponerse a dar por muerto a nadie —y menos a un buen amigo como era Moncho Ramírez, que había nacido en el ranchón— antes de saberlo uno con seguridad. Y, además, ¿cómo íbamos a discutir por las noches en el patio del ranchón si no había dos opiniones diferentes?

Dos meses después de la primera carta, llegó otra. Esta segunda carta, que le leyó a doña Milla el mismo vecino porque estaba en inglés igual que la primera, decía que Moncho Ramírez había aparecido. O, mejor dicho, lo que quedaba de Moncho Ramírez. Nosotros nos enteramos de eso por los gritos que empezó a dar doña Milla tan pronto supo lo que decía la carta. Aquella tarde todo el ranchón se vació en las dos piezas de doña Milla. Yo no sé cómo cabíamos allí, pero allí estábamos toditos, y éramos unos cuantos como quien dice. A doña Milla tuvieron que acostarla las mujeres cuando todavía no era de noche porque de tanto gritar, mirando el retrato de Moncho en uniforme militar entre una bandera americana y un águila con un mazo de flechas entre las garras, se había puesto como tonta. Los hombres nos fuimos saliendo al patio poco a poco, pero aquella noche no hubo discusión porque ya todos sabíamos que Moncho estaba muerto y era imposible ponerse a imaginar.

Tres meses después llegó la caja de plomo que no se podía abrir. La trajeron una tarde, sin avisar, en un camión del Ejército, cuatro soldados de la Policía Militar armados de rifles y con guantes blancos. A los cuatro soldados los mandaba un teniente, que no traía rifle pero sí una cuarenticinco en la cintura. Ése fue el primero en bajar del camión. Se paró en el medio de la calle, con los puños en las caderas y las piernas abiertas y miró la fachada del ranchón como mira un hombre a otro cuando va a pedirle cuentas por alguna ofensa. Después volteó la cabeza y les dijo a los que estaban en el camión: —Sí, aquí es. Bájense.— Los cuatro soldados se apearon, dos de ellos cargando la caja, que no era del tamaño de un ataúd sino más pequeña y estaba cubierta con una bandera americana.

El teniente tuvo que preguntar a un grupo de vecinos en la acera cuál era la pieza de la viuda de Ramírez (ustedes saben cómo son estos ranchones de Puerta de Tierra: quince o veinte puertas, cada una de las cuales da a una vivienda, y la mayoría de las puertas sin número ni nada que indique quién vive allí). Los vecinos no sólo le informaron al teniente que la puerta de doña Milla era la cuarta a mano izquierda entrando, sino que siguieron a los cinco militares dentro del ranchón sin despegar los ojos de la caja cubierta con la bandera americana. El teniente, visiblemente molesto por el acompañamiento, tocó a la puerta con la mano enguantada de blanco. Abrió doña Milla y el oficial le preguntó:

—¿La señora Emilia viuda de Ramírez?

Doña Milla no contestó en seguida. Miró sucesivamente al teniente, a los cuatro soldados, a los vecinos, a la caja.

—¿Ah? —dijo como si no hubiera oído la pregunta del oficial.

—Señora, ¿usted es doña Emilia viuda de Ramírez?

Doña Milla volvió a mirar la caja cubierta con la bandera. Levantó una mano, señaló, preguntó con la voz delgadita:

—¿Qué es eso?

El teniente repitió, con un dejo de impaciencia:

—Señora, ¿usted es...?

—¿Qué es eso, ah? —preguntó otra vez doña Milla, en ese trémulo tono de voz con que una mujer se anticipa siempre a la confirmación de una desgracia—. ¡Dígame! ¿Qué es eso?

El teniente volteó la cabeza, miró a los vecinos. Leyó en los ojos de todos la misma interrogación. Se volvió nuevamente hacia la mujer; carraspeó; dijo al fin:

—Señora... El Ejército de los Estados Unidos...

Se interrumpió, como quien olvida de repente algo que está acostumbrado a decir de memoria.

—Señora... —recomenzó—. Su hijo, el cabo Ramón Ramírez...

Después de esas palabras dijo otras, que nadie llegó a escuchar, porque ya doña Milla se había puesto a dar gritos, unos gritos tremendos que parecían desgarrarle la garganta.

Lo que sucedió inmediatamente después resultó demasiado confuso para que yo, que estaba en el grupo de vecinos detrás de los militares, pueda recordarlo bien. Alguien empujó con fuerza y en unos instantes todos nos encontramos dentro de la pieza de doña Milla. Una mujer pidió el agua de azahar a voces, mientras trataba de impedir que doña Milla se clavara las uñas en el rostro. El teniente empezó a decir: —¡Calma! ¡Calma! —pero nadie le hizo caso. Más y más vecinos fueron llegando, convocados por el tumulto, hasta que resultó imposible dar un paso dentro de la pieza. Al fin varias mujeres lograron llevarse a doña Milla a la otra habitación. La hicieron tomar el agua de azahar y la acostaron en la cama. En la primera pieza quedamos sólo los hombres. El teniente se dirigió entonces a nosotros con una sonrisa forzada:

—Bueno, muchachos... Ustedes eran amigos del cabo Ramírez, ¿verdad?

Nadie contestó. El teniente añadió:

—Bueno, muchachos... En lo que las mujeres se calman, ustedes pueden ayudarme, ¿no? Pónganme aquella mesita en el medio de la pieza. Vamos a colocar la caja ahí para hacerle la guardia.

Uno de nosotros habló entonces por primera vez. Fue el viejo Sotero Valle, que había sido compañero de trabajo en los muelles del difunto Artemio Ramírez, esposo de doña Milla. Señaló la caja cubierta con la bandera americana y empezó a interrogar al teniente:

—¿Ahí... ahí...?

—Sí, señor —dijo el teniente—, esa caja contiene los restos del cabo Ramírez. ¿Usted conocía al cabo Ramírez?

—Era mi ahijado —contestó Sotero Valle, muy quedo, como si temiera no llegar a concluir la frase.

—El cabo Ramírez murió en el cumplimiento de su deber —dijo el teniente, y ya nadie volvio a hablar.

Eso fue como a las cinco de la tarde. Por la noche no cabía la gente en la pieza: habían llegado vecinos de todo el barrio, que llenaban el patio y llegaban hasta la acera. Adentro tomábamos el café que colaba de hora en hora una vecina. De otras piezas se habían traído varias sillas, pero los más de los presentes estábamos de pie; así ocupábamos menos espacio. Las mujeres seguían encerradas con doña Milla en la otra habitación. Una de ellas salía de vez en cuando a buscar cualquier cosa —agua, alcoholado, café— y aprovechaba para informarnos:

—Ya está bastante calmada. Yo creo que de aquí a un rato podrá salir.

Los cuatro soldados montaban guardia, rifle al hombro, dos a cada lado de la mesita sobre la que descansaba la caja cubierta con la bandera. El teniente se había apostado al pie de la mesita, de espaldas a ésta y a sus cuatro hombres, las piernas un poco separadas y las manos a la espalda. Al principio, cuando se coló el primer café, alguien le ofreció una taza, pero él no la aceptó. Dijo que no se podía interrumpir la guardia.

El viejo Sotero tampoco quiso tomar café. Se había sentado desde un principio frente a la mesita y no le había dirigido la palabra a nadie durante todo ese tiempo. Y durante todo ese tiempo no había despegado la mirada de la caja. Era una mirada rara la del viejo Sotero: parecía que miraba sin ver. De repente (en los momentos en que servían café por cuarta vez) se levantó de la silla y se le paró por delante al teniente.

—Oiga —le dijo, sin mirarlo, fijos siempre los ojos en la caja—. ¿Dice usté que en esa caja está mi ahijado Ramón Ramírez?

—Sí, señor —contestó el oficial.

—Pero... pero, ¿en esa caja tan chiquita?

El teniente explicó entonces, con alguna dificultad:

—Bueno... mire... es que ahí sólo están los restos del cabo Ramírez.

—¿Quiere decir que... que lo único que encontraron....

—Solamente los restos, sí señor. Seguramente ya había muerto hacía bastante tiempo. Así sucede en la guerra, ¿ve?

El viejo no dijo nada más. Todavía de pie, miró la caja un rato; después volvió a su silla.

Unos minutos más tarde se abrió la puerta de la otra habitación y doña Milla salió apoyada en los brazos de dos vecinas. Estaba pálida y despeinada, pero su semblante reflejaba una gran serenidad. Caminó lentamente, siempre apoyada en las otras dos mujeres, hasta llegar frente al teniente. Le dijo:

—Señor... tenga la bondad... díganos cómo se abre la caja.

El teniente la miró un poco sorprendido.

—Señora, la caja no se puede abrir. Está sellada.

Doña Milla pareció no comprender de momento. Agrandó los ojos y los fijó largamente en los del oficial, hasta que éste se sintió obligado a repetir:

—La caja está sellada, señora. No se puede abrir.

La mujer movió de un lado a otro, lentamente, la cabeza:

—Pero yo quiero ver a mi hijo. Yo quiero ver a mi hijo, ¿usted me entiende? Yo no puedo dejar que lo entierren sin verlo por última vez.

El teniente nos miró entonces a nosotros; era evidente que su mirada solicitaba comprensión, pero nadie dijo una palabra. Doña Milla dio un paso hacia la caja, retiró con delicadeza una punta de la bandera, tocó levemente.

—Señor —le dijo al oficial, sin mirarlo—, esta caja no es de madera. ¿De qué es esta caja , señor?

—Es de plomo, señora. Las hacen así para que resistan mejor el viaje por mar desde Corea.

—¿De plomo? —murmuró doña Milla sin apartar la mirada de la caja—. ¿Y no se puede abrir?

El teniente, mirándonos nuevamente a nosotros, repitió:

—Las hacen así para que resistan mejor el via...

Pero no pudo terminar; no lo dejaron terminar los gritos terribles de doña Milla, unos gritos que a mí me hicieron sentir como si repentinamente me hubieran golpeado en la boca del estómago:

—¡MONCHO! ¡MONCHO, HIJO MÍO, NADIE VA A ENTERRARTE SIN QUE YO TE VEA! ¡NADIE, HIJO MÍO, NADIE...!

Otra vez se me hace difícil contar con exactitud: los gritos de doña Milla produjeron una gran confusión. Las dos mujeres que la sostenían por los brazos trataron de alejarla de la caja, pero ella frustró el intento aflojando el cuerpo y dejándose ir hacia el suelo. Entonces intervinieron varios hombres. Yo no: yo todavía experimentaba aquella sensación en la boca del estómago. El viejo Sotero fue uno de los que acudieron junto a doña Milla, y yo me senté en su silla. No, no me da vergüenza decirlo: o me sentaba o tenía que salir de la pieza. Yo no sé si a alguno de ustedes le ha sucedido eso alguna vez. Y eso no es miedo, porque ningún peligro me amenazaba en aquel momento. Pero yo sentía el estómago apretado y duro como un puño, y las piernas como si súbitamente se me hubiesen vuelto de trapo. Si a alguno de ustedes le ha sucedido eso alguna vez, sabrá lo que quiero decir. Si no… bueno, si no, ojalá que no le suceda nunca. O por lo menos que le suceda donde la gente no se dé cuenta.

Yo me senté. Me senté y, en medio de la terrible confusión que me rodeaba, me puse a pensar en Moncho como nunca en mi vida había pensado en él. Doña Milla gritaba hasta enronquecer mientras la iban arrastrando lentamente hacia la otra habitación, y yo pensaba en Moncho, en Moncho que nació en aquel mismo ranchón donde también nací yo, en Moncho que fue el único que no lloró cuando nos llevaron a la escuela por primera vez, en Moncho que nadaba más lejos que nadie cuando íbamos a la playa detrás del Capitolio, en Moncho que había sido siempre cuarto bate cuando jugábamos pelota en Isla Grande, antes de que hicieran allí la base aérea… Doña Milla seguía gritando que a su hijo no iba a enterrarlo nadie sin que ella lo viera por última vez. Pero la caja era de plomo y no se podía abrir.

Al otro día enterramos a Moncho Ramírez. Un destacamento de soldados hizo una descarga cuando los restos de Moncho —o lo que hubiera dentro de aquella caja— descendieron al húmedo y hondo agujero de su tumba. Doña Milla asistió a toda la ceremonia de rodillas sobre la tierra.

■ ■ ■

De todo eso hace dos años. A mí no se me había ocurrido contarlo hasta ahora. Es bien probable que alguien se pregunte por qué. Yo diré que esta mañana vino el cartero al ranchón. No tuve que pedirle ayuda a nadie para leer lo que me trajo, porque sé mi poco de inglés. Era el aviso de reclutamiento militar.

Ampliemos nuestra comprensión

Diálogos colaborativos. En equipos de cuatro, imagínense y escriban los diálogos que surgieron cuando:

1. Había discusiones en el ranchón. Las opiniones acerca de la suerte de Moncho Ramírez deben estar divididas.

2. La segunda carta le llega a doña Milla.

3. El teniente llega al ranchón con la caja.

4. El velorio de Moncho momentos antes de que salga doña Milla.

5. Doña Milla sale durante el velorio de Moncho.

Composición. Imagínate ahora que tú eres el (la) narrador(a) y acabas de recibir tu carta de reclutamiento al ejército. Escribe una composición explicando tu reacción frente a tal evento.

Cuadro de comparación y contraste. Recuerda un velorio al que has asistido. Si nunca has presenciado uno, pregúntales a tus padres o a otra persona mayor. Copia el siguiente cuadro en tu cuaderno. Trabajando individualmente, completa la primera columna. Al terminar, siéntate con un(a) compañero(a) y completa la segunda columna.

	Un velorio al que he asistido	El velorio de Moncho
¿Dónde tuvo lugar?		
¿Cómo fue el comportamiento de los familiares?		
¿Cómo fue el comportamiento de las otras personas?		
¿Cómo era el ataúd?		

LECCIÓN

3

Alistémonos para leer

Muchas familias no encajan dentro del patrón tradicional de: madre, padre e hijos. Esto no significa, sin embargo, que no puedan dotar a los hijos de un claro sentido moral que les permita resistir a un ambiente lleno de tentaciones. El cuento siguiente nos pinta una de esas situaciones.

Piensa, anota y comparte. ¿Tienes alguna característica que te tiene aburrido(a) y quisieras poder cambiar? ¿Cuál es esa característica y por qué razón quieres cambiarla? Piensa en alguna ocasión concreta en que este rasgo te fue particularmente desagradable y di cómo te hubiera gustado ser en ese momento.

Ramillete de ideas. Trabajando con un(a) compañero(a) apunta las diversas maneras que ustedes utilizan para traerse buena suerte. Por ejemplo, algunas personas piensan que el cruzar los dedos les trae buena suerte. ¿Qué otras señales conocen ustedes?

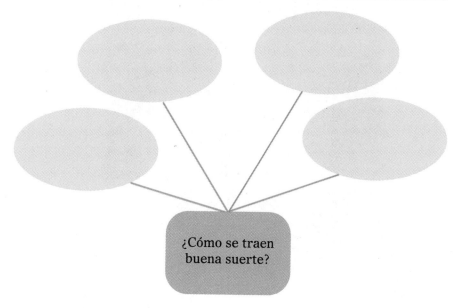

¿Cómo se traen buena suerte?

Lección 3 **213**

Lectura silenciosa. Lee la primera página del cuento «Como un escolar sencillo» (la página 215).

Piensa, anota y comparte. Rememora una ocasión en la que sucedió algo parecido a lo que acabas de leer. Tú puedes haber sido actor o testigo de este incidente. Comparte con un(a) compañero(a) lo que escribiste.

Lectura silenciosa. Ahora lee la segunda página del cuento (la página 216).

Trabajo en parejas. Con un(a) compañero(a) comenta si esos sentimientos son típicos de jóvenes como ustedes.

Lectura del (de la) maestro(a). Sigue silenciosamente la lectura que hará tu maestro(a) en voz alta.

Como un escolar sencillo

Senel Paz

Primera parte

Un día recibí una carta de abuela. La iba leyendo por el pasillo tan entretenido, riéndome de sus cosas, que pasé por mi aula, seguí de largo y entré a la siguiente, donde estaban nada menos que en la clase de Español. Sin levantar la vista del papel fui hasta donde estaría mi puesto y por poco me siento encima de otro. El aula completa se rió. Arnaldo también se rió cuando se lo conté, se rió muchísimo. Nunca se había divertido tanto con algo que me sucediera a mí, y me sentí feliz. Pero no es verdad que eso pasó. Lo inventé para contárselo a él, porque a él siempre le ocurren cosas extraordinarias y a mí nunca me pasa nada. A mí no me gusta como soy. Quisiera ser de otra manera. Sí, porque en la secundaria, en la escuela del campo, a mí nadie me llama cuando forman un grupo, cuando se reúnen en el patio, ni nadie me dice que me apure para ir a comer conmigo. Cómo me hubiera gustado que aquella vez, en la clase de Biología, cuando le pusieron un cigarro en la boca a Mamerto, el esqueleto, y nos dejaron de castigo, la profesora no hubiera dicho que yo *sí* me podía ir porque estaba segura de que yo sí que no había sido. Cómo la odié mientras pasaba por delante de todos con la aureola dorada sobre la cabeza. Cómo me hubiera gustado haber sido yo, yo mismo. Pero qué va, yo no fui. Y de mí no se enamoró ninguna muchacha. Sobre todo no se enamoró Elena.

Y otra cosa mía es que yo todo se lo pregunto a mi menudo. Lo tomo del bolsillo, sin mirarlo, y voy contando los escudos y las estrellas que caen bocarriba. Las estrellas son los sí, a mí las estrellas me gustan más que los escudos. Y un día al llegar a la carretera me dije que si antes de contar doscientos pasos pasaban cinco carros azules, enamoraba a Elena: y si de la mata de coco al flamboyán había noventa y seis pasos, la enamoraba; y si el menudo me decía que sí dos veces seguidas, la enamoraba. Pero no la enamoré. No pude. No me salió. No se me movían las piernas aquella vez para ir del banco donde estaba yo al banco donde estaba ella, tomándose un helado. Y estoy seguro de que si Elena me hubiera querido, si hubiéramos sido aunque fuera un poquito novios, habría dejado de ser como soy. Hubiera sido como Raúl o Héctor. Elena tan linda, con esa risa suya, con esa forma que tiene de llegar, de ponerse de pie, de aparecer, de estar de espaldas cuando la llaman y volverse. Lo que hice fue escribirle una carta, dios mío qué vergüenza, y a pesar de que le advertí lo secretos que eran mis sentimientos, que si no le interesaban no se lo dijera a nadie, no se ofendiera, al otro día, cuando entré a la secundaria, los de mi aula, que como siempre estaban bajo los almendros, comenzaron a cantar que Pedrito estaba enamorado, Pedrito estaba enamorado, de quién, de quién sería. ¿Sería de Elena? De Elena era. Daría dos años de mi vida porque esto no hubiera sucedido. Las muchachas admiraban a los demás porque se reían, conversaban, fumaban, les quedaba tan bien el pelo en la frente y las llevaban a la heladería, al cine, al parque, se les insinuaban, les tomaban las manos aunque dijeran que no, les miraban por los escotes, jugaban al fútbol y pelota, se habían fajado alguna vez. Al contemplarlos, los veía alegres y despreocupados, divertidos. Me cambiaría por cualquiera de ellos, menos por Rafael, y por Iznaga tampoco. Así es la gente que se necesita, la que hace falta, no los estúpidos como yo. Nadie es de esta manera. Incluso en mi casa no son así.

Antes fueron como marchitos, pero de repente despertaron, resucitaron. La primera fue mamá, que un día regresó con Isabel, ambas vestidas de milicianas, y se reían ante el espejo. «Que nalgatorio tengo», se quejaba mamá. «Se te marca todo», decía Isabel. «A ver si se atreve a salir a la calle con esa indecencia», protestó abuela. Pero mamá se atrevió, y le encantaba hacer guardias. Trabajaba ahora en el taller de confecciones textiles y regresaba todas las tardes hablando de sindicato, de reuniones, de lo que había que hacer. «Por dios, si uno antes estaba ciego», decía. «Ni muerta vuelvo yo a servirle de esclava a nadie ni a soportar un atropello», y besaba la cruz de sus dedos. Un 26 de julio se fue para La Habana, en camión y con unas naranjas y unos emparedados en una bolsa de nailon, y regresó como a los tres días, en camión, con una boina, dos muñecas y banderitas en la bolsa de nailon. Estuvo haciendo los cuentos una semana. «Un guajiro se trepó en un poste de la luz altísimo, y desde allá arriba saludaba». Cuando las hermanas trajeron las planillas para irse a alfabetizar, mamá tomó la pluma con mucha disposición, dibujó un elegantísimo círculo en el aire, y estampó la firma en todo el espacio que le dejaban, mientras me medía a mí con la vista. Qué negros tenía los ojos esa tarde. Era una de esas veces que parece una paloma. Luego las hermanas eran dirigentes estudiantiles en la secundaria, tenían listas de los alumnos que iban a los trabajos productivos, de los profesores que a lo mejor no eran revolucionarios, y recibieron sus primeros novios en la sala de la casa. Abuela comentaba: «A mí lo único que no me gusta de este comunismo es que no haya ajos ni cebollas. Sí, ustedes sí, la que cocina soy yo». Cuando en la limpieza de un domingo las hermanas retiraron de la sala el cuadro de Jesucristo, vino hecha una fiera de la cocina, echando candela por la boca, y lo restituyó a su lugar. «¿Ustedes no tienen a

Fidel en aquella pared?, pues yo tengo a Jesucristo en ésta y quiero ver quién es el guapito que me lo quita. ¿O porque estoy vieja no van a respetar lo mío? Jesucristo ha existido siempre, desde que yo era chiquita». Gastaba lo último de la vista vigilando a la señora de la esquina no fuera a quemar la tienda que le intervinieron, antes de irse para los Estados Unidos. Cuando por fin se fue, pasó un mes protestando porque la casa también la cogieron para oficinas. «Le voy a escribir a Fidel», amenazaba.

■ ■ ■

Leamos activamente

Cuadro de asociación de ideas. «Cambios que se operan en los personajes a raíz de la revolución»: Escucha la explicación que hará tu maestro(a) del contexto histórico del cuento. Luego, trabajando con un(a) compañero(a) revisa el texto y anota algunos de los cambios que experimentó la familia de Pedro después de la revolución cubana.

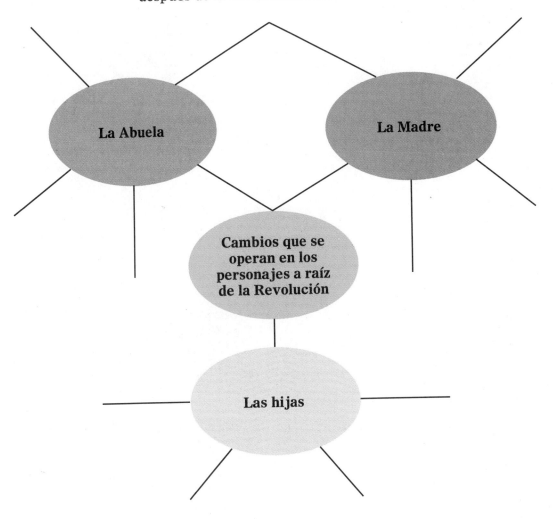

Lectura silenciosa. Termina de leer el cuento.

Segunda parte

Entonces otros defectos míos son que todo el mundo termina por caerme bien, hasta la gente que debe caerme mal. Ricardo debió caerme mal. Y que soy bobo, no puedo ser malo. Yo voy con una basura y nadie me está mirando, nadie se va a enterar, y no puedo echarla en la calle, tengo que echarla en un cesto aunque camine cinco cuadras para encontrarlo. En un trabajo voluntario hemos adelantado muchísimo y no importa tanto que nos hagamos los bobos para descansar un poquito, y yo no puedo, no puedo dejar de trabajar ese ratico porque la conciencia me dice que yo estoy allí para trabajar. A la vez tampoco puedo continuar trabajando porque la conciencia también me dice que si sigo soy un rompegrupo, un extremista, un cuadrado, y cuando venga el responsable va a decir que todo el mundo estaba haraganeando excepto yo. Y mucho menos puedo pararme y decir: «Eh, compañeros, ¿qué piensan ustedes? No se puede perder tiempo, ¿eh?, tenemos que cumplir la norma. Arriba, arriba». Una vez la conciencia me hizo el trato de que si yo decía eso en alta voz me dejaba enamorar a Elena. Yo quisiera ser malo, aunque fuera un solo día, un poquito. Engañar a alguien, mentirle a una mujer y hacerla sufrir, robarme alguna cosa de manera que me reproche a mí mismo, que me odie. Siempre estoy de acuerdo con lo que hago, con lo que no estoy de acuerdo es con lo que dejo de hacer. Sé que si hiciera algo por lo que pudiera aborrecerme, estaría más vivo y luego sería mejor. Sería bueno porque yo quiero, no como ahora que lo soy porque no me queda más remedio. He hecho prácticas para volverme malo. Antes, de pequeño, las hacía. Sabía que lo ideal era cazar lagartijas y cortarles el rabo, desprenderles los brazos, destriparlas. Pero no, porque las lagartijas a mí me caen bien y a todas luces son útiles. Atrapaba moscas y las tiraba a una palangana con agua. Eso hacía. «Ahí, ahóguense». Me iba a la sala a disfrutar. No podía, pensaba en la agonía de las moscas, las moscas qué culpa tenían, y regresaba a salvarlas. Ahora tengo que buscar algo más fuerte. Tener un amigo y traicionarlo con su novia. Yo tengo que hacer eso.

El asunto es que mamá estaba una noche sacando cuentas en la mesa, muy seria, y yo estaba al otro lado, muy serio, dibujando el mismo barco ese que dibujo siempre, y levantó la vista y me miró para adentro de los ojos, hasta que dijo: «Aquí va a hacer falta que tú te beques». Casi con temor lo dijo, y yo no respondí nada, ni con los ojos respondí y dejé de dibujar el barco. Se levantó muy cariñosa y se sentó a mi lado, me tomó las manos. «El pre en Sancti Spiritus, con los viajes diarios —comenzó a explicarme—, dinero para el almuerzo y la merienda, todo eso, es un gasto que yo no puedo hacer. Nunca has estado lejos de la casa, no te has separado de mí y en la beca tendrás que comerte los chícharos y lo que te pongan delante, pero alégrate, hijo, porque tus hermanas van a dejar los estudios y ponerse a trabajar. Yo sola no puedo y parece que me va a caer artritis temprano. Estudia tú, que eres el varón, y luego ayudas a la familia. Pero tiene que ser becado». ¿Embullarme a mí con la beca? Si lo que más quería yo en el mundo era irme de la casa y del pueblo para volverme otro en otro lugar y regresar distinto, un día, y que Elena me viera. Entonces, en el barrio mío, todo el que necesita algo le escribe a Celia Sánchez, y mamá y yo hicimos la carta, cuidando de explicar bien cuánto ganaba ella, cómo había sido explotada en el régimen anterior, lo que pagaba de alquiler, que era miliciana, de los CDR, de la Federación, y que la casa se estaba cayendo. La pasamos con la mejor de todas mis letras, sin un borrón, los renglones derechitos, y al final pusimos *Comandante en Jefe Ordene*, en letras mayúsculas. La echamos al correo llenos de esperanza porque Celia Sánchez contesta siempre, lo dice todo el mundo. Abuela comentó que a ella Celia Sánchez le cae muy bien y que tiene un pelo muy negro y muy bonito. Es la única persona que puede llamarle la atención a Fidel o recordarle algo que se le haya olvidado, dicen. Le cae atrás y lo obliga a tomarse las pastillas, pero éstos deben ser cuentos de la gente, porque Fidel qué pastillas va a tener que tomar. Abuela también pregunta qué está haciendo Haydée Santamaría, dónde están Pastorita Núñez y Violeta Casals…

La beca llegó a los pocos días. Yo estaba dibujando el barco y mamá barría la sala. Tenía puesto su vestido de ovalitos, que le queda tan entallado y la hace lucir tan joven, porque acababa de regresar del juzgado adonde fue a averiguar si, por las leyes nuevas, el padre de nosotros no tenía la obligación de pasarnos algún dinero hasta que seamos mayores. Recogió el telegrama. Luego de leerlo, se quedó con él en la mano, muda, emocionada, sorprendida no sabía por qué, y yo sabía qué telegrama era, pero no se lo preguntaba, hasta que dijo: «La verdad que el único que me ayuda a mí a criar a mis hijos se llama Fidel Castro». Me besó y me explicó que a todo el mundo le va bien en las becas, engordan, se hacen hombres, y yo me adaptaría como los demás, iba a ver, machito lindo, su único machito, y corrió a darle la noticia a las vecinas que ya comenzaban a asomar intrigadas por la visita y el silbido del repartidor de telegramas. Fui al cuarto y me miré al espejo. Le dije al que estaba reflejado allí: «En la escuela adonde vaya ahora, voy a cambiar. Seré otro distinto, que me gustará. Vas a ver. Dejaré tu timidez estúpida, no me podrás gobernar. Voy a conversar con todos, a caerles bien a los demás. No cruzaré inadvertido por los grupos, alguien me llamará. Y tendré novias, sabré bailar, ir a fiestas, seré como todos. Me van a querer, y no podrás hacer nada contra mí. Te fastidié. Seré otro, en otro lugar».

Salí rumbo a la beca una madrugada. De pronto sonó el despertador y mamá se tiró de la cama. «Niño, niño, levántate que se hace tarde y se te va la guagua». Se levantaron también abuela y las hermanas, todas nerviosas. «Revisa otra vez la maleta —insistía mamá—. ¿Está todo? ¿La cartera? ¿Los diez pesos? ¿Y el telegrama, que lo tienes que presentar?» «¿Y la medallita de la Caridad no la lleva?» preguntó abuela. «Abuela, ¿cómo va a llevar una medalla para la beca?», protestaron las hermanas. «Que no la lleve, que no lleve. ¿A ver qué trabajo le cuesta llevarla y tenerla escondida en el fondo de la maleta?» Salimos, despertando a los vecinos: «Romualdo, Micaela, Manuel, Sofía, el niño se va para la beca». «Que Dios lo bendiga, hijo». «Pórtese bien». «Espere, coja una peso para el camino». «Rajado aquí no lo quiero, ¿eh?» Todavía junto al ómnibus mamá me encargaba: «Cuide bien la maleta. Usted haga lo que le manden, nunca diga que no, pórtese como es debido, llévese bien con sus compañeros pero si ellos hacen maldades, usted apártese. Cuide lo suyo y no preste nada ni pida prestado. Sobre todo, ropa prestada no te pongas, que luego la manchas o cualquier cosa y tú tienes todo lo de la libreta cogido, y, ¿con qué lo voy a pagar yo? Si vas a pasar una calle, te fijas bien que no vengan carros de un lado ni del otro, mira que en La Habana no es como aquí, allá los carros son fúuu, fúuuu». Y abuela dijo: «Cuando esté tronando no cojas tijeras en las manos ni te mires en los espejos». Y las hermanas: «A ver si ahora te ganas el carnet de militante, si dejas esa pasividad tuya y coges el carnet, que en lo demás tú no tienes problemas. Quítate la maña de estar diciendo *dios mío* cada tres minutos. Te despiertas y si tienes que decir malas palabras, dilas». «No señor —intervino abuela—, malas palabras que no diga. De eso no hay ninguna necesidad. Y que sí crea en Dios». A todo dije que sí y por fin arrancaron las guaguas de Becas, viejas, lentas y grises. Me tocó una de esas con trompas de camión, que le dicen dientusas. Ellas fueron quedando atrás, paradas en el mismo borde de la acera, diciendo adiós y adiós, mamá diciendo más adiós que ninguna, mientras amanecía, y cuando ya se perdieron, y se perdió el pueblo, me dejé caer en el asiento y me dije: «Por fin me voy de este pueblo, de este pueblo maldito que tiene la culpa de que yo sea como soy. Por fin comenzaré a ser distinto en otro lugar. A lo mejor me pongo tan dichoso que llego y lo primero que hago es conocer a Consuelito Vidal o a Margarita Balboa. Puede que un director de cine ande buscando un actor que tenga que ser exactamente como yo soy, y me encuentra y haga una película conmigo. La ven en el cine de aquí, la ve Elena, y la gente dice, orgullosa, que ése soy yo, Pedrito, uno de este pueblo». Tomé el menudo del bolsillo y por última vez se lo prometí, me lo prometí, le pregunté si en la beca me iría bien, sí o no. De cinco veces que le pregunté, el menudo dijo tres que sí.

Ampliemos nuestra comprensión

Cuadro de dos columnas.   El cuento que acabas de leer se desarrolla en la Cuba de los años sesenta. Lo que hacía popular a un joven dentro de ese contexto era necesariamente diferente de lo que hace popular a un joven hoy en día en los Estados Unidos. Copia el siguiente cuadro de dos columnas y llénalo trabajando con un(a) compañero(a).

¿Qué contribuye a la popularidad de un joven?	
En «Como un escolar sencillo»	**En nuestro contexto social**

Trabajo de equipo.   Ahora que ya han completado el cuadro anterior compártelo con otros dos compañeros. Luego discutan y lleguen a un consenso acerca de las siguientes preguntas:

- ¿Qué cosas hacemos por presión de nuestros compañeros?
- ¿Vale la pena ir en contra de las propias convicciones para ser popular?

Placa publicitaria.   En conjunto diseñen una placa que represente la idea central del consenso del grupo. La placa debe constar de un lema y una decoración apropiada. Ejemplos de lemas pueden ser: «¿Qué encanto tiene ser igual a todos?» y «Si sucumbes a la presión, no causarás buena impresión».

Diagrama de Venn.   En un diagrama de Venn compárate con el narrador del cuento «Como un escolar sencillo». Incluye un análisis del tipo de familia, relaciones familiares, personalidad, aspiraciones, y así por el estilo.

Alistémonos para leer

Cuadro de tres columnas.   Los siguientes dos cuentos reflejan reminiscencias que hacen dos personajes acerca de sus abuelos. Antes de leer, copia el siguiente cuadro y anota lo que recuerdes acerca de uno(a) de tus abuelos o alguien de su generación. En la tercera columna escribe un par de oraciones que te hagan recordar un incidente especial en la vida de esa persona.

Un(a) abuelo(a) mío(a) o alguien de su generación		
Rasgos físicos	**Características de su personalidad**	**Anécdotas**

Piensa, anota y comparte.   Aunque es difícil proyectarse hacia el futuro, trata de pensar en dos o tres situaciones que te podrían causar preocupación cuando tengas sesenta y cinco o setenta años.

Lectura silenciosa.   Lee silenciosamente el cuento «Mi abuela fumaba puros».

Mi abuela fumaba puros

Sabine Ulibarrí

Según entiendo, mi abuelo era un tipazo. Se cuentan muchas cosas de él. Algunas respetables, otras no tanto. Una de las últimas va como sigue. Que volviendo de Tierra Amarilla a Las Nutrias, después de copas y cartas, ya en su coche ligero con sus caballos bien trotadores, ya en su caballo criollo, solía quitarse el sombrero, colgarlo en un poste, sacar la pistola y dirigirse al tieso caballero de su invención.

—Dime, ¿quién es el más rico de todas estas tierras?

Silencio.

—Pues toma.

Disparo. Saltaban astillas del poste o aparecía un agujero en el sombrero.

—¿Quién es el más hombre de por acá?

Silencio.

—Pues, toma.

Otra vez lo mismo. Era buen tirador. Más preguntas de la misma índole, acentuadas con balazos. Cuando el majadero madero entraba en razón y le daba las contestaciones que mi abuelo quería oír, terminaba el ritual y seguía su camino, cantando o tarareando una canción sentimental de la época. Allá en el pueblo se oía el tiroteo sin que nadie se preocupara. No faltaba quien dijera con una sonrisa, «Allá está don Prudencio haciendo sus cosas».

Claro que mi abuelo tenía otros lados (el plural es intencionado) que no interesan en este relato. Fue ente cívico, social y político, y padre de familias (el plural tiene segunda intención). Lo que ahora me importa es

hacer constar que mi pariente fue un tipazo: pendenciero, atrevido y travieso.

Murió de una manera misteriosa, o quizás vergonzosa. Nunca he podido sacar en limpio qué tranvía tomó para el otro mundo mi distinguido antecedente. Acaso ese caballero de palo con el sombrero calado, de las afrentas del hidalgo de Las Nutrias, le dio un palo mortal. Hidalgo era—y padre de más de cuatro.

Yo no lo conocí. Cuando me presenté en ese mundo con mis credenciales de Turriaga, ya él había entregado los suyos. Me figuro que allá donde esté estará haciéndoles violento y apasionado amor a las mujeres salvadas—o perdidas, según el caso. Esto es si mi abuela no ha logrado encontrarlo por esos mundos del trasmundo.

No creo que él y mi abuela tuvieran un matrimonio idílico en el sentido de las novelas sentimentales donde todo es dulzura, suavidad y ternura. Esos son lujos, acaso decadencias, que no pertenecían a ese mundo violento, frecuentemente hostil, del condado del Río Arriba a fines del siglo pasado. Además las recias personalidades de ambos lo habrían impedido. Sí creo que fueron muy felices. Su amor fue una pasión que no tuvo tiempo de convertirse en costumbre o en simple amistad. Se amaron con mutuo respeto y miedo, entre admiración y rabias, entre ternura y bravura. Ambos eran hijos de su tierra y su tiempo. Había tanto que hacer. Labrar una vida de una frontera inhospitalaria. Criar unos cachorros rebeldes y feroces. Su vida fue una cariñosa y apasionada guerra sentimental.

Todo esto lo digo como preámbulo para entrar en materia: mi abuela. Son tantos y tan gratos los recuerdos que guardo de ella. Pero el primero de todos es un retrato que tengo colgado en sitio de honor en la sala principal de mi memoria.

Tenía sus momentos en que acariciaba su soledad. Se apartaba de todos y todos sabían que valía más apartarse de ella.

Siempre la vi vestida de negro. Blusa de encajes y holandés en el frente. Falda hasta los tobillos. Todo de seda. Delantal de algodón. Zapatos altos. El cabello apartado en el centro y peinado para atrás, liso y apretado, con un chongo (moño) redondo y duro atrás. Nunca la vi con el cabello suelto.

Era fuerte. Fuerte como ella sola. A través de los años en tantas peripecias, grandes y pequeñas tragedias, accidentes y problemas, nunca la vi torcerse o doblarse. Era seria y formal fundamentalmente. De modo que una sonrisa, un cumplido o una caricia de ella eran monedas de oro que se apreciaban y se guardaban de recuerdo para siempre. Monedas que ella no despilfarraba.

El rancho era negocio grande. La familia era grande y problemática. Ella regía su imperio con mano firme y segura. Nunca hubo duda adónde iban sus asuntos ni quién llevaba las riendas.

Ese primer recuerdo: el retrato. La veo en este momento en el alto de la loma como si estuviera ante mis ojos. Silueta negra sobre fondo azul. Recta, alta y esbelta. El viento de la loma pegándole la ropa al cuerpo delante, perfilando sus formas, una por una. La falda y el chal aleteando agitados detrás. Los ojos puestos no sé dónde. Los pensamientos fijos en no sé qué. Estatua animada. Alma petrificada.

Mi abuelo fumaba puros. El puro era el símbolo y la divisa del señor feudal, del patrón. Cuando alguna vez le regalaba un puro al mayordomo o a alguno de los peones por impulso o como galardón por algo bien hecho, era de ver la transfiguración de los tíos. Chupar ese tabaco era beber de las fuentes de la autoridad. El puro daba categoría.

Dicen que cuando el abuelo murió la abuela encendía puros y los ponía en los ceniceros por toda la casa. El aroma del tabaco llenaba la casa. Esto le daba a la viuda la ilusión de que su marido todavía andaba por la casa. Un sentimentalismo y romanticismo difíciles de imaginar antes.

Al pasar el tiempo, y después de tanto encender puros, parece que al fin le entró el gusto. Mi abuela empezó a fumar puros. Al anochecer, todos los días, después de la comida, cuando los quehaceres del día habían terminado, se encerraba en su cuarto, se sentaba en su mecedora y encendía su puro.

Allí pasaba su largo rato. Los demás permanecíamos en la sala haciendo vida de familia como si nada. Nadie se atrevió nunca a interrumpir su arbitraria y sagrada soledad. Nadie nunca hizo alusión a su extraordinaria costumbre.

El puro que antes había sido símbolo de autoridad ahora se había convertido en instrumento afectivo. Estoy convencido que en la soledad y el silencio, con el olor y el sabor del tabaco, allí en el humo, mi abuela establecía alguna mística comunicación con mi abuelo. Creo que allí, a solas, se consiguió el matrimonio idílico, lleno de ternura, suavidad y dulzura, que no fue posible mientras él vivía. Sólo bastaba verle la cara enternecida y transfigurada a la abuela cuando volvía a nosotros de esa extraña comunión, ver el cariño y mimo con que nos trataba a nosotros los niños.

Allí mismo, y en las mismas condiciones, se hicieron las decisiones, se tomaron las determinaciones, que rigieron el negocio, que dirigieron a la familia. Allí, al sol o a la sombra de un viejo amor, ahora un eterno amor, se forjó la fuerza espiritual que mantuvo a mi abuela recta, alta y esbelta, una animada mujer de piedra, frente a los vientos y tormentas de su vida cabal y densa.

Cuando mis padres se casaron construyeron su casa al lado de la vieja casona solariega. Yo crecí en la ventosa loma en el centro del valle de Las Nutrias, con los pinos en todos los horizontes, el arroyo lleno de nutrias, *boquinetes* y truchas, el chamizal lleno de conejos y coyotes, ganado en todas partes, ardillas y tecolotes en las caballerizas.

Crecí al lado y a la distancia de mi abuela, entre tierno amor y reverente temor.

Cuando yo tenía ocho años se decidió en la familia que nos mudaríamos a Tierra Amarilla para que yo y mis hermanitos asistiéramos a la escuela. Todavía me arden los surcos que me dejaron las lágrimas en la cara y todavía recuerdo su sabor salado el día que abandonamos a mi abuela recta, alta y esbelta, agitando su pañuelo, con el viento en la frente en la loma en el fondo del valle.

En Tierra Amarilla yo fui un antisocial. Habiendo crecido solo, yo no sabía jugar con otros niños. Jugaba con mis perros. A pesar de esto me fue bien en la escuela y un día llegué a los quince años, más o menos adaptado a mis circunstancias.

Un día de invierno nos preparamos todos para ir a Las Nutrias. Todos con mucha ilusión. Ir a visitar a la abuela siempre era un acontecimiento. La familia iría conmigo en el automóvil. Mi padre seguiría con los trineos y los peones. Se trataba de ir a cortar postes.

Todo el camino cantamos. Es decir, hasta que llegamos a donde se aparta el camino. Había mucha nieve. La carretera estaba barrida pero el caminito a Las Nutrias no.

Le puse cadenas al coche y nos lanzamos a ese mar blanco. Ahora callados y aprehensivos. Pronto nos atascamos. Después de mucha pala y mucho empujar seguimos, sólo para volvernos a atascar más allá, una y otra vez.

Estábamos todos vencidos y congelados y el día se nos iba. Por fin subimos la ladera y salimos del pinar de donde se divisaba la casa de mi abuela. Nos volvimos a atascar. Esta vez no hubo manera de sacar el coche. Mi madre y los niños siguieron a pie, abriéndose camino por dos pies y medio de nieve blanca. Mi hermano Roberto iba tirando un pequeño trineo con mi hermanita Carmen. Ya estaba oscureciendo. Un viaje de nueve millas nos había tomado casi todo el día.

Pronto vino Juan Maes, el mayordomo, con un tiro de caballos y me llevó arrastrando hasta la casa.

Apenas había entrado y estaba deshelándome, mi madre me había sacado ropa seca para que me pusiera, cuando vimos las luces de un coche en el pinar. Lo vimos acercarse lentamente, vacilando a ratos. Era más fácil ahora, ya el camino estaba abierto.

Era mi tío Juan Antonio. Al momento que entró todos supimos que traía muy malas noticias. Hubo un silencio espantoso. Nadie dijo nada. Todos mudos y tiesos como muñecos de madera en una escena grotesca.

Mi madre rompió el silencio con un desgarrador «¡Alejandro!»

Mi tío asintió con la cabeza.

—¿Qué pasó? —Era mi abuela.

—Alejandro. Un accidente.

—¿Qué pasó?

—Un disparo accidental. Estaba limpiando el rifle. Se le fue un tiro.

—¿Cómo está?

—Está mal, pero saldrá bien.

Todos supimos que mentía, que mi padre estaba muerto. En la cara se le veía. Mi madre lloraba desaforadamente, en punto de ponerse histérica. Nosotros la abrazábamos, todos llorando. Mi tío con el sombrero en la mano sin saber qué hacer. Había venido otro hombre con él. Nadie le había hecho caso.

Entonces entró mi abuela en acción. Ni una sola lágrima. La voz firme. Los ojos espadas que echaban rayos. Tomó control total de la situación.

Entró en una santa ira contra mi padre. Le llamó ingrato, sinvergüenza, indino (indigno), mal agradecido. Un torrente inacabable de insultos. Una furia soberbia. Entretanto tomó a mi madre en sus brazos y la mecía y la acariciaba como a un bebé. Mi madre se entregó y poco a poco se fue apaciguando. También nosotros. La abuela que siempre habló poco, esa noche no dejó de hablar.

Yo no comprendí entonces. Sentí un fuerte resentimiento. Quise defender a mi padre. No lo hice porque a mi abuela no la contradecía nadie. Mucho menos yo. Es que ella comprendió muchas cosas.

La situación de mi madre rayaba en la locura. Había que hacer algo. La abuela creó una situación dramática tan violenta que nos obligó a todos, a mi madre especialmente, a fijarnos en ella y distraernos de la otra situación hasta poder acostumbrarnos poco a poco a la tragedia. No dejó de hablar para no dejar un solo intersticio por donde podría meterse la desesperación. Hablando, hablando, entre arrullos e injurias consiguió que mi madre, en su estado vulnerable, se quedara dormida a las altas horas de la madrugada. Como tantas veces, la abuela había dominado la realidad difícil en que vivió.

Comprendió otra cosa. Que a mi padre no se le iban disparos accidentales. Las dificultades para enterrarlo en sagrado confirmaron el instinto infalible de la dama y dueña de Las Nutrias. Todo afirmó el talento y vivencias de la madre del Clan Turriaga.

Pasaron algunos años. Ya yo era profesor. Un día volvimos a visitar a la abuela. Veníamos muy contentos. Ya lo he dicho, visitarla era un acontecimiento. Las cosas habían cambiado mucho. Con la muerte de mi padre la abuela se deshizo de todo el ganado. Con el ganado se fueron los peones. Sólo la acompañaban y la cuidaban Rubel y su familia.

Cuando nos apartamos de la carretera y tomamos el poco usado y muy ultrajado camino lleno de las acostumbradas zanjas, la antigua ilusión nos embargaba. De pronto vimos una columna de humo negro que se alzaba más allá de la loma. Mi hermana gritó:

—¡La casa de mi granma!

—No seas tonta. Estarán quemando hierbas, o chamizas o basura.

Eso dije pero me quedó el recelo. Pisé el acelerador fuerte.

Cuando salimos del pinar vimos que sólo quedaban los escombros de la casa de la abuela. Llegué a matacaballo. La encontramos rodeada de las pocas cosas que se pudieron salvar. Rodeada también de todos los vecinos de los ranchos de toda la región que acudieron cuando vieron el humo.

No sé qué esperaba, pero no me sorprendió hallarla dirigiendo todas las actividades, dando órdenes. Nada de lágrimas, nada de quejumbres, nada de lamentos.

—Dios da y Dios quita, mi hijito. Bendito sea su dulce nombre.

Yo sí me lamenté. Las arañas de cristal, deshechas. Los magníficos juegos de mesas y aguamaniles con sobres de mármol, los platones y jarrones que había en cada dormitorio, destruidos. Los muebles, traídos desde Kansas, hechos carbón. Las colchas de encaje, de crochet, bordadas. Los retratos, las fotos, los recuerdos de la familia.

Ironía de ironías. Había un frasco de agua bendita en la ventana del desván. Los rayos del sol, penetrando a través del agua, lo convirtieron en una lupa, se concentró el calor y el fuego en un solo punto e incendiaron los papeles viejos que había allí. Y se quemaron todos los santos, las reliquias y relicarios, el altar al Santo Niño de Atocha, las ramas del Domingo de Ramos. Toda la protección celestial se quemó.

Esa noche nos recogimos en la casa que antes había sido nuestra. Me pareció mi abuela más pequeña, un poco apagada, hasta un poco dócil. «Lo que tú quieras, mi hijito». Esto me entristeció.

Después de la cena mi abuela desapareció. La busqué aprehensivo. La encontré donde bien me habría sospechado. En la punta de la loma. Perfilada por la luna. El viento en la frente. La falda agitándose en el viento. La vi crecer. Y fue como antes era: recta, alta y esbelta.

Vi encenderse la brasa de su puro. Estaba con mi abuelo, el travieso, atrevido y pendenciero. Allí se harían las decisiones, se tomarían las determinaciones. Estaba recobrando sus fuerzas espirituales. Mañana sería otro día pero mi abuela seguiría siendo la misma. Y me alegré.

Ampliemos nuestra comprensión

Secuencia de acciones. Haz una secuencia cronológica de los tres encuentros que el narrador tuvo con su abuela. En cada cuadro indica el acontecimiento central, la edad aproximada del narrador y la característica de la abuela que demuestra el incidente.

Apuntes literarios

La semblanza. Una semblanza es una biografía abreviada en que se mezclan aspectos de la personalidad de un individuo con sus rasgos físicos, atributos diferenciadores y acontecimientos en su vida. La semblanza transforma hechos escuetos y datos biográficos sobre un individuo en algo interesante para el lector. «Mi abuela fumaba puros», por ejemplo, es una semblanza basada en las cariñosas memorias que tiene el narrador de su abuela.

Taller de composición

La semblanza. Después de leer la definición de semblanza, revisa el cuadro de tres columnas que llenaste antes de esta lectura y complétalo. Relee las secciones del cuento donde se presenta más claramente la semblanza de la abuela y escribe una semblanza del personaje que escogiste.

Respuesta de un(a) compañero(a). Intercambia tu semblanza con la de un(a) compañero(a), léela y anota lo siguiente.

1. La parte que más te gustó

2. Las secciones que no están completamente claras

Indícale lo que podría incluir para hacer más explícita y vívida su descripción. Las respuestas de tu compañero(a) te ayudarán a revisar tu redacción. Escribe la copia final de tu semblanza.

Alistémonos para leer

En este cuento del escritor cubano-americano Roberto Fernández, se explora el impacto que produce la lejanía de la tierra de origen en una abuela y su nieto.

Piensa, anota y comparte.   Las personas que se mudan de un país a otro se enfrentan a problemas específicos que no encontrarían necesariamente en su propio país. Trabajando con un(a) compañero(a), trata de pensar cuáles serían algunos de los problemas familiares que ocasiona la migración. Anótenlos en un diagrama como el que aparece a continuación.

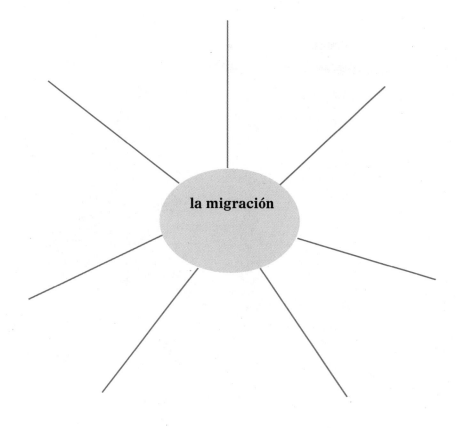

la migración

Raining Backwards

Roberto Fernández

—Keith, Kicito. Ven acá. Come here!

—Yes, abuela.

—You abuela no va a esperar a que llegue la ambulancia del rescue. Oíste esa sirena. La próxima es pa' mí. ¡Qué va! ¡A mí sí que no me agarran!

—Slowly, abuela. Más des-pa-ci-o.

—Necesito que me ayudes. You help you abuela, okay? You love you abuela, right?

—Yes, I do.

—Bueno, listen. No voy a esperar a que llegue la ambulancia del

rescue; me conectan a una máquina y no me dejan morir en paz. Además no quiero que me entierren aquí. Sería la primera y Dios sabe dónde enterrarán al próximo. ¡Muerta y sola! Además, quién se entiende con los muertos de este país. Kicito, aquí todo se desparrama, hasta los muertos. Quiero que me entierren en La Habana. Mi bury Havana, okay? No here.

—But you aren't dying, abuela. No mo-rir!

—Pronto. Anytime! Ya tengo... déjame pensar cuántos tengo. Mari, Mari, Mari-Clara m'ija, ¿tú te acuerdas cuántos tengo?

—(Please mother! I'm trying to concentrate on this last posture. No me molestes ahora.)

—Bueno anytime. Ya tengo muchos y ayer estaba lloviendo al revés. Dos meses antes de la muerte de papá también llovió al revés. Any minute now, any minute!

—Llo-ver al revés. No com-pren-do, abuela.

—Yes, Kicito, rain backwards.

—It can't rain backwards! What a silly idea. No po-der llu-vi-a backwards.

—No seas incrédulo. Crees que tu abuela te engañaría.

—You had too much coffee, abuela. Coffee makes you high. You mu-cho ca-fe. Ca-fe te po-ni-o un po-co lo-ca en la ca-be-za.

—Uds. siempre lo remedian todo con la locura. No me explico por qué no me quieres creer. Acaso yo no te creí cuando hace años me dijiste que había un leñador gigante y que los conejos ponían huevos y que un hombre había dormido durante veinte años sin despertarse y cuando se despertó la barba le llegaba a los pies. Recuerdo que se lo conté a todas mis amigas del barrio. Mira Keith, abuela no estay here, okay? Sylvia está sola. Sylvia alone. I go accompany her.

—But Sylvia is dead. Es mu-er-ta. You told me so.

—(Tienes ochenta y tres mamá, eighty-three. Naciste en el tres.)

—¡Y qué te crees tú! Los muertos también se sienten solos. Tienen sentimientos. Necesitan otros para que los acompañen. Pero otros muertos de su edad, si no, no tienen nada de qué hablarse. Además, me quiero ir. Desde que llegué aquí nada más que he trabajado y trabajado. Sí, sé que tenemos esta casona con piscina olímpica y que la puerta del garaje se abre sola, y sé que tengo doce televisores a color en mi cuarto, y diez y seis radios despertadores, y un closet atestado de ropa y me van a regalar un VCR, pero ¿quién le habla a esta vieja? Tu madre en las clases de meditación trascendental y en las de aerobics, y tu padre en su taller de impotencia, y cuando hay fiesta me visten como un maniquí de vidriera y los invitados siempre dicen: «Granma, very nice», y de tus hermanos eres el único que hace por entenderme. Aquí me estoy volviendo un fantasma anémico por falta a quién espantar. Y cuando venga la ambulancia dirán todos: «Do everything you can to keep her with us. Hagan todo lo que puedan». Entonces me conectarán a una máquina y así estaré como uno de esos vegetales que no necesitan tierra para vivir. No is the coffee! You help you abuela, yes or no?

—Okay, okay. What do you want? But make it quick. I've got to go to the tryouts. Rá-pi-do. Yo ir prác-ti-ca football.

A la mañana siguiente, abuela me explicó los detalles de su fuga mientras me hacía jurar que no se lo revelaría a nadie. Tan pronto como terminó mi jura, le di la mano y nos encaminamos hacia los matorrales que crecían cerca de la casa. Íbamos en búsqueda de un árbol fuerte. En el medio de aquel pequeño bosque, abuela se detuvo, miró a su alrededor y seleccionó uno de tronco robusto. «Vamos, ¿qué esperas?», dijo al mismo tiempo que me ponía hacha en mano y como una enloquecida cheerleader gritaba: «¡Túmbalo, túmbalo, rarará!» Fue entonces cuando divisé, en la copa del árbol, un nido de gaviotas negras. Bien sabía que el cedro sería el árbol más indicado para los propósitos de abuela, pero las gaviotas negras eran una especie en peligro.

Después de pensar por varios minutos, le dije que el cedro estaba enfermo y selecioné un carcomido roble. Ella sonrió al ver que de un hachazo lo había derribado, mientras gritaba: —You cut Kicito, you cut good—. Yo sólo atinaba a sonreírle con cierto aire de superioridad ya que de seguro había salvado una especie al borde de la extinción.

Abuela me instruía cómo y dónde tallar. Seguí sus órdenes al pie de la letra, abriendo un hueco en medio del tronco. Mientras más entusiasmado estaba abriendo el hoyo, la capataz volvió a gritar:

—¡Quítale las ramas, quítale las ramas! Take the arms off the tree, take the arms off the tree!

No la entendí y abuela, perdiendo la paciencia me arrebató el hacha, desmembrando el vegetal. Esa misma tarde el roble había quedado convertido en tabla agujereada por termitas humanas. Abuela contempló la obra satisfecha, al mismo tiempo que me daba una leve palmada en la espalda. Le sonreí una vez más mientras me deleitaba discurriendo que había salvado a las gaviotas negras de los caprichos de aquella viejecita impetuosa que aún no acababa de comprender.

Durante aquel mes fuimos religiosamente a los matorrales donde, camuflageada, se desarrollaba nuestra empresa que cada día tomaba más y más aspecto de viejo bajel. Tenía la embarcación dos compartimientos, uno para mantenerse sentado y el otro para provisiones. No poseía ningún tipo de propulsión, aunque sí tenía un falso timón. Hacia la improvisada proa, había un agujero donde colocar una pequeña asta para una bandera blanca. El exterior lo había cubierto de piedras del rin, que había sacado pacientemente de viejos vestidos testigos de antiguas glorias, y retratos de Julio Iglesias. Todo encolado a la superficie con superglue. Esa misma tarde, la almirante inspeccionó la obra al mismo tiempo que me hacía varias preguntas claves para asesorarse de mis conocimientos náuticos. Finalmente, le respondí algo apenado que ni siquiera sabía nadar bien. Con mucha calma, abuela me dijo que fuera a la biblioteca y me agenciara una carta de navegación.

—Kicito, cuando te aprendas la carta vamos a tomar la camioneta de tu padre y colocar la embarcación allí, luego nos vamos hasta la Marina de Key Biscayne para alquilar un bote de motor. We take pick-up. We put embarkation and rent motor boat, understand you?

—I guess so, ma'm.

—Entonces vamos a remolcar mi barca hasta donde comienza la corriente del golfo. Allí hacemos mi trasbordo y tú cortas la soga.

Understand you?

—But why? ¿Por qué?

—Me voy pal sur. Me voy pa' La Habana. Sí Kicito, me voy pa' La Habana y no vuelvo más. I go to Havana no come back no more.

—But can't you take a plane? ¿To-mar a-vi-on?

—Cuántas veces te he explicado que no hay otra forma de llegar.

—But you'll die on the way! Mo-rir en bo-te, abuela.

—No morir en bote. Morir aquí en tierra. No te preocupes. Llegaré en un par de días. Y cuando llegue les enseño mi bandera blanca, salgo de la barca, me tomo una taza de café, cojo un taxi y sigo rumbo al panteón donde está Sylvia y...

Al otro día, después de aquella conversación, me encontraba en la biblioteca robándome una carta náutica que venía dentro de un deshojado *National Geographic*. Recuerdo que me la metí dentro de los calzoncillos evadiendo así el detector electrónico. Llegué a casa con mi botín. La abrí y, asustado por su contenido, la volví a doblar, escondiéndola en mi escritorio. El aprendizaje de la carta me habría de tomar casi tres semanas. Cuando le dije a abuela que me la sabía al dedillo, fue a su cuarto y rápidamente se puso su vestido de gala. Iba en dirección al mall, donde compró dos vestidos de noche, un parasol floreado y siete grabadoras, estilo «ghetto blasters». Me mostró los vestidos explicándome que el morado era para Sylvia, que no podía llegar con las manos vacías.

Cuando llegó el día señalado para la botadura, abuela vestía de luces y portaba su parasol como una auténtica torera primaveral. Le señalé hacia el camión. Le abrí la puerta con gran reverencia, a lo Sir Walter Raleigh, al mismo tiempo que la tomaba de la mano para ayudarla a subir al vehículo. Estaba contentísimo. Era la primera vez que manejaba la camioneta de mi padre. Él ignoraba lo que estaba ocurriendo, pues él y mamá andaban de fiesta. Durante la noche, abuela había robado las llaves que colgaban de la puerta del armario. Arrancamos y salimos en dirección a los matorrales. Al llegar, nos bajamos y con gran esfuerzo y tres poleas nos arreglamos para colocar la canoa dentro del pick-up. Serían como las tres de la madrugada y ambos íbamos eufóricos. Yo porque por primera vez conduciría por toda la U.S. 1, y ella por el gusto de ver que su empresa tocaba a su fin.

Estacioné de un solo corte la camioneta y nos dirigimos a alquilar nuestro remolcador. Nos montamos en el barco y abuela destapó una botella de coñac que llevaba debajo de la falda. Luego de atragantarme con el primer sorbo, abuela me pidió que cuando regresara a puerto me bebiera el resto. Ella bebió el suyo de un solo golpe.

Íbamos en dirección al Sureste, en búsqueda del Gulf Stream. Marchábamos despacio. No era tarea fácil remolcar aquel tronco acondicionado. Abuela hablaba incansablemente, contándome desde el día que se le trabó el dedo en la moledora de café hasta el primer beso que le diera Nelson, mi abuelo, a través de las rejas de la ventana. Nos estábamos acercando al punto donde la corriente la llevaría a su destino. Aminoré la marcha del motor y abuela, dándose cuenta que nos aproximábamos, perdió la efervescencia. Volviéndose algo pensativa, agregó:

—¿Sabes por qué tengo que hacerle compañía a Sylvia? El beso que me dio tu abuelo era para ella. Yo sabía que esa tarde pasaría a verla. Hacía tiempo que la andaba rondando. Me cubrí la cara con un velo de tul y me besó a través de la tela creyéndose que era Sylvia. Me descubrí el rostro y quedó prendado de mí. Sylvia murió soltera y sola. Nunca me lo perdonó. Dicen que mi pobre hermana murió vomitando estrellas.

—¿Es-tre-llas? Stars? dije.

—Sí, estrellas. Creo Dios le recompensó su sufrimiento de esa manera. No believe me?

—You can't throw up stars. ¡No vo-mi-tar es-tre-llas!

—Okay, y si te digo que se había tomado antes de morir una sopa de pollo y estrellas, chicken and estars soup, you believe me?

—Well, it makes more sense. Not a whole lot, but it makes more sense that she had soup. Cre-o una po-qui-ta más chicken and stars so-pa.

—Pero tengo algo más que contarte, Kicito. I have something more to tell to you. It is no all. Le fui infiel a tu abuelo dos veces. Solamente dos veces y nada más. I was infidel to your grandfather two time in my life. You abuela was one of the girls that Julio Iglesias loved before. You fui una de las que él amó, y también fui amada por Kirby. Fui la Sara Bernhardt de su poesía.

—Kirby,[1] the black bean soup maker? ¿El ja-ce-dor de so-pa fri-jo-les ne-gros?

—No, no, el poeta. The poet. Pero lo dejé porque era muy ordinario. I left him because he very ordinary. Trabajábamos en la fábrica Libby y él era el foreman. Pero después me di cuenta que era muy chusma y me desilusionó. Figúrate que todos los días al final del trabajo cuando sonaba el pito de las cinco me decía: —Nelia, cojón[2]— ¡Qué ordinario! Por eso lo dejé. He say bad word in the fabric at five everyday when the whistle sounded. That is the why I left him.

—Still you don't make much sense, abuela. No en-ten-der-te mu-cho.

—Es okay. But I loved your grandpa more. Remember that.

---

[1] Marca de frijoles negros cubanos
[2] Kirby le decía: —Nelia, go home—, que la abuela oía como *cojón*.

Después de nuestro último diálogo, abuela abordó la embarcación mientras yo cortaba la soga que había servido para remolcarla. La rústica canoa se iba alejando poco a poco, mientras ella sonriendo me tiraba un último beso.

—You good, okay? Good-bye, honey. No worry you me. Si tengo problems al llegar es easy, los compro con las grabadoras que pa' eso traigo. I buy them with the players.

No volví a mirar en su dirección. Arranqué el motor y mantuve la vista fija sin voltearme hasta llegar a puerto. Quizás iba algo triste ya que nunca había creído todos aquellos cuentos de estrellas y lluvias al revés o tal vez porque temía que se comenzara a hundir el carcomido roble que había seleccionado para salvar a las gaviotas negras.

■ ■ ■

El tiempo ha pasado con fugacidad, y la marea ha subido y bajado miles de veces desde aquel día en que abuela se marchó. Miles también han sido las veces que me he acercado a la marina para tan sólo mirar hacia el sur y beber un trago de coñac.

Hace una semana, por primera vez, vi que llovía al revés, y sorprendido llegué a comprender que los conejos, en realidad, no ponen huevos. Pensé en ella y comprendí que mi hora ya se avecinaba. Se lo dije a mi nieto y me respondió que seguramente había bebido demasiado café. Instintivamente, fui al viejo baúl y allí encontré la ya amarillenta carta de navegación que años atrás había utilizado para trazar la ruta que había seguido. La comencé a estudiar afanosamente. Quería desembarcar en el mismo sitio donde ella lo había hecho. De pronto comprendí que las flechas que indicaban la dirección de la corriente apuntaban hacia el noreste y no hacia el sur, como había creído. La había leído al revés. Un hondo pesar me recorrió el cuerpo. Entonces, me la imaginé congelada con su vestido de luces en harapos y el parasol destelado, muriendo sola como una vieja vikinga tropical, envuelta en un témpano de hielo frente a las costas noruegas.

La sirena me sacó de lo que creía era un oscuro letargo, mientras alguien gritaba:

—Mouth-to-mouth. Give him mouth–to–mouth. Get some air in his lungs. Hook him up to the machine!

Trabajo de equipo. En grupos de tres, revisen el diagrama de problemas familiares causados por la migración que elaboraron antes de leer el cuento. Agréguenle las posibilidades sugeridas por el cuento. Escojan dos problemas y, de común acuerdo, anoten algunas posibles soluciones en un diagrama similar al siguiente. Cada grupo presentará a la clase uno de los conflictos y sus soluciones.

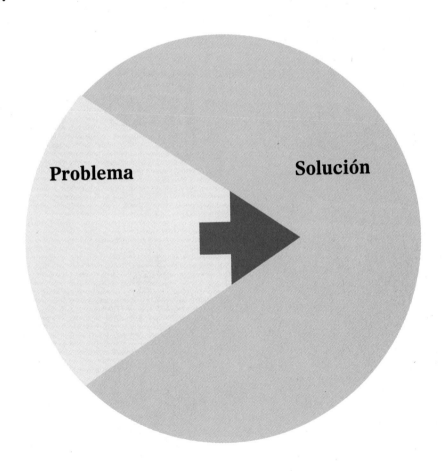

Cuatro pasos en una entrevista

1. En trabajo colaborativo con un(a) compañero(a), elaboren una serie de aproximadamente diez preguntas que sirvan como base para entrevistar a una persona mayor de 60 años. Piensen en preguntas que los hagan hablar acerca de sus vidas en otros lugares, sus añoranzas y sus ideas acerca de la juventud contemporánea.

2. Individualmente, escoge a una persona mayor de tu familia o de tu vecindario y lleva a cabo la entrevista.

3. Escribe un informe señalando los aspectos más sobresalientes de la entrevista.

4. En un grupo de cuatro comparte los resultados de tu entrevista con tus compañeros.

Alistémonos para leer

Escritura rápida. Algunas personas creen que en el momento en que una persona emigra a otro país debe olvidarse lo más rápidamente posible de su lengua materna. Otros, sin embargo, defienden el derecho de los inmigrantes a mantener y desarrollar su lengua al mismo tiempo que aprenden el idioma de su nuevo país. Desde tu punto de vista personal discute este tema. Indica cuáles son las ventajas y desventajas de tu posición.

Cuatro esquinas. Tu maestro(a) te va a dar cuatro opciones. Tendrás un minuto para seleccionar la situación que te parezca más razonable y para anotarla en tu tarjeta. Cuando el (la) maestro(a) te lo indique, deberás ir con tu tarjeta a la esquina seleccionada. Allí con otros tres compañeros harán una lista de cuatro razones que justifiquen su selección.

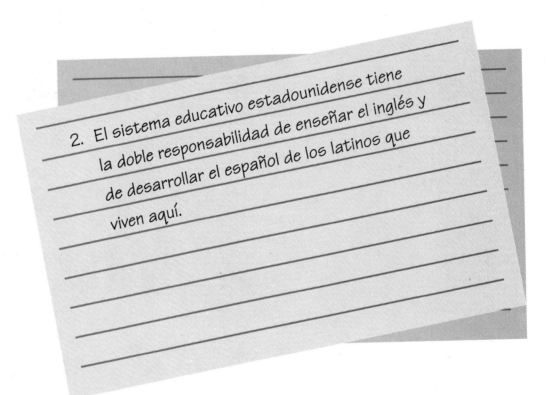

2. El sistema educativo estadounidense tiene la doble responsabilidad de enseñar el inglés y de desarrollar el español de los latinos que viven aquí.

Cuadro polémico de resumen. Luego de haber escuchado el informe de los distintos grupos, copia el siguiente cuadro en tu cuaderno, y toma cinco minutos para anotar las razones más importantes que mencionó cada equipo.

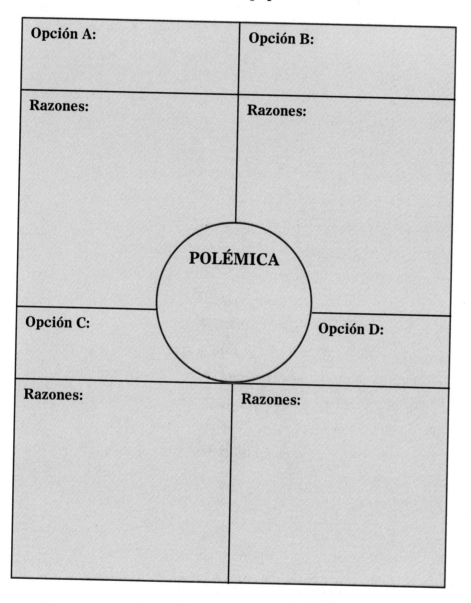

Lectura. Hemos seleccionado cuatro fragmentos de la autobiografía de Richard Rodríguez titulada «Hambre de memoria». En grupos de cuatro lean las selecciones en voz alta, tomando turnos.

Hambre de memoria

Richard Rodríguez

Durante los tempranos años de mi infancia, mis padres se la arreglaron bien en los Estados Unidos. Mi papá tenía trabajo permanente, mi mamá se desenvolvía en la casa. No eran víctimas de nadie. El optimismo y la ambición los llevaron a una casa (nuestro hogar) a muchas cuadras de la parte mexicana al sur de la ciudad. Vivíamos entre los gringos, y a apenas una cuadra de las casas más grandes y más blancas. Nunca se les ocurrió a mi padres que no podían vivir donde quisieran. Ni tampoco el Sacramento de la época tenía la intención de demostrarles lo contrario. Mi mamá y mi papá estaban más fastidiados que intimidados por dos o tres vecinos que inicialmente trataron de rechazarnos. («¡Mantengan a sus palomillas fuera de mi vereda!») Pero a pesar de todo lo que lograron, y quizás porque les faltaba lograr tanto, la profunda sensación de sentirse cómodos, la confianza de saber que «pertenecían» a la vida pública no les fue concedida. Ellos consideraban a la gente en el trabajo, a los rostros en la muchedumbre, como lejanos a nosotros. Ellos eran los otros, los gringos. Ese término en su manera de hablar era sinónimo de otro, mucho más revelador: los americanos.

■ ■ ■

Crecí en una casa donde los únicos invitados regulares eran mis familiares. A veces, por un día, enormes familias de parientes nos visitaban, y venía tanta gente que el ruido y los cuerpos se desparramaban hacia el patio y la portada. Luego, por semanas, nadie venía. (Por lo general el único que tocaba a la puerta era un vendedor.) Nuestra casa sobresalía. Era un bungalow amarillo de mal gusto, en medio de una hilera de blancas viviendas. Nosotros éramos aquellos que teníamos el perro bullicioso. Aquellos que criábamos palomas y gallinas. Nosotros éramos los extranjeros de la cuadra. Unos pocos vecinos nos sonreían y saludaban con un gesto. Nosotros les devolvíamos el gesto. Pero nadie en la familia sabía los nombres de la pareja anciana que vivía a nuestro lado. Hasta que tuve siete años de edad no sabía los nombres de los chicos que vivían frente a nosotros.

■ ■ ■

(Las monjitas de la escuela hablan con los padres de Richard)... «¿No sería posible que usted y su esposo alentaran a sus hijos para que practiquen su inglés en casa?» Mis padres, por supuesto aceptaron, ¿qué no harían ellos por el bienestar de sus hijos? y ¿cómo podrían ellos haber cuestionado la autoridad de la iglesia representada por estas buenas mujeres? En un instante estuvieron de acuerdo en abandonar el idioma (los sonidos) que habían revelado y acentuado la cercanía de nuestra familia. El cambio se observó desde el momento en que las visitantes se retiraron. Mi padre y madre se unieron para decirnos «Ahora, speak to us en inglés».

■ ■ ■

Haciéndole juego al silencio que comencé a escuchar en público, había una nueva paz en casa. La tranquilidad familiar se debía parcialmente al hecho de que, mientras los niños aprendíamos más inglés, compartíamos menos y menos palabras con nuestros padres. Las oraciones necesitaban ser pronunciadas lentamente cuando los hijos se dirigían a su papá o su mamá. (Por lo general ellos no comprendían.) El niño tenía que repetir su expresión. (Aún el padre malentendía.) La voz joven, frustrada, terminaba diciendo «No importa», el tema se cerraba. Las cenas contaban sólo con el bullicio de los cuchillos y tenedores en contacto con los platos. Mi mamá sonreía suavemente entre frases, mi padre, sentado al otro lado de la mesa, masticaba y masticaba su comida, al mismo tiempo que mantenía la vista fija por encima de la cabeza de sus hijos.

■ ■ ■

Mi mamá y papá, por su parte, respondían de manera diferente a medida que sus hijos les hablaban cada vez menos. Ella se volvió impaciente, se la veía preocupada y ansiosa frente a la carencia de palabras que intercambiábamos en casa. Era ella quien me preguntaba acerca de cómo me había ido durante el día, cuando regresaba de la escuela. Sonreía cada vez que teníamos nuestros pequeños intercambios. Acechaba alrededor de mis oraciones para hacerme hablar un poco más. (¿Qué?) Se entrometía en conversaciones que escuchaba por casualidad, pero sus intrusiones siempre lograban el silencio de sus hijos. Mi papá, por el contrario, parecía haberse resignado a la nueva tranquilidad. Aunque su inglés había mejorado algo, se retiró al silencio. Durante la cena apenas hablaba. Una vez sus hijos y hasta su esposa se habían reído incontrolablemente cuando había recitado antes de la cena una bendición católica en inglés con un acento muy fuerte. De allí en adelante hacía que su esposa recitara las bendiciones antes de las comidas, aun en ocasiones especiales, cuando había invitados en casa. La voz de ella se convirtió en la voz pública de la familia. Cuando se encontraban en ocasiones formales, era ella, no mi padre, a quien se escuchaba en el teléfono o en las tiendas, hablando con extraños. Sus hijos se acostumbraron tanto a su silencio, que años después hablaban de su timidez. (Entonces mamá trataba de explicar: sus padres ambos murieron cuando él tenía ocho años. Había sido criado por un tío que lo trataba como a un vil sirviente. Nunca se le estimuló para que hablara. Se crió solo. Hombre de pocas palabras.) Pero papá no era persona tímida, yo me daba cuenta cuando hablaba español con sus parientes. Cuando hablaba español era rápido y efusivo. Especialmente cuando hablaba con otros hombres, su voz chispeaba, brillaba, resplandecía de vida con sonidos. En español expresaba las ideas y sentimientos que extrañamente expresaba en inglés. Con sus firmes sonidos de español comunicaba la confianza y autoridad que el inglés nunca le permitiría.

Ampliemos nuestra comprensión

Trabajo de equipo. Basándose en las experiencias que describe Richard Rodríguez, ¿qué consejo les darían ustedes a los padres hispanos?

1. que insistan en que sus hijos hablen exclusivamente inglés en casa, aun cuando ellos no lo entiendan

2. que propicien la comunicación plena en español, cuidándose de que en la escuela aprendan inglés

Den suficientes razones que justifiquen sus opciones.

Proyecto de investigación. En los Estados Unidos hay muchos latinos que se han destacado en diferentes campos. Parte del éxito de estas personas reside en el buen manejo que demuestran tanto del inglés como del español. Por ejemplo, en el campo de la política se encuentra Henry Cisneros, quien ha sido alcalde de la ciudad de San Antonio y Ministro de Vivienda del Presidente Clinton; Cristina, destacada personalidad de la televisión norteamericana; Sabine Ulibarrí, importante escritor de Nuevo México. Investiga otros personajes latinos de renombre y haz una pequeña composición en la que indiques cómo el bilingüismo facilitó su éxito personal y profesional.

Henry
Cisneros

Alistémonos para leer

Muchas veces la edad de una persona determina su manera de ver las cosas así como el camino que se traza. El siguiente cuento de Rosaura Sánchez, «Tres generaciones», presenta conflictos intergeneracionales dentro del seno familiar.

Escritura rápida.   Piensa en una situación en la que hubo diferencia de opinión entre tú y tus padres o abuelos (o personas de su edad). Describe la situación y las diferentes opiniones que surgieron. Comparte con un(a) compañero(a).

Ideas novedosas solamente.   Elabora una lista de los temas más comunes acerca de los cuales se suscitan diferencias de opinión intergeneracionales.

 Leamos activamente

Rompecabezas de lectura: Grupos de expertos.   Primero van a leer silenciosamente una situación problemática, vista a través de los ojos de una de las protagonistas del cuento. A medida que lean traten de descubrir y anoten las respuestas a las preguntas que siguen.

- ¿Quién habla?
- ¿Aproximadamente qué edad tiene?
- ¿Cuál es su problema?
- ¿A qué se debe este problema?

Cuatro en turno. Comparte oralmente tus notas con tus compañeros. Después logren un consenso acerca de los principales sentimientos y preocupaciones que atribulan al personaje.

Diagrama «mente abierta». Trabajando en conjunto con los otros miembros de tu equipo, elabora tu propio diagrama «mente abierta» mostrando lo que está pasando por la mente de tu personaje.

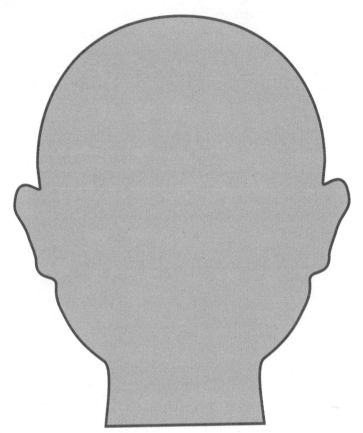

Grupos combinados: Tres en turno. Comparte oralmente con tus compañeros la situación de tu personaje. Apoya tu exposición, mostrando tu diagrama «mente abierta».

Tres generaciones

Rosaura Sánchez

Esta tarde cuando llegué estaba de rodillas ante unos geranios y unas gardenias y refunfuñaba por lo que yo llamo «el tomate imperialista» que siempre se anda queriendo apoderar de todo el terreno. Se han puesto demasiado grandes las plantas y como que quieren tomarse el jardín.

—¿Y por qué no las cortas?

—Voy a dejar que maduren los tomates y después adiós plantas. No volveré a sembrarlas. ¿No ves como lo invaden todo? Mejor pongo unos chiles allí, aunque no hay mucho campo. ¡Ay, no es como el solar que teníamos allá en Texas!

Las plantas han adquirido personalidad para ella. Al limonero le pide disculpas por haber dejado que la madreselva largara sus raíces por donde no debía. El pobre limonero enano que yo planté antes de que ella se viniera a vivir con nosotras no ha muerto pero tampoco crece, ya que las raíces de la madreselva que ella plantó se han acaparado del poco terreno que había para ese lado del patiecito. Otra planta imperialista, pero ésta por la superficie subyacente, por donde no se ve ni se sospecha. La planta de tomate, en cambio, lo hace a los cuatro vientos y es obvio que sus ramas se extienden por todos lados, pero la madreselva se mantiene acurrucada contra la cerca, como si nada. Es como la diferencia entre la dependencia y el colonialismo, le digo, pero no acaba de entenderme. Mi madre sigue sacando las hierbas malas y regando, mientras piensa en podar la bugambilia, para que no le quite el sol al malvavisco que está a sus pies. Y yo no sé por qué le salgo con esas frases absurdas, como si me quisiera hacer la interesante, porque, después de todo, la terminología fue lo único que me quedó de aquellas clases universitarias de estudios del tercer mundo. Y pensar que en un tiempo creí que podría ser mi especialidad, pero al final me fui por lo más seguro, y estudié comercio. Pero ella, ahora que está sola, parecería haber estudiado jardinería. Se la pasa trasplantando, podando, regando y conversando con las plantas porque yo y mi hija casi nunca estamos en casa más que para dormir. Y no es que no quiera yo también ponerme a trabajar en el jardín, sino que el trabajo, las reuniones, los viajes fuera de la ciudad me tienen siempre ocupada, siempre corriendo. Como ahora mismo.

Quería mostrarle lo bien que va la hortensia pero ya se metió. Seguro que estará allí con la computadora hasta las altas horas de la noche; a veces ni quiere bajar a cenar. Y la Mari, perdida anda esa muchacha. Ya traté de decirle a Hilda que algo anda mal, pero ni caso me hace. Cosa de adolescentes, me dice, ya se le va a pasar. La Mari se encierra en su cuarto y cuando sale tiene los ojillos todos rojos como que ha estado fumando o tomando alguna cosa de ésas, de esas mugres que hoy consiguen fácilmente los chavalillos. ¡Ay, cómo me hace falta aquel hombre! Él sabría cómo hablarle a su nieta, creo, pero a mí ni caso me hace. Por eso me la paso aquí afuera con mis flores y mis arbolitos. Y a veces doña Chonita se viene a platicarme alguna cosa y nos tomamos un poco de limonada mientras le muestro las matas, y así se me pasa el tiempo. Voy a tener que comprar un poco de alimento para las plantas porque esta mano de león, por ejemplo, no quiere prender. Recuerdo las que sembraba mi mamá en el solar hace ya tantos años. No eran estas miniaturas raquíticas. Ésas sí que eran flores. Jardín más chulo no había en todo el barrio.

Tan pronto como me cambie, me pongo a la computadora. Pobre de mi mamá, me da no sé qué dejarla sola allá abajo, pero por lo menos se distrae con el jardín; a veces se va con alguna de sus amigas de la iglesia al cine o de compras. Pero más sola que yo no puede estar porque desde que me dejó Ricardo... aunque de eso ya hace tanto tiempo que hasta ridículo me parece recordarlo. Tampoco puedo quejarme, porque mejor nunca estuve. Me mantengo ocupada y tengo mis amigos y mis amigas en el trabajo. Y a veces salgo con Alfredo y cuando podemos, nos vamos de paseo. Pero ninguno de los dos quiere volverse a meter en problemas. El divorcio como que le deja a uno un mal sabor en la boca. Así estamos mejor, nos divertimos, nos vamos de viaje los fines de semana cuando hay tiempo y cuando no, cada uno a su trabajo y a sus obligaciones, y hasta la próxima, sin compromiso, sin recriminaciones, cada uno libre de hacer lo que se le antoje. Por lo menos es lo que me digo y lo que contesto cuando me preguntan que por qué no me he vuelto a casar. Porque con Ricardo fui muy celosa, aunque tal vez todo eso fue un error desde el principio. Si no hubiera salido encinta, no nos habríamos casado, seguro. Pero ¿qué otra opción tenía yo? Porque el sólo pensar en lo de Antonia y en el trauma que fue todo aquello me daba escalofrío. Los tiempos cómo cambian y no cambian, porque el tema sigue candente, y hasta quieren recortar los fondos para esas clínicas, pero en aquel entonces todo era prohibido, no había clínicas para el aborto, y a menos que una tuviera plata para irse al otro lado, para hacérselo allá, tenía que acudir a alguna curandera para que le diera un remedio o a lo que acudió Antonia cuando supo que el marido andaba con la vecina. Desde entonces no tolero ver los ganchos de alambre para la ropa. Todos son de plástico. No, no pude hacerlo. Pero si hubiera sido más fuerte, más inteligente, me las hubiera arreglado sola, aunque en casa me hubieran desconocido por el escándalo. Y por eso, nos casamos porque tuvimos que hacerlo. Pero nunca estuvimos bien. Al año ya estábamos divorciados y así se ha criado Mari, sin padre, sin la ayuda económica que nos vendría bien si Ricardo se portara como debería. Pero pronto se volvió a casar con la gringa esa y ya después no me aventó ni con un centavo. Por eso tuve que trabajar y dejar a la niña aquí y allá, buscando siempre quien me la cuidara hasta que ya pude ponerla en una guardería infantil. Ahora también está mi mamá. Cuando quedó viuda, me la traje acá, porque después de tantos años de trabajar en la costura de blue jeans, ¿qué le mandan? ¡Unos trescientos dólares por mes del seguro social! Ni para comer le alcanza; por eso me la traje a Santa Ana donde no le ha de faltar techo ni comida. Esta impresora es bastante lenta, no como la de la oficina, pero imprime más o menos bien. Voy a tener que comprarme una nueva, de laser; así no tengo que llegar como loca por la mañana haciendo copia de todo antes de la primera reunión a las 8:30, no sé por qué me las ponen tan temprano. Uuy, cómo se pasa el tiempo. Creí que eran las 7:30 y ya van a ser las nueve. Al rato bajo a comer algo. ¡Ay, esa Mari, aún no ha llegado de la escuela! ¡Éstas no son horas! ¿Dónde se habrá metido? Voy a tener que hablar con ella cuando llegue. Una chica de 13 años no tiene por qué andar afuera tan tarde. Se le hace fácil todo.

¡Ay, lo que me espera! Tengo que apurarme porque si no, mi mamá se va a poner sospechosa. Pero si está ocupada ni se ha de enterar. Pero cómo iba a venirme cuando todos estaban mirándome, viendo si le entraba duro o no. O soy de la clica o no soy; por eso por fin probé la nueva combinación. Es como volar. What a blast! Pero después, qué bajón. Por eso no podía venirme, hasta que se me pasara un poco. Cuando sepa mi mamá que hoy no fui a la escuela, se va a poner furiosa, pero y qué. Que se enoje nomás. Ya realmente no me importa nada, nada más que volver a fumar la combinación. No sé cómo pudo conseguirla Daniel. Generalmente sólo trae marihuana o «crack» pero hoy de veras se aventó. Su papi debe ser muy bueno porque cada semana le afloja la lana para que se divierta. Para que no lo moleste dice Danny, pero no sé por qué se queja porque con lo que le da su papá, pues siempre tiene con qué hacer sus compras. Sabe exactamente dónde venden lo que quiere. Yo he ido varias veces con él y es casi como «drive-in service» porque nomás para el carro en medio de la calle y siempre corre algún chico con el paquetito, pagamos y vámonos. Después nos vamos a su casa o a la de Jenny. Uy, ya van a ser las nueve, creí que eran las siete, como ya se hace noche bien temprano. Ojalá que la abuela no me haga preguntas como siempre; le gusta fastidiarme nomás. Allí está siempre esperándome y mirándome con esos ojos. No sé por qué no se va a ver televisión o lo que sea, y deja de meterse en lo mío.

¡Ay, esta niña que no llega! Allá en mis tiempos todo era muy difícil. Mi papá ni nos dejaba salir a ninguna parte. Por eso ni primaria terminamos las mujeres. Eran los tiempos de los trabajos en la labor, en la pizca de algodón o la cosecha de betabel. Nuestros viajes eran de un rancho al otro hasta que volvíamos a San Ángel para la Navidad. A veces teníamos que pararnos en los caminos para dormir y calentar algo para comer. Ya después en el rancho, a mí, como era la mayor, me tocaba todo. Tenía que levantarme a las cinco y media para hacer el desayuno y el lonche para mediodía. A veces le digo a la Mari que no sabe lo que es fregarse, que antes no teníamos baño dentro de la casa, que teníamos que pasar al excusado que estaba cerca del callejón y se ríe, diciendo que eso es horrible y que ella nunca aguantaría tal cosa. Ni lo cree ni le importa. No conoce la pobreza ni quiere saber que todavía hay pobreza por el mundo. Los jóvenes de hoy no saben nada, ni se enteran de nada, ni piensan en nada más que andar de parranda y tal vez cosas peores. Piensan que son cuentos de hadas. A ver qué le caliento a Hilda, si no le hago algo, se la pasa con puro sánwhiche de pavo. ¡Cómo cambian los tiempos! En los míos, a mí me tocaba hacer las tortillas, la lavada, la planchada, porque generalmente mi mamá estaba encinta y no podía con todo el trabajo. Para mí no hubo escuela ni nada, puro trabajo bruto, como el burro; por eso cuando yo tuve a la Hilda me dije, ésta no va a sufrir como yo; por eso la mandé a la escuela aunque todos me decían que hacía mal en mandarla, que para qué, que me iba a salir mal, que seguro la iba a tener que casar a los 15 años por andar de pajuela. Pero no fue así, estudió su carrera, se graduó y se puso a trabajar. Fue mucho después, cuando ya era una mujer de 25 años, que salió encinta y decidió casarse, porque no quería abortar, no quería que le pasara lo que a Antonia, aunque mi hija podría haber ido a alguna clínica en la frontera, si hubiera querido. Pero luego le tocó la mala suerte y el marido la dejó. Es lo que ella dice, pero a veces hasta creo que sólo se casó para tener la criatura porque siempre ha sido muy independiente la muchacha. Gracias al estudio pudo mantenerse sola, porque nosotros no estábamos en condiciones de ayudarle. ¿Qué habría sido de ella si no hubiera tenido el trabajo? Habría tenido que vivir del Welfare como más de cuatro en el barrio.

A la impresora le tengo que cambiar la cinta. Y la Mari, ¿dónde andará que no llega? Si para las nueve no está, tendré que llamar a alguien. ¿A quién? Tal vez a alguna de sus amigas, no sé si tenemos el número de teléfono del tal Daniel con el que sale a veces. Voy a tener que hablarle seriamente porque no tengo tiempo realmente de andar con estas cosas, especialmente hoy que tengo que terminar de preparar este informe; ya me falta poco y el diagrama ya lo tengo hecho. Me salió bien. Esta nueva computadora es fenomenal, hasta a colores puede sacar los cuadros. Espero convencerlos con estas estadísticas; si deciden asociarse con la compañía, podremos ampliar la producción y así aumentar las ventas para el próximo año, como quiere el jefe. Estos nuevos programas van a revolucionar la industria de las computadoras y nosotros los vamos a producir. Bueno, yo no, claro, sino la compañía. Increíble pensar que ya comienzo a pensar como «company man» o mejor dicho «woman» —como si no me explotaran bien a bien; me sacan el jugo pero tampoco me pagan mal, por lo menos desde que les armé el gran lío. Ya pensaban que los iba a demandar por discriminación. Y ¿por que no?, si me tenían allí de asistente cuando la que hacía todo el trabajo del jefe era yo. Y después de la reunión de mañana, habrá que presentarles el plan a los meros-meros. ¿Me habrán hecho la reservación del cuarto en Nueva York? Bueno todavía hay tiempo; mañana se lo pregunto a Cheryl. Lo que son las cosas. Ahora es cosa de llamar y hacer la reservación y le tienen a una todo listo cuando llega. No saben que la que llega toda vestida con su portafolio y todo es la misma que pizcó algodón y durmió con sus padres en el suelo. Recuerdo que una vez tuvimos que pasar la noche en la orilla del camino, durmiendo en el carro, porque no teníamos con qué pagarnos un cuarto en un motel. Sí, la noche misma que me gradué y salimos tarde, tuvimos que pararnos en las afueras de Austin. Amá quería ir a visitar a la tía de paso, pero cómo íbamos a llegar a medianoche sin avisar. Tampoco podíamos volver a San Ángel. Y allí estuvimos toda la noche, incómodos, de mal humor, peleándonos unos con los otros hasta que amaneció y pudimos llegar a San Antonio para ver a la tía, que, a fin de cuentas, nos recibió de mala gana. No, no saben quién les presenta el informe. La que lo sabe soy yo, la que no lo olvida soy yo. No, el sueldo de ahora no borra nada. No borra las miraditas que me dan en las reuniones de Marketing cuando soy yo la que hago la presentación. No borra el ninguneo que siempre padecimos. No borra el que, a pesar de todo el entrenamiento en teneduría de libros, mecanografía y dactilografía en secundaria, no pudiera yo conseguir trabajo después de graduarme más que como operadora de ascensor. Por eso me decidí y me fui a la universidad, con préstamo del gobierno claro. Como me sabía mal vestida, no iba nunca a ninguna parte; me dedicaba a estudiar. Hasta que en mi primer trabajo después de graduarme de la universidad conocí a Ricardo. Parecía interesado en mí y yo estaba feliz, feliz de la vida, y por eso cuando me comenzó a invitar a salir, acepté, lo acepté todo, pensando que era mi futuro, mi compañero del alma. ¡Qué estúpida fui! A él le interesaba sólo una cosa. Y ya después... ni para qué estar pensando en eso.

—Amá, amá, ven para que me cuentes. Ahora que han salido los muchachos con apá, quiero que me cuentes lo que le pasó a Antonia.

—Mira, hija, cuando Antonia se enteró de que su marido andaba quedando con Elodia, decidió hacer lo que podía para no perder al marido. Ya tenían cuatro niñas y estaba de nuevo encinta. La vecina venía a darle la mano, como estaba viuda recién y no tenía más que hacer, y en una de ésas le voló el marido. ¿Te acuerdas que andaban los tres de aquí para allá y de allá para acá? Pues un día Antonia los agarró juntos en la cocina y Antonia la mandó a volar: a la Elodia; hasta acá oí yo los gritos, donde le decía que se fuera mucho a la tiznada. Después una mañana, días después, vino corriendo una de las niñas para pedirme que fuera a ver a su mamá, que se estaba desangrando. Corrí a la casa y cuando vi que se estaba vaciando, llamé pronto a la ambulancia. Ya sabes cómo tarda la ambulancia para llegar al barrio. Para cuando llegó, ya estaba pálida, color de cera. Duró sólo unas horas en el hospital y allí murió. ¡Lo que son capaces de hacer las mujeres por no perder a un hombre! Sí, al verse de nuevo embarazada y sin tener a quien acudir, se metió un gancho de la ropa, para que se le viniera. ¡Ah, hija de mi alma, no vayas a hacer nunca una locura semejante! Si alguna vez te ves en tales aprietos, tenlo nomás. Ya encontraríamos cómo cuidarlo. Aunque, sí, tienes razón, tu papá se moriría de vergüenza. Mejor no te metas en tales líos, hija.

Le pedí que me lo contara cuando vine de San Antonio para el funeral de Antonia. Fue al verla allí en la casa mortuoria que decidí tener el bebé, no importaba lo que pasara. Cuando lo supo Ricardo, se enfadó conmigo y me dijo que él no quería casarse. Le dije que estaba bien, que lo tendría yo sola, pero parece que su mamá le dijo que debía casarse, para darle el apellido a la criatura, y así fue. Hicimos las paces, nos casamos; se vino a vivir a mi departamento y un año después me pidió el divorcio. En mi familia nunca había habido un divorcio. Así que eso también fue doloroso para mi papá, tanto o más que el «sietemesino» que tratamos de hacerle creer. Aunque... después fui la primera de varias primas que se divorciaron. La nueva generación. Después, cuando me ofrecieron trabajo en California con esta compañía de software para las computadoras, me vine con la niña que ya para entonces tenía cinco años. Aquí me ningunearon lo que quisieron por muchos años hasta que me sentí segura y comencé a exigir lo que hacía años me debían. Cambiaron el personal dirigente y por fin pude lograr el ascenso en Marketing. Con ello vinieron más presiones y tensiones y los viajes constantes. Y la niña ha ido creciendo, casi sin darme cuenta. Allí va llegando. A esa Mari tengo que hablarle, es una desconsiderada, no aprecia lo que hago por ella. Por ella y por mí. Porque me he ido llenando la vida de trabajo, de trabajo y a veces de Alfredo. A lo mejor me llama de San Francisco.

—¡Mari! ¡Mari! Ven acá un momento. ¿Dónde has estado?

Por fin llegó la Mari; viene como endrogada. Pero me alegro que esté aquí Hilda, para que la vea, para que se entere, porque cuando yo trato de decirle algo, como que no me escucha, como que no quiere oír lo que no le conviene. Esta vida moderna, ¡quién la entiende! Ya son las nueve. Me haré un taco yo también de las fajitas que le calenté a Hilda y me iré a ver el Canal 34. Aquí ya casi ni se cocina, ¿para qué? Cualquier cosa para hacerse una un taco. Ni modo que cocine para mí sola, porque ni Hilda ni Mari acostumbran cenar aquí. A ver qué dice el horario de televisión. Recuerdo que antes lo único que había eran los programas por radio que agarrábamos de noche de México. Manolín y Chilinski. Palillo. Las novelas, «El derecho de nacer». El programa del Doctor I.Q. No sé cómo le hacíamos; no había alcantarillado, no había pavimentación, no había más que pizca de algodón. Y ahora, todo tan moderno, todo tan grande, pero todos tan desunidos, toda la familia regada por todas partes. Los muchachos en Maryland y en Minnesota y yo en California. Ahora como que ya los hijos y los padres ni se hablan; los vecinos no se visitan. Aquí ni conocemos a los vecinos de al lado siquiera. Sólo a la gente de la iglesia, y eso porque tengo carro y puedo ir hasta la iglesia mexicana los domingos, porque si no, ni eso. Aunque tengo que ir sola, porque aquí ya nadie quiere saber nada de iglesia ni de nada. M'hija creo que hasta se ha hecho atea. Pero por lo menos yo sigo yendo y allí veo a mi gente mexicana. No, si es como le digo a mi comadre Pepa cuando me llama de Texas, la ciudad es muy diferente; aquí constantemente estoy oyendo la sirena de la ambulancia o de la policía. Enfrentito mismo de la iglesia balacearon el otro día, dizque por error, al vecino de doña Chona. Qué cosa de «gangas», de pandillas, de muchachones que no tienen ni adónde ir, ni dónde trabajar, ni más que hacer que andar en la calle sin que los padres tengan idea de dónde andan. Así como nosotras, que no sabemos ni adónde va la Mari, ni con quién, ni qué hace. Me temo que ande con esas mugres, que se inyectan o fuman, y uno aquí como si nada. ¡Como si nada! ¡Y ni modo de meterme! Yo aquí ni papel pinto. ¿Qué se le va a hacer? No hay más que distraerse un poco, porque yo también tengo mi droga, la tele. Ya es hora de ver «El maleficio». Y después viene «Trampa para un soñador». Sólo en las telenovelas se resuelven todos los problemas, en seis meses o en un año; será porque todas las historias son de ricos y con dinero lo arreglan todo. Pero en la vida real, en la vida de los barrios, en la vida de los que duermen en la calle, las cosas parece que sólo van de mal en peor. Por este camino no sé adónde vamos a llegar.

Diagrama triple de Venn. Luego de haber compartido las situaciones de Hilda, Mari y la abuela, copien el siguiente diagrama y llenen los espacios con las correspondientes características individuales y comunes.

Diagrama triple de Venn

Diálogos colaborativos.   Es obvio que en la familia del cuento el diálogo hace mucha falta. En grupos de cuatro imaginen que los personajes tratan de superar el silencio en que se hayan sumidos e inician la comunicación y establecen una discusión amplia de sus problemas. El (La) maestro(a) le asignará a cada equipo uno de los siguientes diálogos:

1. Hilda conversa con su mamá

2. La abuela habla con Mari

3. Mari se dirige a su mamá

Conclusión de la unidad

Síntesis y conexión de conceptos

Comparación y contraste.   Los cuentos que has leído en esta unidad provienen todos de comunidades diferentes: chicana, cubana, puertorriqueña, chilena y cubano-americana. Si observas cuidadosamente, descubrirás que los autores nos muestran cómo distintos grupos usan palabras diferentes para referirse a una misma idea. Por ejemplo, en «Como un escolar sencillo», el protagonista habla de «menudo» cuando se refiere a lo que se conoce como «sencillo», «suelto» o «cambio», en otros lugares. Revisa los cuentos de esta unidad y llena el siguiente cuadro.

Título del cuento	Expresión	Otras maneras de expresar la misma idea
Ej: «Como un escolar sencillo»	menudo	suelto, sencillo, cambio

Redacción de carta. En esta actividad asumirás la personalidad y circunstancias de uno de los personajes de los cuentos que has leído y escribirás una carta a otro personaje de otro cuento. Coméntale lo que sabes de sus circunstancias o problemas; aconséjalo, apóyalo o critica sus acciones. Justifica siempre tu posición con razones y/o ejemplos.

Canción. Escucha la canción de Atahualpa Yupanqui. Él habla en ella de sus hermanos, ¿a qué familia se refiere? ¿Estás de acuerdo con lo que propone la canción?

Yo tengo tantos hermanos

A. Yupanqui - Pablo del Cerro

Yo tengo tantos hermanos
que no los puedo contar
en el valle, la montaña,
en la pampa y en el mar.
Cada cual con sus trabajos,
con sus sueños cada cual.
Con la esperanza adelante,
con los recuerdos detrás.
Yo tengo tantos hermanos
que no los puedo contar.

Gente de mano caliente
por eso de la amistad.
Con un lloro pa llorarlo,
con un rezo pa rezar.
Con un horizonte abierto
que siempre está más allá.
Y esa fuerza pa buscarlo
con tezón y voluntad.
Cuando parece más cerca
es cuando se aleja más.

Yo tengo tantos hermanos
que no los puedo contar.

Y así seguimos andando
curtidos de soledad.
Nos perdemos por el mundo,
nos volvemos a encontrar.
Y así nos reconocemos
por el lejano mirar,
por la copla que mordemos,
semilla de inmensidad.

Y así, seguimos andando
curtidos de soledad.
Y en nosotros nuestros muertos
pa que nadie quede atrás.
Yo tengo tantos hermanos
que no los puedo contar
y una novia muy hermosa
que se llama Libertad.

Cuadro de dos columnas.   Copia el siguiente cuadro en tu cuaderno. En la columna de la izquierda escribe algunos pasajes de la canción que se relacionen con algunos de los temas tratados en esta unidad. En la columna de la derecha escribe el nombre del cuento y cómo ves tú su conexión con la cita que anotaste a la izquierda.

Citas de la canción	Cuento y cómo se relaciona con la cita

Quinta unidad

La perla

> Hay golpes en la vida, tan fuertes...¡Yo no sé!
> ■ ■ ■
> Son pocos; pero son... Abren zanjas oscuras
> en el rostro más fiero y en el lomo más fuerte.
>
> César Vallejo
> de «Los heraldos negros»

Uno de los placeres de la literatura es que nos permite reflexionar sobre la vida y el ser humano. Al examinar los temas, personajes y situaciones de una obra literaria, adquirimos un conocimiento más profundo de nosotros mismos y de los seres que nos rodean. Al leer la novela de esta unidad, conoceremos las esperanzas y los temores, los sueños y frustraciones de unos personajes que luchan contra sus propias pasiones y contra las fuerzas del mal que los acechan. En ellos veremos un reflejo de nuestra propia vida.

1

Alistémonos para leer

Vas a leer una novela corta del escritor norteamericano John Steinbeck. Esta novela puede ser leída a varios niveles. Por ejemplo, el lector puede seguir simplemente el desarrollo de la historia. Sin embargo, a través de esta unidad, intentamos trascender la anécdota para profundizar en los personajes y sus acciones. Estos personajes son prototipos presentes en todos los seres humanos en mayor o menor medida. En la vida real nunca encontramos formas puras o absolutas. Nadie es absolutamente malo o completamente bueno.

A medida que vayas leyendo, fíjate en qué situaciones te impresionan más y observa atentamente a los personajes.

Observa y escribe. Observa atentamente la ilustración que aparece en la introducción de esta unidad. Luego escribe en tu diario durante unos cinco minutos contestando las siguientes preguntas:

- ¿Qué clase de gente crees que vive allí?

- ¿Cómo es su vida?

Cuatro en turno. Comparte lo que escribiste con tus compañeros.

Leamos activamente

Diario de reflexión. Vas a llevar un diario de reflexión a través de la lectura de toda la novela. Destina una sección de tu cuaderno para este fin. Copia el formato que te damos a continuación. En algunos casos el (la) maestro(a) te pedirá que, en la columna de la izquierda, copies pasajes de la historia que te parezcan interesantes o que se relacionen contigo de alguna manera. En la columna de la derecha deberás escribir tus reacciones a cada pasaje que has seleccionado. Tus reacciones pueden indicar lo que significa el fragmento, algo que te hizo recordar, lo que no entiendes, qué sentimientos te inspira o cualquier otro comentario que quieras anotar. Tus comentarios pueden comenzar con las siguientes expresiones: «Me pregunto por qué...», «Esto me recuerda...», «No entendí cuando...», «Noté que...». Anota el número de la página donde se encuentra la cita.

En otras ocasiones el (la) maestro(a) te dará una o dos preguntas para que las respondas en tu diario de una manera personal. Al final de cada capítulo compartirás con tu grupo tus citas, respuestas y comentarios.

Pasajes de la novela/preguntas	Mis reacciones

Lectura. El (La) maestro(a) comenzará la lectura. Leerá hasta la página 286. Saca tres citas de este primer capítulo en tu diario de reflexión. Recuerda que debes anotar el número de la página donde se encuentran las citas. Escribe tus reacciones en la columna de la derecha.

La perla

John Steinbeck

«En el pueblo se cuenta la historia de la gran perla, de cómo fue encontrada y de cómo volvió a perderse. Se habla de Kino, el pescador, y de su esposa, Juana, y del bebé, Coyotito. Y como la historia ha sido contada tan a menudo, ha echado raíces en la mente de todos. Y, como todas las historias que se narran muchas veces y que están en los corazones de las gentes, sólo tiene cosas buenas y malas, y cosas negras y blancas, y cosas virtuosas y malignas, y nada intermedio.

Si esta historia es una parábola, tal vez cada uno le atribuya un sentido particular y lea en ella su propia vida. En cualquier caso, dicen en el pueblo que...»

I

Primera parte

Kino despertó antes de que aclarara. Las estrellas brillaban todavía y el día sólo había extendido una tenue capa de luz en la parte más baja del cielo, en el este. Hacía un rato que los gallos cantaban, y los cerdos más madrugadores habían comenzado ya a hurgar incesantemente entre ramitas y trozos de madera, en busca de algo de comer que les hubiese pasado inadvertido. Fuera de la cabaña de paja, entre las tunas, una bandada de pajarillos se estremecía y agitaba frenéticamente las alas.

Los ojos de Kino se abrieron y él miró primero el recuadro algo más claro que correspondía a la puerta, y luego miró la caja, colgada del techo, en que dormía Coyotito. Y por último volvió la cabeza hacia Juana, su mujer, que yacía junto a él en el jergón, el chal azul sobre la nariz y sobre los pechos y alrededor del talle. Los ojos de Juana también estaban abiertos. Kino no recordaba haberlos visto jamás cerrados al despertar. Los ojos oscuros de la mujer reflejaban pequeñas estrellas. Ella le miraba como le miraba siempre cuando despertaba.

Kino escuchó el leve romper de las olas de la mañana en la playa. Era estupendo... Kino volvió a cerrar los ojos y atendió a su música interior. Quizá sólo él hiciera eso, y quizá lo hiciera toda su gente. Los suyos habían sido una vez grandes creadores de canciones, hasta el punto de que todo lo que veían o pensaban o hacían u oían, se convertía en canción. Hacía mucho de eso. Las canciones habían perdurado; Kino las conocía; pero no se había agregado ninguna nueva. Eso no significa que no hubiese canciones personales. En la cabeza de Kino había ahora una canción, clara y dulce, y, de haber sido capaz de hablar de ello, la hubiera llamado la Canción de la Familia.

La manta le cubría la nariz para protegerle del aire húmedo y malsano. Parpadeó al oír un susurro a su lado. Era Juana, que se levantaba en un silencio casi total. Con los pies desnudos, se acercó a la caja colgante en que dormía Coyotito, y se inclinó sobre él y dijo una palabra tranquilizadora. Coyotito la miró un momento y cerró los ojos y volvió a dormirse.

Juana se acercó al fuego, y separó una ascua, y la aventó para avivarla, mientras rompía ramas en trozos pequeños y los dejaba caer encima.

Entonces Kino se levantó y se envolvió la cabeza y la nariz y los hombros con la manta. Deslizó los pies en las sandalias y salió a mirar el amanecer.

Fuera, se sentó en cuclillas y se cubrió las piernas con el extremo de la manta. Veía el perfil de las nubes del Golfo flamear en lo alto del aire. Y una cabra se acercó y le olió y se quedó mirándole con sus fríos ojos amarillos. Tras él, el fuego de Juana se alzó en una llama y arrojó lanzas de luz a través de las grietas del muro de la cabaña, y proyectó un vacilante rectángulo de claridad hacia afuera. Una polilla rezagada se lanzó ruidosamente en busca del fuego. La Canción de la Familia surgía ahora de detrás de Kino. Y el ritmo de la canción familiar era el de la muela en que Juana molía el maíz para las tortillas de la mañana.

Ahora, el amanecer se acercaba rápidamente: un remolino, un arrebol, un destello, y luego un estallido al levantarse el sol en el Golfo. Kino bajó la vista para protegerse los ojos del resplandor. Oyó batir la masa de las tortas de maíz dentro de la casa, y de la plancha de cocer le llegó su dulce aroma. Las hormigas se afanaban en el suelo, unas grandes y negras, con cuerpos brillantes, y otras pequeñas, polvorientas y rápidas. Kino observó con la objetividad de Dios cómo una hormiga polvorienta trataba frenéticamente de escapar de la trampa de arena que una hormiga león había preparado para ella. Un perro flaco y tímido se acercó y, a una palabra dulce de Kino, se acurrucó, acomodó la cola diestramente bajo las patas y apoyó con delicadeza el hocico sobre un pilote. Era un perro negro, con manchas de un amarillo dorado en el sitio en que debía haber tenido las cejas. Era una mañana como cualquier otra mañana y, sin embargo, era perfecta entre todas las mañanas.

Kino oyó el chirrido de la cuerda cuando Juana sacó a Coyotito de su caja colgante, y lo lavó, y lo envolvió en su chal de modo de tenerlo junto al pecho. Kino veía todas estas cosas sin mirarlas. Juana cantaba en voz queda una antigua canción que tenía sólo tres notas, aunque contaba con una interminable variedad de pausas. Y también formaba parte de la canción familiar. Todo formaba parte de ella. A veces, se elevaba hasta alcanzar un acorde doloroso que se aferraba a la garganta, diciendo esto es seguro, esto es cálido, esto es el *Todo*.

Al otro lado del seto había otras cabañas, y el humo salía también de ellas, y el sonido del desayuno, pero aquéllas eran otras canciones, sus cerdos eran otros cerdos, sus esposas no eran Juana. Kino era joven y fuerte y el pelo negro le caía sobre la frente morena. Sus ojos eran cálidos y fieros y brillantes, y su bigote era delgado y áspero. Dejó caer la manta, descubriendo la nariz, porque el ponzoñoso aire oscuro se había ido y la luz amarilla del sol caía sobre la casa. Cerca del seto, dos gallos se enfrentaban, haciendo reverencias y fintas, con las alas abiertas y las plumas del cuello erizadas. Sería una pelea torpe. No eran pollos que jugaran. Kino los miró durante un momento, y luego alzó los ojos para seguir el centelleo del vuelo de unas palomas salvajes que buscaban las colinas del interior. El mundo ya estaba despierto, y Kino se puso de pie y entró en su cabaña.

Cuando él entró, Juana se levantó y se apartó del fuego que ardía. Devolvió a Coyotito a su caja y luego se peinó el negro pelo y se hizo dos trenzas y ató sus extremos con fina cinta verde. Kino se acuclilló junto al fuego y enrolló una tortilla de maíz caliente y la metió en salsa y se la comió. Y bebió un poco de pulque y ése fue su desayuno. Era el único desayuno que conocía, fuera de los días de descanso y de una increíble *fiesta* de pastelillos que había estado a punto de matarle. Cuando Kino hubo terminado, Juana tornó al fuego y tomó su desayuno. Habían hablado una vez, pero no hay necesidad de palabras cuando, de todos modos, no son sino otro hábito. Kino suspiró, satisfecho… y ésa fue su conversación.

El sol calentaba ya la cabaña, entrando a través de sus grietas en largas líneas. Y una de esas líneas caía sobre la caja colgante en que yacía Coyotito, y sobre las cuerdas que la sostenían.

Un ligero movimiento atrajo los ojos de los dos hacia la caja. Kino y Juana se quedaron clavados en sus sitios. Un escorpión descendía lentamente por la cuerda que mantenía la caja del bebé sujeta al techo. El aguijón de la cola apuntaba hacia arriba, pero podía volverlo en un instante.

El aire resonó en las fosas nasales de Kino y él abrió la boca para evitarlo. Y ya la alarma había abandonado su rostro, y la rigidez, su cuerpo. En su cabeza sonaba una nueva canción, la Canción del Mal, la música del enemigo, de algo hostil a la familia, una melodía salvaje, secreta, peligrosa, y, debajo, la Canción de la Familia plañía.

El escorpión bajaba cuidadosamente por la cuerda, hacia la caja. En un murmullo, Juana repitió un antiguo conjuro para protegerse de tal daño y, al final, susurró un Avemaría por entre los dientes apretados. Pero Kino se movía. Su cuerpo cruzaba la habitación callada, levemente. Llevaba las manos extendidas, las palmas hacia abajo, y tenía los ojos fijos en el escorpión. Debajo de éste, en la caja colgante, Coyotito reía y levantaba la mano como para tocarlo. El animal percibió el peligro cuando Kino lo tenía casi a su alcance. Se detuvo, y su cola se alzó en ligeras contracciones, y la espina curva de su extremo relució.

Kino esperó, absolutamente inmóvil. Oía a Juana susurrar nuevamente el antiguo conjuro, y la maligna música del enemigo. No podía moverse hasta que el escorpión, que ya sentía la proximidad de la muerte, se moviera. La mano de Kino se adelantó muy lenta, muy suavemente. La cola de punta aguda se levantó de golpe. Y, en aquel momento, el risueño Coyotito sacudió la cuerda y el escorpión cayó.

Piensa, escribe y comparte. Piensa en la siguiente pregunta por unos segundos. Tendrás dos minutos para anotar tus predicciones. Al terminar comparte tu respuesta con un(a) compañero(a).

■ ¿Qué crees que va a pasar ahora?

Lectura oral. Continúa la lectura hasta terminar el primer capítulo.

Segunda parte

La mano de Kino se lanzó a atrapar al animal, pero éste pasó ante sus dedos, cayó sobre el hombro del bebé, se posó y clavó su aguijón. Entonces, soltando un gruñido, Kino lo cogió con los dedos, aplastándolo hasta reducirlo a una pasta. Lo arrojó y lo golpeó con el puño sobre el piso de tierra, y Coyotito aulló de dolor en su caja. Pero Kino siguió golpeando y aplastando al enemigo hasta que no quedó de él más que un fragmento y una mancha húmeda en el polvo. Tenía los dientes desnudos y el furor ardía en sus ojos y la música del enemigo rugía en sus oídos.

Pero Juana ya tenía al bebé entre los brazos. Descubrió la herida, que ya empezaba a enrojecer. Aplicó a ella los labios y succionó con fuerza, y escupió y volvió a succionar mientras Coyotito chillaba.

Kino se quedó como en suspenso; no podía hacer nada, estorbaba.

Los chillidos del bebé atrajeron a los vecinos. Salieron todos a la vez de sus cabañas. El hermano de Kino, Juan Tomás, y su gorda esposa, Apolonia, y sus cuatro hijos se agolparon en la entrada y la bloquearon, mientras otros, detrás de ellos, trataban de ver qué pasaba dentro y un niñito se arrastraba por entre las piernas del grupo para poder mirar. Y los que estaban delante informaban a los de detrás: «Escorpión. Ha picado al bebé.»

Juana dejó de succionar la herida por un momento. El pequeño agujero se había agrandado ligeramente y sus bordes se habían blanqueado por obra de la succión, pero la roja hinchazón se extendía cada vez más a su alrededor, formando un duro bulto linfático. Y toda aquella gente sabía de escorpiones. Un adulto podía enfermar gravemente por su picadura, pero era fácil que un bebé muriera por ella. En primer lugar, sabían, venían la hinchazón y la fiebre y la sequedad de garganta, y después, los calambres en el estómago, y al final Coyotito podía morir si en su cuerpo había penetrado el veneno suficiente. Pero el violento dolor de la mordedura había desaparecido. Los chillidos de Coyotito se convirtieron en gemidos.

Kino se había maravillado muchas veces del férreo temperamento de su sufrida, frágil mujer. Ella, que era obediente y respetuosa y alegre y paciente, era también capaz de arquear la espalda por los dolores del parto sin apenas un grito. Soportaba la fatiga y el hambre incluso mejor que el mismo Kino. En la canoa era como un hombre fuerte. Y ahora hizo una cosa aún más sorprendente.

—El médico —dijo—. Id a buscar al médico.

La voz se corrió entre los vecinos, apiñados en el pequeño patio, tras el seto. Y se repetían unos a otros: «Juana quiere al médico.» Maravilloso, memorable, pedir que viniera el médico. Conseguirlo sería notable. Él jamás venía a las cabañas. ¿Por qué habría de hacerlo, si los ricos que vivían en las casas de piedra y argamasa del pueblo le daban más trabajo del que podía hacer?

—No vendría —dijeron los del patio.

—No vendría —dijeron los de la puerta, y la idea llegó a Kino.

—El médico no vendría —dijo Kino a Juana.

Ella le miró, los ojos fríos como los de una leona. Era el primer hijo de Juana; era casi todo lo que había en su mundo. Y Kino comprendió su determinación y la música de la familia sonó en su cabeza con un tono acerado.

—Entonces, iremos a él —dijo Juana y, con una mano, se acomodó el chal azul sobre la cabeza, improvisó con él una suerte de cabestrillo para llevar a su gimiente bebé y cubrió sus ojos con el extremo libre de la prenda para protegerlos de la luz. Los que estaban en la entrada retrocedieron, empujando a los que tenían detrás, para abrirle paso. Kino la siguió. Salieron al irregular sendero y los vecinos fueron tras ellos.

La cosa era ya asunto de todos. Fueron en rápida y silenciosa marcha hacia el centro del pueblo, delante Juana y Kino, y tras ellos Juan Tomás y Apolonia, con su gran barriga moviéndose por efecto del enérgico paso, y luego todos los vecinos, con los niños trotando en los flancos. Y el sol amarillo enviaba sus negras sombras por delante, de modo que avanzaban sobre ellas.

Llegaron a donde terminaban las cabañas y comenzaba el pueblo de piedra y argamasa, el pueblo de brillantes muros exteriores y de frescos jardines interiores en los que corría el agua y la buganvilia cubría las paredes de púrpura, bermellón y blanco. De los secretos jardines surgían el canto de pájaros enjaulados y el ruido del agua fresca al caer sobre las losas recalentadas. La procesión atravesó la plaza, inundada por una luz enceguecedora, y pasó por delante de la iglesia. Había crecido y, en sus bordes, los inquietos recién llegados iban siendo informados, sin alharacas, de cómo el pequeño había sido picado por un escorpión, de cómo el padre y la madre le llevaban al médico.

Y los recién llegados, en particular los mendigos de delante de la iglesia, que eran grandes expertos en análisis financiero, echaron una rápida mirada a la vieja falda azul de Juana, vieron los desgarrones de su chal, tasaron las cintas verdes de sus trenzas, leyeron la edad de la manta de Kino y los mil lavados de sus ropas, y los juzgaron miserables, y siguieron tras ellos para ver qué clase de drama iban a representar. Los cuatro mendigos de delante de la iglesia lo sabían todo del pueblo. Eran estudiosos de las expresiones de las jóvenes que iban a confesarse, y las veían al salir y leían la naturaleza del pecado. Conocían todos los pequeños escándalos y algunos grandes crímenes. Dormían en sus puestos, a la sombra de la iglesia, de modo que nadie podía entrar allí en busca de consuelo sin que ellos se enteraran. Y conocían al médico. Conocían su ignorancia, su crueldad, su avaricia, sus apetitos, sus pecados. Conocían sus chapuceros abortos y la poca calderilla que de tanto en tanto daba de limosna. Habían visto entrar en la iglesia todos sus cadáveres. Y, puesto que la primera misa había terminado y el negocio era escaso, siguieron a la procesión, incansables buscadores del conocimiento perfecto de sus semejantes, para ver lo que el gordo y perezoso médico haría respecto de un bebé indigente con una mordedura de escorpión.

La veloz procesión llegó finalmente ante la gran puerta del muro de la casa del médico. Oyeron allí también el rumor del agua, y el canto de los pájaros enjaulados, y el movimiento de las largas escobas sobre las losas. Y olieron el buen tocino puesto a freír.

Kino vaciló un momento. Aquel médico no era uno de los suyos. Aquel médico era de una raza que durante casi cuatrocientos años había golpeado y privado de alimentos y robado y despreciado a la raza de Kino, y también la había aterrorizado, de modo que el indígena se acercó con humildad a la puerta. Y, como siempre que se acercaba a alguien de aquella raza, Kino se sintió débil y asustado y furioso a la vez. Ira y terror iban juntos. Le hubiese sido más fácil matar al médico que hablar con él, porque todos los de la raza del médico hablaban a todos los de la raza de Kino como si fueran simples bestias. Y cuando Kino levantó la mano derecha hasta el aldabón, lleno de rabia, la martilleante música del enemigo golpeaba en sus oídos y tenía los labios tensos sobre los dientes; pero llevó la mano izquierda al

sombrero para quitárselo. La anilla de hierro golpeó la puerta. Kino se quitó el sombrero y esperó. Coyotito gimió un poco en los brazos de Juana, y ella le habló con dulzura. La procesión se cerró más, para ver y oír mejor.

Al cabo de un instante, la gran puerta se abrió unas pocas pulgadas. Kino alcanzó a ver el verde frescor del jardín y el agua que manaba de una fuentecilla. El hombre que le miraba era de su misma raza. Kino le habló en el idioma de sus antepasados.

—El niño... el primogénito... ha sido envenenado por el escorpión —dijo Kino—. Necesita el saber del que cura.

La verja se entornó y el criado se negó a emplear el idioma de sus antepasados.

—Un momentito —dijo—. Voy a informarme.

Y cerró la puerta y corrió la tranca. El sol, enceguecedor, arrojaba las negras sombras amontonadas del grupo contra el blanco muro.

En su dormitorio, el médico estaba sentado en su alto lecho. Llevaba el batín de seda roja tornasolada que enviado desde París, un tanto justo en el pecho si se lo abrochaba. Sobre el regazo, tenía una bandeja de plata con una jarra de plata para el chocolate y una pequeña taza de porcelana de la llamada cáscara de huevo, tan delicada que pareció un objeto sin sentido cuando él la levantó con su gran mano, la levantó con las puntas del pulgar y del índice, y apartó los otros tres dedos para que no le estorbaran. Sus ojos descansaban sobre hamaquitas de carne hinchada y su boca colgaba, llena de malhumor. Se estaba poniendo muy gordo, y su voz era áspera debido a la grasa que le oprimía la garganta. A su lado, sobre una mesa, había un pequeño gong oriental y un cuenco con cigarrillos. Los muebles de la habitación eran pesados y oscuros y lóbregos. Los cuadros eran religiosos, incluso la gran fotografía coloreada de su difunta esposa, quien, si las misas legadas y pagadas con dinero de su herencia servían para ello, estaba en el Cielo. En otra época, durante un breve período, el médico había formado parte del gran mundo, y el resto de su vida había sido memoria y añoranza de Francia. «Aquello», decía, «era vida civilizada», lo cual significaba que, con pequeños ingresos, había sido capaz de mantener una querida y comer en restaurantes. Apuró su segunda taza de chocolate y partió un bizcocho dulce con los dedos. El criado de la entrada llegó hasta su puerta y esperó a que su presencia fuese advertida.

—¿Sí? —preguntó el médico.

—Es un indiecito con un bebé. Dice que le ha picado un escorpión.

El doctor bajó la taza con cuidado antes de dar curso a su ira.

—¿No tengo yo nada mejor que hacer que curar mordeduras de insectos a los «indiecitos»? Soy médico, no veterinario.

—Sí, *patrón* —dijo el criado.

—¿Tiene dinero? —preguntó el médico—. No, nunca tienen dinero. Se supone que yo, sólo yo en el mundo, tengo que trabajar por nada... y estoy cansado de eso. ¡Mira si tiene dinero!

En la entrada, el criado entreabrió la puerta y miró a la gente que esperaba. Y esta vez habló en el idioma de los antepasados.

—¿Tenéis dinero para pagar el tratamiento?

Ahora Kino buscó en algún lugar secreto, debajo de su manta. Sacó un papel doblado muchas veces. Pliegue a pliegue, fue abriéndolo hasta dejar a la vista ocho pequeños aljófares deformados, unas perlas feas y grises como úlceras, aplanadas y casi sin valor. El criado cogió el papel y volvió a cerrar la puerta, pero esta vez no tardó. Abrió la puerta apenas lo justo para devolver el papel.

—El doctor ha salido —dijo—. Le han llamado por un caso muy grave —y se apresuró a cerrar, lleno de vergüenza.

Y entonces una ola de vergüenza recorrió la procesión entera. Todos se dispersaron. Los mendigos regresaron a la escalinata de la iglesia, los rezagados huyeron y los vecinos se marcharon para no presenciar la pública humillación de Kino.

Durante un largo rato, Kino permaneció ante la puerta, con Juana a su lado. Lentamente, volvió a ponerse el sombrero de suplicante. Entonces, sin previo aviso, dio un fuerte golpe en la puerta con el puño cerrado. Bajó los ojos para mirar con asombro sus nudillos rajados y la sangre que caía por entre sus dedos.

Ampliemos nuestra comprensión

Diario de reflexión. En tu diario de reflexión contesta la siguiente pregunta: ¿Qué sentimientos te produjo la lectura de este primer capítulo? Explica por qué te sentiste así.

Trabajo en equipo. En grupos de cuatro hagan las siguientes actividades.

1. En el papel que les dará su maestro(a) escriban una «buena» pregunta sobre este capítulo. Pongan sus preguntas en la cartelera.

2. Lean las preguntas de los otros grupos y discútanlas en su equipo. Estén preparados para contestarlas frente a la clase.

Red de personajes. En tu cuaderno copia el siguiente organizador y comienza a llenarlo. Vuelve a leer el capítulo para buscar la información.

	Juana	Kino	el doctor
Rasgos físicos			
Acciones			
¿Qué motiva sus acciones?			

Cuadro de dos columnas.   En este capítulo aparecen algunos elementos que representan la felicidad del hogar de Kino y Juana y otros que indican peligro. Copia en tu cuaderno el siguiente cuadro de dos columnas y, con un(a) compañero(a), busca en el capítulo la información requerida.

Elementos que se asocian con la felicidad del hogar	Elementos que representan daño o peligro para la familia

Vocabulario.   Escoge tres palabras de este capítulo cuyo significado te gustaría conocer. Anótalas en tu diario de reflexión, copia la frase donde se encuentra cada una y escribe lo que crees que significa. Usa pistas del contexto para tratar de adivinar el significado. Cuando te reúnas en tu grupo de reflexión literaria compártelas y discútelas con tus compañeros. Deberás anotar tres palabras de cada capítulo.

Grupos de reflexión literaria.   En tu grupo de reflexión literaria vas a compartir las anotaciones que hiciste en tu diario de reflexión. Primero discutan los sentimientos que les produjo la lectura del capítulo. Luego, por turnos, cada estudiante leerá una de sus citas y sus comentarios. Los demás miembros del grupo podrán responder o preguntar lo que no esté claro. Seguirán este proceso hasta que hayan leído todas las citas. Debes expresar tus ideas y opiniones sobre lo que has leído o sobre lo que tus compañeros expresen, pero debes justificarlas siempre con referencias al texto: citas, ejemplos, etc.

Alistémonos para leer

Escritura en el diario.   ¿Qué crees que va a pasar ahora?
Escribe en tu diario durante cinco minutos. Trata de predecir lo
que va a suceder a continuación. Cuando termines comparte lo
que escribiste con un(a) compañero(a).

Cuadro anticipatorio.   Escribe en tu cuaderno el siguiente
cuadro. Trabajando individualmente, completa las dos primeras
columnas. Cuando termines comparte tu trabajo con un(a)
compañero(a).

Las perlas		
Lo que sé sobre las perlas	**Lo que me gustaría saber**	**Lo que aprendí**

Lectura silenciosa.   Lee el Capítulo II de la novela.

Diario de reflexión.   Continúa haciendo tus anotaciones y
comentarios en el diario de reflexión. Anota también las tres
palabras de vocabulario de este capítulo cuyo significado te
gustaría conocer. Sigue el mismo procedimiento que seguiste
para el primer capítulo.

La perla

II

El pueblo se encontraba en un amplio estuario, sus viejos edificios de fachadas amarillas no se apartaban de la playa. Y en la playa se alineaban las canoas blancas y azules que venían de Nayarit, canoas preservadas durante generaciones por un revestimiento, duro como el nácar y a prueba de agua, cuya fabricación era un secreto de los pescadores. Eran canoas altas y elegantes, con proa y popa curvas, y una zona reforzada en el centro, donde se podía instalar un mástil para llevar una pequeña vela latina.

La playa era de arena amarilla pero, en el borde del agua, la arena era sustituida por restos de conchas y de algas. Cangrejos violinistas hacían burbujas y escupían en sus agujeros en la arena, y, en los bajíos, pequeñas langostas entraban y salían constantemente de sus estrechos hogares entre la arena y el canto rodado. El fondo del mar era rico en cosas que se arrastraban y nadaban y crecían. Las algas marrones ondeaban en las leves corrientes, y la verde hierba anguila oscilaba, y los caballitos de mar se adherían a sus tallos. El botete manchado, el pez venenoso, se hallaba en lo hondo de los lechos de hierba anguila, y los cangrejos nadadores de tonos brillantes pasaban sobre ellos a toda velocidad.

En la playa, los perros y los cerdos hambrientos del pueblo buscaban incesantemente algún pescado o algún pájaro marino muertos que hubiesen llegado hasta allí con la marea.

Aunque la mañana era joven, el brumoso espejismo ya había desaparecido. El aire incierto que magnificaba unas cosas y escamoteaba otras, pendía sobre el Golfo, así que todas las imágenes eran irreales y no se podía confiar en la vista; el mar y la tierra tenían las ásperas claridades y la vaguedad de un sueño. De modo que la gente del Golfo tal vez confiara en cosas del espíritu y en cosas de la imaginación, pero no confiaba en que sus ojos les mostraran las distancias ni los perfiles netos ni cualquier otra precisión óptica. En el lado del estuario opuesto al del pueblo, un grupo de mangles se alzaba clara y telescópicamente definido, y otro era un confuso borrón verdinegro. Parte de esa costa se ocultaba tras un resplandor que parecía agua. No había certidumbre en la vista, ni prueba de que lo que se veía estuviese allí, o de que no estuviese. Y la gente del Golfo se figuraba que todos los lugares eran así, y no les asombraba. Había una neblina cobriza suspendida sobre el agua, y el cálido sol de la mañana daba en ella y la hacía vibrar enceguecedora.

Las cabañas de los pescadores estaban alejadas de la playa, a la derecha del pueblo, y las canoas se alineaban delante de esa zona.

Kino y Juana bajaron lentamente hacia la playa y hacia la canoa de Kino, que era la única cosa de valor que él poseía en el mundo. Era muy vieja. El abuelo de Kino la había traído de Nayarit, y se la había dado al padre de Kino, y así había llegado a Kino. Era a la vez propiedad y fuente de alimentación, ya que un hombre con una barca puede garantizar a una mujer que comerá algo. Es el baluarte contra el hambre. Y cada año Kino daba a la canoa una nueva capa del revestimiento duro como una concha, que preparaba de acuerdo con el método secreto que también le había llegado por medio de su padre. Se acercó a la canoa y tocó la proa con ternura, como siempre hacía. Dejó en la arena, junto a la canoa, su piedra de inmersión y su cesta, y las dos cuerdas. Y dobló su manta y la puso en la proa.

Juana acomodó a Coyotito encima de la manta y lo cubrió con el chal, para que el sol ardiente no brillara sobre él. Estaba tranquilo, pero la hinchazón del hombro se había extendido hasta el cuello y hasta debajo de la oreja, y tenía la cara congestionada y enfebrecida. Juana fue hasta el agua y entró en ella. Reunió unas algas marrones e hizo con ellas un emplasto chato y húmedo, y lo aplicó al hombro hinchado del bebé, un remedio tan bueno como cualquier otro, y probablemente mejor que el que el médico hubiese podido darle. Pero este remedio carecía de autoridad porque era sencillo y no costaba nada. Los calambres de estómago aún no habían alcanzado a Coyotito. Quizá Juana hubiera extraído el veneno a tiempo, pero no había extraído su preocupación por su primogénito. No había rogado directamente por la recuperación del bebé: había rogado por el hallazgo de una perla con la cual pagar al médico para que curara al bebé, porque las mentalidades de las gentes son tan insustanciales como el espejismo del Golfo.

Kino y Juana arrastraron la canoa por la playa hacia el agua y, cuando la proa flotó, Juana se instaló dentro, mientras Kino empujaba desde la popa, andando detrás, hasta que toda la embarcación flotó ligeramente y se estremeció sobre las breves olas rompientes. Luego, coordinadamente, Juana y Kino metieron sus remos de doble pala en el mar, y la canoa surcó el agua y siseó al tomar velocidad. Los demás pescadores de perlas habían salido hacía mucho. En pocos momentos, Kino los divisó, agrupados en la bruma, navegando sobre el banco de ostras.

La luz llegaba, a través del agua, hasta el lecho en que las ostras perlíferas de superficie escarolada yacían pegadas al fondo pedregoso, un fondo sembrado de conchas de ostras rotas, abiertas. Ése era el lecho que había llevado al Rey de España a ser un gran poder en Europa en años lejanos, le había ayudado a pagar sus guerras y había decorado las iglesias para beneficio de su alma. Las ostras grises con pliegues como faldas sobre las conchas, las ostras cubiertas de percebes unidos a la falda por breves tallos, y pequeños cangrejos que trepaban por ellos. A estas ostras podía ocurrirles un accidente, un grano de arena podía caer entre los pliegues de sus músculos e irritar su carne hasta que ésta, para protegerse, recubriera el grano con una capa de fino cemento. Pero, una vez iniciado el proceso, la carne seguía cubriendo al cuerpo extraño hasta que una corriente lo desprendía o la ostra era destruida. Durante siglos, los hombres habían buceado y habían arrancado las ostras de los lechos y las habían abierto con sus cuchillos, buscando esos granos de arena cubiertos. Multitudes de peces vivían cerca del lecho para vivir cerca de las ostras devueltas por los buscadores y mordisquear los brillantes interiores de las conchas. Pero las perlas eran accidentes, y hallar una era una suerte, una palmada en el hombro dada por Dios, o por los dioses, o por todos ellos.

Kino tenía dos cuerdas, una atada a una pesada piedra, y otra, a una cesta. Se despojó de la camisa y de los pantalones y dejó el sombrero en el fondo de la canoa. El agua estaba ligeramente aceitosa. Cogió la piedra con una mano y la cesta con la otra, y pasó las piernas por encima de la borda, y la piedra le llevó al fondo. Las burbujas se elevaron tras él hasta que el agua se aclaró y logró ver. Arriba, la superficie del agua brillaba como un ondulante espejo, y él veía los fondos de las canoas que la cortaban.

Kino se movía con cautela, para que el agua no se enturbiase por obra del lodo ni de la arena. Afirmó los pies en el lazo de su piedra, y sus manos trabajaron con rapidez, arrancando las ostras, algunas aisladas, otras en racimos. Las ponía en su cesta. En algunos sitios, las ostras se adherían unas a otras, de modo que salían juntas.

Los paisanos de Kino habían cantado ya a todo lo que sucedía o existía. Habían hecho canciones a los peces, al mar embravecido y al mar en calma, a la luz y a la oscuridad y al sol y a la luna, y todas las canciones estaban en Kino y en su gente, todas las canciones que habían sido compuestas, aun las olvidadas. La canción estaba en Kino cuando llenaba su cesta, y el ritmo de la canción era el de su corazón batiente que devoraba el oxígeno del aire de su pecho, y la melodía de la canción era la del agua gris verdosa y los animales que se escabullían y las nubes de peces que pasaban velozmente por su lado y se alejaban. Pero en la canción había una cancioncilla interior oculta, difícil de percibir, aunque siempre presente, dulce y secreta y pegajosa, casi escondida en la contramelodía, y era la Canción de la Perla Posible, pues cada una de las conchas puestas en la cesta podía contener una perla. Las probabilidades estaban en contra, pero la fortuna y los dioses podían estar a favor. Y Kino sabía que en la canoa, encima de él, Juana hacía la magia de la plegaria, con el rostro crispado y los músculos en tensión para obligar a la suerte, para arrancar la suerte de las manos de los dioses, porque necesitaba la suerte para el hombro hinchado de Coyotito. Y porque la necesidad era grande y el deseo era grande, la pequeña melodía secreta de la perla posible sonaba con más fuerza aquella mañana. Frases enteras de esa melodía entraban, clara y dulcemente, en la Canción del Fondo del Mar.

Kino, con su orgullo y su juventud y su potencia, podía permanecer abajo más de dos minutos sin esfuerzo, así que trabajaba sin prisa, escogiendo las conchas más grandes. Al ser molestadas, las ostras se cerraban firmemente. Un poco a su derecha, se alzaba un montecillo de canto rodado, cubierto de ostras jóvenes que aún no se debían coger. Kino se acercó al montecillo y entonces, a un lado del mismo, bajo una pequeña saliente, vio una ostra enorme, sola, no cubierta por sus pegajosas hermanas. La concha estaba parcialmente abierta, ya que la saliente protegía a aquella vieja ostra, y, en el músculo en forma de labio, Kino percibió un destello fantasmal, y luego la ostra se cerró. Los latidos de su corazón se hicieron más pesados y la melodía de la perla posible chilló en sus oídos. Sin darse prisa, arrancó la ostra y la estrechó con firmeza contra su pecho. Con violencia, liberó el pie de la piedra de inmersión y su cuerpo ascendió a la superficie y su pelo negro relució a la luz del sol. Alcanzó el costado de la canoa y depositó la ostra en el fondo.

Juana mantuvo estable la barca mientras él subía. Sus ojos brillaban de emoción, pero, pudorosamente, recogió su piedra, y luego recogió su cesta de ostras y lo metió todo en la canoa. Juana percibió su emoción y trató de apartar la mirada. No es bueno querer tanto una cosa. A veces, ahuyenta a la suerte. Hay que quererla exactamente lo suficiente, y hay que ser muy discreto con Dios, o con los dioses. Pero Juana contuvo la respiración. Con gran lentitud, Kino abrió la breve hoja de su fuerte cuchillo. Miró, pensativo, la cesta. Quizá fuese mejor dejar la gran ostra para el final. Cogió una pequeña ostra de la cesta, cortó el músculo, buscó entre los pliegues de la carne, y la arrojó al agua. Entonces pareció ver la gran ostra por primera vez. Se sentó en cuclillas en el fondo de la canoa, la cogió y la examinó. Las brillantes estrías iban del negro al marrón, y sólo había unos pocos percebes adheridos a la concha. Kino no se sentía muy dispuesto a abrirla. Sabía que lo que había visto podía ser un reflejo, un trozo de concha rota caído allí por accidente o una completa ilusión. En aquel Golfo de luz incierta, había más ilusiones que realidades.

Pero los ojos de Juana estaban fijos en él, y ella no podía esperar. Puso una mano sobre la cubierta cabeza de Coyotito.

—Ábrela —dijo con dulzura.

Kino deslizó el cuchillo con habilidad por el borde de la concha. En el acero, sintió la fuerza del músculo. Hizo palanca con la hoja y el músculo de cierre se partió y la ostra se abrió. La carne labiada se contrajo y luego se asentó. Kino la levantó, y allí estaba la gran perla, perfecta como la luna. Atrapaba la luz y la refinaba y la devolvía en una incandescencia de plata. Era tan grande como un huevo de gaviota. Era la perla más grande del mundo.

Juana contuvo el aliento y gimió un poco. Y, en el interior de Kino, la melodía secreta de la perla posible irrumpió clara y hermosa, rica y cálida y amable, intensa y feliz y triunfal. En la superficie de la gran perla veía formas de sueño. Separó la perla de la carne que moría y la sostuvo en la palma de la mano, y la giró y vio que su curva era perfecta. Juana se acercó para observarla en su mano, y era la mano que había golpeado la puerta del médico, y la carne desgarrada de los nudillos se había puesto de un blanco grisáceo por obra del agua de mar.

Instintivamente, Juana se acercó a donde yacía Coyotito, encima de la manta de su padre. Levantó el emplasto de algas y le miró el hombro.

—Kino —gritó con voz estridente.

Él miró por encima de su perla y vio que la hinchazón del hombro del bebé desaparecía, el veneno se retiraba de su cuerpo. Entonces, el puño de Kino se cerró sobre la perla y la emoción le dominó. Echó la cabeza hacia atrás y aulló. Puso los ojos en blanco y gritó y su cuerpo se puso rígido. Los hombres de las otras canoas levantaron la vista, alarmados, y metieron sus remos de dos palas en el mar y fueron a la carrera hacia la canoa de Kino.

Ampliemos nuestra comprensión

Cuadro anticipatorio.   Ahora que has terminado de leer el capítulo, regresa al cuadro anticipatorio y completa la tercera columna.

Ilustra y comparte.   Escoge un pasaje de este capítulo que te haya impresionado o gustado y represéntalo en una ilustración. Piensa en un título apropiado y escríbelo arriba de tu dibujo. Luego siéntate con un(a) compañero(a) y comparte tu ilustración. Explícale por qué escogiste ese título.

Grupos de reflexión literaria.   Con tu grupo de reflexión literaria, discute el segundo capítulo. Compartan las anotaciones y las palabras de vocabulario.

Mandala.   Un mandala es una figura o forma que ha sido utilizada por muchas culturas antiguas. Tu maestro(a) te entregará uno en una hoja o cartulina. En el círculo central debes dibujar un símbolo que represente la idea central de los dos capítulos que has leído. Dibuja otros símbolos menores en las otras cuatro secciones del mandala.

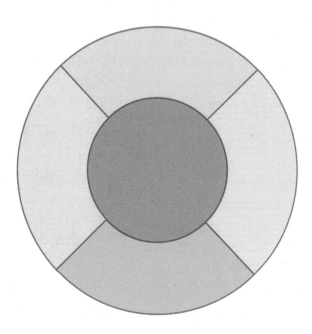

3

Alistémonos para leer

Cuadro anticipatorio.   Antes de empezar la lectura de la tercera lección, copia el siguiente cuadro en tu cuaderno y llena la columna de la izquierda. Luego, a medida que vayas leyendo completa la columna de la derecha.

¿Qué efectos crees que va a tener la perla en la vida de los personajes principales?	¿Qué efectos tuvo?

Lectura silenciosa.   Lee la primera parte del Capítulo III de la novela.

La perla

III

Primera parte

Un pueblo semeja una colonia de corales. Un pueblo tiene un sistema nervioso y una cabeza y espaldas y pies. Un pueblo es algo distinto de todos los demás pueblos, de modo que no hay dos pueblos iguales. Y un pueblo tiene una emoción. El de cómo corren las noticias por un pueblo es un misterio nada fácil de resolver. Las noticias parecen tardar menos de lo que tardan los niños en correr a contarlas, menos de lo que tardan las mujeres en comunicárselas por encima de las cercas.

Antes de que Kino y Juana y los demás pescadores hubiesen llegado a la cabaña de Kino, los nervios de la ciudad latían y vibraban por la noticia: Kino había encontrado la Perla del Mundo. Antes de que los niños, jadeantes, lograran soltar las palabras, sus madres las conocían. La noticia siguió su avance inexorable más allá de las cabañas, y entró como una ola llena de espuma en el pueblo de piedra y argamasa. Llegó al cura que paseaba por su jardín y le puso una mirada pensativa en los ojos y le trajo el recuerdo de algunas reparaciones que había que hacer en la iglesia. Se preguntó cuánto valdría la perla. Y se preguntó si habría bautizado al hijo de Kino, o le habría casado a él, lo que, para el caso, era lo mismo. La noticia llegó a los tenderos y contemplaron las prendas de hombre que no habían vendido.

La noticia alcanzó al médico en el lugar en que se encontraba, con una mujer cuyo mal era la edad, si bien ni ella ni el doctor estaban dispuestos a admitirlo. Y cuando tuvo claro quién era Kino, el médico se puso solemne y prudente a la vez.

—Es cliente mío —dijo—. Trato a su hijo por una mordedura de escorpión.

E hizo girar los ojos en sus hamacas de grasa y pensó en París. Recordaba la habitación en que había vivido allí como un sitio grande y lujoso, y recordó a la mujer de rostro duro que había vivido con él como una muchacha hermosa y amable, si bien no había sido ninguna de las tres cosas. El doctor dejó perder la mirada más allá de su anciana paciente y se vio a sí mismo sentado en un restaurante, en París, y vio a un camarero que acababa de abrir una botella de vino.

La noticia llegó enseguida a los mendigos de delante de la iglesia, y la satisfacción les hizo reír un poco, porque sabían que nadie en el mundo da limosnas más generosas que un pobre al que de pronto le sonríe la fortuna.

Kino había encontrado la Perla del Mundo. En el pueblo, en pequeños despachos, estaban los hombres que compraban perlas a los pescadores. Esperaban en sus sillas a que las perlas entraran, y entonces cacareaban y peleaban y gritaban y amenazaban hasta conseguir el precio más bajo que un pescador tolerara. Pero había un precio por debajo del cual no se atrevían a pasar, porque había ocurrido que un pescador desesperado había dado sus perlas a la iglesia. Y cuando acababan de comprar, estos compradores se quedaban sentados a solas, y sus dedos jugaban sin descanso con las perlas, y deseaban ser sus propietarios. Porque, en realidad, no había muchos compradores: había solamente uno, y mantenía a aquellos agentes en despachos separados para aparentar que existía la competencia. La noticia llegó a aquellos hombres y sus ojos bizquearon y las puntas de los dedos les ardieron un poco, y cada uno de ellos pensó que el patrón no sería eterno y que alguien tendría que ocupar su lugar. Y cada uno de ellos pensó que, con algún capital, podría empezar de nuevo.

Toda clase de gente se interesó por Kino: gente con cosas que vender y gente con favores que pedir. Kino había encontrado la Perla del Mundo. La esencia de perla se mezcló con esencia de hombre y precipitó un extraño residuo oscuro. Todos los hombres se sintieron relacionados con la perla de Kino, y la perla de Kino entró en los sueños, los cálculos, los esquemas, los planes, los futuros, los deseos, las necesidades, los apetitos, las hambres de todos, y sólo una persona se interponía en su camino, y esa persona era Kino, de modo que, curiosamente, se convirtió en el enemigo de todos. La noticia removió algo infinitamente negro y maligno en el pueblo; el negro destilado era como el escorpión, o como el hambriento ante el olor a comida, o como el solitario al que se revela el amor. Los sacos de veneno del pueblo empezaron a fabricar ponzoña, y el pueblo se hinchó y soltó presión a bocanadas.

Pero Kino y Juana no se enteraron de estas cosas. Puesto que eran felices y estaban conmovidos, creían que todo el mundo compartía su alegría. Juan Tomás y Apolonia lo hacían, y ellos también formaban parte del mundo. Al atardecer, cuando el sol hubo pasado por encima de las montañas de la Península para ir a hundirse en el mar exterior, Kino se sentó en cuclillas en su casa, con Juana a su lado. Y la cabaña estaba llena de vecinos. Kino sostuvo la gran perla en la mano, y era cálida y vivía en su mano. Y la música de la perla se había fundido con la música de la familia de tal modo que cada una embellecía a la otra. Los vecinos miraban la perla en la mano de Kino y se preguntaban cómo un hombre podía tener tanta suerte. Y Juan Tomás, acuclillado a la derecha de Kino porque era su hermano, preguntó:

—¿Qué vas a hacer ahora que eres un hombre rico?

Kino miró su perla, y Juana bajó las pestañas y arregló el chal para cubrirse la cara y ocultar su emoción. Y en la incandescencia de la perla se formaron las imágenes de las cosas que el ánimo de Kino había considerado en el pasado, y que había desechado por imposibles. En la perla vio a Juana y a Coyotito y a sí mismo de pie y arrodillados ante el altar mayor, y les estaban casando, ahora que podían pagar.

—Nos casaremos —dijo en voz queda—. En la iglesia.

En la perla vio cómo estaban vestidos: Juana con un chal, aún tieso de tan nuevo, y con una nueva falda, y por debajo de la larga falda, Kino vio que llevaba zapatos. Era en la perla: la imagen resplandecía allí. Él mismo vestía ropa blanca nueva, y llevaba sombrero nuevo —no de paja, sino de fino fieltro negro— y también usaba zapatos —no sandalias, sino zapatos de cordón—. Pero Coyotito —y era el más importante— llevaba un traje azul de marinero de los Estados Unidos, y una gorrita de piloto como la que Kino había visto una vez, en un barco de recreo que había entrado en el estuario. Todas estas cosas vio Kino en la perla reluciente y dijo:

—Tendremos ropas nuevas.

Y la música de la perla se elevó como un coro de trompetas en sus oídos.

Entonces, acudieron a la hermosa superficie gris de la perla las pequeñas cosas que Kino quería: un arpón para reemplazar otro, perdido, un año atrás, un nuevo arpón de hierro con una anilla en el extremo del astil; y —a su cerebro le costaba dar el salto— un rifle —pero por qué no, si era tan rico—. Y Kino vio a Kino en la perla; Kino con una carabina

Winchester. Era el ensueño más insensato, y le resultaba muy agradable. Sus labios vacilaron en expresarlo:

—Un rifle —dijo—. Tal vez un rifle.

Fue el rifle lo que derribó las barreras. Se trataba de un imposible y, si era capaz de imaginarse con un rifle, horizontes enteros estallaban y él podía lanzarse al asalto. Por eso se dice que los seres humanos nunca están satisfechos, que se les da algo y quieren algo más. Y esto se dice con desprecio, cuando es una de las mejores cualidades que posee la especie, una cualidad que la ha hecho superior a los animales, que están satisfechos con lo que tienen.

Los vecinos, apretujados y en silencio dentro de la casa, asentían a sus locas fantasías. Un hombre, en el fondo de la habitación, murmuró:

—Un rifle. Tendrá un rifle.

Pero la música de la perla atronaba, triunfal, en Kino. Juana alzó la mirada, y sus ojos, agrandados, admiraron el coraje y la imaginación de Kino. Y una fuerza eléctrica había entrado en él en el momento en que los horizontes se derrumbaron. En la perla estaba Coyotito, sentado en un pupitre en una escuela, como Kino había visto una vez a través de una puerta abierta. Y Coyotito llevaba chaqueta, y tenía puesto un cuello blanco y una ancha corbata de seda. Además, Coyotito escribía en un gran trozo de papel. Kino miró a sus vecinos con furia.

—Mi hijo irá a la escuela —dijo, y los vecinos callaron.

Juana contuvo el aliento con dificultad. Le contemplaba con los ojos brillantes, y se apresuró a mirar a Coyotito, en sus brazos, para ver si tal cosa sería posible.

Pero en el rostro de Kino había un resplandor profético.

—Mi hijo leerá y abrirá los libros, y escribirá y escribirá bien. Y mi hijo hará números, y eso nos hará libres porque él sabrá… él sabrá y por él sabremos nosotros.

Y en la perla Kino se vio a sí mismo, y vio a Juana, en cuclillas, junto al fuego de la cabaña mientras Coyotito leía en un gran libro.

—Eso es lo que la perla hará —dijo Kino. Y nunca había pronunciado tantas palabras seguidas en su vida. Y de pronto sintió miedo de lo que había dicho. Cerró la mano en torno de la perla y la apartó de la luz. Kino tenía el miedo que tiene un hombre cuando dice «Haré» sin saber qué sucederá.

Ampliemos nuestra comprensión

Diagrama «mente abierta». Tu maestro(a) te entregará el diagrama «mente abierta», como el que aparece a continuación. Dentro del diagrama vas a representar lo que está pasando por la mente de Kino: ¿Cuáles son los sueños y anhelos de Kino? ¿Sus temores? ¿Sus dudas? Puedes hacer esto por medio de dibujos, símbolos o palabras y frases sacados de la lectura.

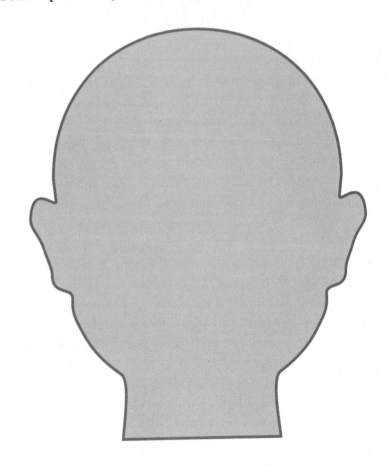

Lectura silenciosa. Continúa leyendo el Capítulo III.

Segunda parte

Los vecinos sabían ya que habían presenciado una gran maravilla. Sabían que el tiempo se contaría ahora a partir de la perla de Kino, y que hablarían de aquel momento durante muchos años. Si todo aquello llegaba a suceder, volverían a contar cómo habían visto a Kino y qué había dicho y cómo brillaban sus ojos y dirían:

—Era un hombre transfigurado. Algún poder le había sido otorgado, y todo empezó allí. Mirad en qué gran hombre se ha convertido, a partir de aquel momento. Y yo fui testigo.

Y si los planes de Kino quedaban en nada, los mismos vecinos dirían:

—Todo empezó allí. Una necia locura se apoderó de él, de modo que dijo palabras necias. Dios nos guarde de tales cosas. Sí, Dios castigó a Kino porque se rebeló contra el orden de las cosas. Mirad en qué se ha convertido. Y yo fui testigo del momento en que la razón le abandonó.

—Kino se miró la mano cerrada, y los nudillos estaban recubiertos por una costra, y tirantes en los sitios que habían golpeado la puerta.

Oscurecía. Y Juana pasó su chal por debajo del bebé para sostenerlo sobre la cadera, y se acercó al fuego y apartó un ascua de las cenizas y rompió unas pocas ramas encima y la aventó hasta obtener una llama. Las llamas bailaron sobre los rostros de los vecinos. Sabían que debían ir a cenar a sus propias casas, pero no se sentían dispuestos a marcharse.

La oscuridad había invadido el lugar casi por entero y el fuego de Juana arrojaba sombras sobre las paredes de paja, cuando el murmullo corrió de boca en boca:

—Viene el Padre, viene el cura.

Los hombres se descubrieron y se apartaron de la entrada, y las mujeres ocultaron las caras tras los chales y bajaron los ojos. Kino y Juan Tomás, su hermano, se pusieron de pie. El cura entró: un hombre de edad, con el pelo canoso y la piel vieja y los ojos jóvenes. Consideraba a aquellas gentes como a niños, y como a niños las trataba.

—Kino —dijo con dulzura—, te llamas como un gran hombre... y un gran Padre de la Iglesia —consiguió que aquello sonara a bendición—. Tu tocayo civilizó el desierto y dulcificó la mente de tu pueblo, ¿lo sabías? Está en los libros.

Kino se apresuró a mirar la cabeza de Coyotito, que descansaba sobre la cadera de Juana. Algún día, pensó, aquel chico sabría qué cosas estaban en los libros y qué cosas no. La música había abandonado la cabeza de Kino, pero ahora, ligera, suavemente, sonaba la música de la mañana, la música del enemigo, aunque remota y débil. Y Kino miró a sus vecinos para ver quién podía haber traído aquella canción.

Pero el cura volvía a hablar.

—Me he enterado de que has encontrado una gran fortuna, una gran perla.

Kino abrió la mano y la mostró, y el cura dio un leve respingo ante el tamaño y la belleza de la perla. Y luego dijo:

—Espero que te acuerdes de dar gracias, hijo mío, a Aquel que te ha dado este tesoro, y que ruegues para que te guíe en el futuro.

Kino asintió estúpidamente, y fue Juana quien habló con voz queda:

—Lo haremos, Padre. Y ahora nos casaremos. Kino lo ha dicho.

Con la mirada, buscó confirmación en los vecinos y ellos dijeron que sí con la cabeza solemnemente.

El cura dijo:

—Es agradable saber que vuestros primeros pensamientos son buenos pensamientos. Dios os bendiga, hijos míos.

Se volvió y se retiró en silencio, y la gente le dejó pasar.

Pero la mano de Kino había tomado a cerrarse con fuerza sobre la perla y él miraba a su alrededor con desconfianza, porque la música del mal estaba en sus oídos, resonando en oposición a la música de la perla.

Los vecinos se fueron marchando discretamente a sus casas, y Juana se sentó en cuclillas junto al fuego y puso el pote de arcilla de los frijoles cocidos encima de la escasa llama. Kino dio unos pasos hacia la puerta y miró fuera. Como siempre, olía el humo de muchos fuegos y veía las confusas estrellas y sentía la humedad del aire nocturno, así que se cubrió la nariz para preservarse de él. El perro flaco se le acercó y le saludó agitándose como una bandera al viento, y Kino lo miró y no lo vio. Había traspasado el horizonte y se hallaba en un lugar ajeno, frío y solitario. Se sentía solo y desamparado, y los desapacibles grillos y las rechinantes ranas y los croantes sapos parecían interpretar la melodía del mal. Kino tuvo un escalofrío y ajustó aún más la manta sobre su nariz. Conservaba la perla en la mano, firmemente apretada en la palma, y era cálida y suave en su piel.

Tras él, oyó a Juana sobar las tortillas antes de ponerlas a cocer sobre la plancha de arcilla. Kino sintió todo el calor y la seguridad de su familia a sus espaldas, y desde allí le llegó la Canción de la Familia como el ronroneo de un gatito. Pero ahora, al decir cómo iba a ser su futuro, lo había creado. Un plan es algo real, y las cosas proyectadas se experimentaban. Un plan, una vez hecho y visualizado, se convertía en una realidad como otras, indestructibles, pero fáciles de atacar. De modo que el futuro de Kino era real pero, habiéndolo fundado, otras fuerzas se disponían a destruirlo, y él lo sabía, así que debía prepararse para repeler el ataque. Y Kino sabía también que a los dioses no les gustan los planes de los hombres, y a los dioses no les gusta el éxito, a menos que se lo obtenga por accidente. Sabía que los dioses se vengan del hombre cuando éste triunfa por su propio esfuerzo. En consecuencia, Kino temía a los planes pero, habiendo hecho uno, nunca lo destruiría. Y, para repeler el ataque, Kino se estaba haciendo ya un resistente caparazón que le aislase del mundo. Sus ojos y su mente exploraban el peligro antes de que apareciera.

Desde la puerta, vio acercarse a dos hombres; y uno de ellos llevaba un farol que iluminaba el suelo y las piernas de ambos. Atravesaron el seto de Kino y llegaron hasta su puerta. Y Kino vio que uno era el médico y el otro el criado que había abierto la puerta por la mañana. Los nudillos heridos de la mano derecha le ardieron al ver quiénes eran.

El médico dijo:

—No estaba en casa cuando fue, esta mañana. Pero ahora, tan pronto como me fue posible, he venido a ver al niño.

Kino no se apartó de la entrada, llenando el vano, y el odio bramaba y ardía en el fondo de sus ojos, y también el miedo, porque cientos de años de opresión habían calado hondamente en él.

—El niño ya está casi bien —dijo secamente.

El doctor sonreía, pero sus ojos, en sus hamaquitas linfáticas, no sonreían.

Dijo:

—A veces, amigo mío, la mordedura del escorpión tiene un efecto muy curioso. Hay una mejoría aparente y luego, cuando menos se lo espera... ¡puf!

Hinchó los labios y fingió el sonido de una pequeña explosión, para mostrar cuán rápido podía ser, y cambió de mano su maletín negro de médico, para que la luz del farol cayera sobre ella, porque sabía que los de la raza de Kino sentían debilidad por las herramientas de todos los oficios y confiaban en ellas.

—A veces —prosiguió el médico en un tono uniforme—, a veces queda una pierna tullida, o un ojo ciego, o la espalda hundida. Oh, yo conozco la mordedura del escorpión, amigo mío, y puedo curarla.

Kino sintió que la rabia y el odio se mezclaban con el miedo. Él no sabía, y quizás el médico sí. No podía correr el riesgo de enfrentar su segura ignorancia con el posible saber del médico. Estaba atrapado, como siempre estaban atrapados los suyos, y como lo estarían hasta que, como él mismo había dicho, supieran si las cosas que estaban en los libros estaban realmente en los libros. No podía correr el riesgo: no con la vida ni con la salud de Coyotito. Se hizo a un lado y permitió al médico y a su hombre entrar en la cabaña.

Juana abandonó su lugar junto al fuego y retrocedió cuando entraron, y cubrió la cara del bebé con el borde del chal. Y cuando el médico se acercó a ella y le tendió la mano, apretó con fuerza aún mayor al niño y miró hacia donde se encontraba Kino, con las sombras de la hoguera saltando sobre su rostro.

Kino asintió y sólo entonces accedió ella a que el médico cogiera al bebé.

—Sube la luz —dijo el médico, y cuando el criado alzó el farol, él miró durante un instante la herida del hombro del niño. Lo consideró un momento y luego levantó uno de los párpados del bebé y observó el globo del ojo. Sacudió la cabeza en sentido afirmativo mientras Coyotito se resistía a él—. Es lo que había imaginado —dijo—. El veneno está dentro y golpeará dentro de poco. ¡Venga a ver! —sostuvo el párpado—. Mire... está azul.

Y Kino, que observaba ansiosamente, vio que era verdad que estaba ligeramente azul. Y no sabía si siempre había estado ligeramente azul, o no. Pero la trampa estaba montada. Él no podía correr el riesgo.

Los ojos del médico se humedecieron en sus hamaquitas.

—Le daré algo para tratar de diluir el veneno —dijo. Y tendió el bebé a Kino.

Entonces, sacó del maletín un frasquito con un polvo blanco y una cápsula de gelatina. Llenó la cápsula con el polvo y la cerró, y luego puso la primera cápsula dentro de una segunda, y la cerró. Trabajaba con mucha habilidad. Cogió al bebé y le pellizcó el labio inferior hasta que abrió la boca. Sus gruesos dedos colocaron la cápsula sobre la zona posterior de la lengua del niño, más allá del punto en el cual podía escupirla, y luego cogió del suelo el cantarillo de pulque y dio un sorbo a Coyotito, y terminó. Volvió a mirar el globo ocular del pequeño y frunció los labios y pareció pensar.

Finalmente, entregó el bebé a Juana y se volvió hacia Kino.

—Creo que el veneno atacará dentro de una hora —dijo—. El remedio puede evitar los daños, pero regresaré dentro de una hora. Quizás esté a tiempo de salvarlo.

Aspiró profundamente y salió de la cabaña, y su criado le siguió con el farol.

Ahora Juana tenía al bebé bajo el chal y lo contemplaba con ansiedad y temor. Kino se acercó a ella y apartó el chal y observó a su hijo. Tendió la mano para mirar bajo el párpado y sólo entonces se dio cuenta de que aún sujetaba la perla. Fue hasta un arca que había junto a la pared y sacó de ella un trozo de paño. Envolvió la perla en él, fue a un rincón de la cabaña e hizo un pequeño agujero con los dedos en el piso de tierra, y puso la perla en él y la cubrió y ocultó el sitio. Y luego fue hacia el fuego, donde Juana estaba en cuclillas, observando la cara del bebé.

El médico, en su casa, se acomodó en la silla y miró el reloj. Sus criados le sirvieron una cena ligera, con chocolate y pastelillos dulces y fruta, y él contempló la comida con desagrado.

En las casas de los vecinos, el tema que iba a orientar todas las conversaciones durante un largo tiempo por venir era aireado por primera vez, para probar. Los vecinos demostraban con los pulgares lo grande que era la perla, y remedaban el gesto de la caricia para revelar lo hermosa que era. De allí en más, observarían muy de cerca a Kino y a Juana, para ver si la riqueza les alteraba la cabeza tal como la riqueza altera la cabeza de todo el mundo. Todos sabían por qué había venido el médico. No era bueno fingiendo y se le entendía muy bien.

En el estuario, un espeso grupo de pequeños peces brillantes relució y quebró la superficie del agua en su fuga de un grupo de peces grandes que iban a comérselos. Y en las casas, la gente oyó el siseo de los pequeños y el fuerte chapoteo de los grandes mientras duró la carnicería. La humedad que se levantó del Golfo fue a depositarse sobre arbustos y cactus, y sobre los árboles, en gotas saladas. Y los ratones nocturnos salieron de puntillas al campo, y los parvos halcones nocturnos los cazaron en silencio.

El flaco perrito negro, con manchas como llamas encima de los ojos, fue hasta la entrada de la casa de Kino y miró hacia dentro. Estaba a punto de mover la cola cuando Kino lo miró, y desistió cuando Kino miró más allá. El perrito no entró a la casa, pero observó con frenético interés a Kino mientras éste se comía sus frijoles en el platillo de barro y lo rebañaba con una tortilla de maíz y se comía la tortilla y apuraba el conjunto con un trago de pulque.

Kino había terminado y estaba liando un cigarrillo cuando Juana dijo con brusquedad:

—Kino.

Él la miró, y luego se levantó y corrió a su lado porque había visto miedo en sus ojos. Se detuvo junto a ella, tratando de ver, pero la luz era muy escasa. Con un movimiento del pie, echó un montón de ramas en el fuego para que hicieran llama, y entonces logró ver la cara de Coyotito. El rostro del bebé estaba congestionado y su garganta hacía ruido y una espesa gota de saliva escapaba de sus labios. Comenzaba el espasmo de los músculos del estómago y el niño estaba muy enfermo.

Kino se arrodilló junto a su mujer.

—Así que el médico sabía —dijo, pero lo dijo tanto para sí mismo como para su mujer, porque su mente era resistente y suspicaz, y él recordaba el polvo blanco. Juana se balanceaba y musitaba la Canción de la Familia como si ésta fuese capaz de conjurar el peligro, y el bebé vomitó y se retorció en sus brazos. Ahora la incertidumbre dominaba a Kino, y la música del mal atronaba en su cabeza y estaba a punto de desplazar la canción de Juana.

El médico terminó su chocolate y mordisqueó los trozos de pastel que habían caído en el plato. Se limpió los dedos con una servilleta, miró el reloj, se levantó y recogió el maletín.

La noticia de la enfermedad del niño recorrió rápidamente las cabañas, porque la enfermedad sólo ocupaba el segundo puesto en la lista de enemigos de los pobres cuando se la compara con el hambre. Y alguien dijo en voz baja:

—La suerte, ya se ve, trae malos amigos.

Y todos se levantaron para ir a casa de Kino. Los vecinos, con las narices cubiertas, atravesaron la oscuridad a la carrera para volver a reunirse en la casa de Kino. Se detuvieron y miraron, e hicieron breves comentarios acerca de lo triste que era que aquello sucediera en época de alegría, y dijeron:

—Todo está en manos de Dios.

Las viejas se acuclillaron junto a Juana, para tratar de ayudarla si era posible, y de consolarla si no lo era.

Entonces entró el médico corriendo, seguido por su criado. Dispersó a las viejas como si fuesen pollos. Cogió al bebé y lo examinó y le tocó la cabeza.

—El veneno ha actuado —dijo—. Creo posible vencerlo. Haré lo que esté a mi alcance.

Pidió agua y, en la taza, echó tres gotas de amoniaco y abrió por la fuerza la boca del bebé y vertió el líquido en ella. El niño farfulló y chilló ante el tratamiento, y Juana lo contempló con ojos desorbitados. El médico decía algunas cosas mientras trabajaba.

—Es una suerte que yo entienda de veneno de escorpiones, porque si no... —y se encogió de hombros para indicar lo que podía haber ocurrido.

Pero Kino desconfiaba y sus ojos no se apartaban del maletín abierto del médico ni del frasco de polvo blanco que había en él. Poco a poco, los espasmos remitieron y el bebé se relajó en las manos del médico. Y luego Coyotito suspiró profundamente y se durmió, porque el vomitar le había dejado exhausto.

El médico puso al niño en brazos de Juana.

—Irá bien ahora —dijo—. He ganado la batalla.

Y Juana le miró con adoración.

El médico estaba cerrando el maletín. Dijo:

—¿Cuándo cree que podrá pagar esta cuenta?

Lo dijo hasta con gentileza.

—Cuando haya vendido mi perla, le pagaré —dijo Kino.

—¿Tiene usted una perla? ¿Una buena perla? —preguntó el médico con interés.

Y entonces irrumpió el coro de vecinos.

—Ha encontrado la Perla del Mundo —gritaron, y juntaban las puntas de los índices y de los pulgares para mostrar lo grande que era la perla—. Kino será rico —vociferaban—. Nadie ha visto jamás una perla igual.

El médico aparentó sorpresa.

—No sabía nada de eso. ¿Guarda esa perla en un lugar seguro? ¿Quizá quiera que se la guarde yo en mi caja de caudales?

Los ojos de Kino se habían entrecerrado, tenía las mejillas tensas.

—Está a buen recaudo —dijo—. Mañana la venderé y luego le pagaré.

El médico se encogió de hombros y sus ojos empañados no se separaron de los de Kino ni por un momento. Sabía que la perla tenía que estar enterrada en la casa, y creía probable que Kino mirase hacia el lugar en que se encontraba.

—Sería una lástima que se la robaran antes de que pudiese venderla —dijo el médico, y vio que Kino desviaba involuntariamente los ojos hacia el suelo, cerca del poste lateral de la cabaña.

Cuando el médico se hubo ido, y los vecinos, a su pesar, se hubieron retirado a sus casas, Kino se sentó en cuclillas junto a las ascuas del hogar y escuchó el sonido de la noche, el leve romper de las breves olas en la orilla y el remoto ladrido de perros, el rumor de la brisa al pasar a través del techo de la cabaña y la charla en voz baja de los vecinos en sus casas del poblado. Porque aquella gente no dormía sin hacer ruido toda la noche; se despertaban a intervalos, y conversaban un poco, y volvían a dormirse. Y al cabo de un rato, Kino se levantó y fue hasta la entrada de su casa.

Olió la brisa y escuchó con atención, en busca de algún ruido extraño que revelara secreto o acechanza, y sus ojos exploraron la oscuridad, porque la música del mal sonaba en su cabeza y él estaba furioso y asustado. Después de sondar la noche con sus sentidos, fue a donde, cerca del fuego, estaba enterrada la perla, y la desenterró y la llevó hasta su jergón, y excavó otro pequeño agujero bajo el jergón y puso allí su perla y volvió a cubrirla.

Y Juana, sentada junto al fuego, le contempló con ojos inquisitivos y, cuando él hubo enterrado su perla, preguntó:

—¿A qué temes?

Kino buscó una respuesta sincera y, finalmente, dijo:

—A todos.

Y sintió que un caparazón le rodeaba.

Al cabo de un rato, se echaron juntos en el jergón, y Juana no puso al bebé en la caja aquella noche, sino que lo acunó en sus brazos y le cubrió la cara con el chal. Y la última luz desapareció de los rescoldos.

Pero el cerebro de Kino ardía, aun cuando durmiese, y soñó que Coyotito sabía leer, que uno de los suyos era capaz de decirle cuál era la verdad de las cosas. Coyotito leía en un libro grande como una casa, con letras grandes como perros, y las palabras galopaban y jugaban sobre las páginas. Y entonces la oscuridad cayó sobre el texto, y con la oscuridad regresó la música del mal, y Kino se agitó en el sueño; y cuando se agitó, los ojos de Juana se abrieron a la tiniebla. Y entonces Kino despertó, con la música del mal latiendo en él, y se quedó echado en la oscuridad con los oídos alerta.

Entonces, de un rincón de la casa llegó un sonido tan suave que bien podía haber sido un pensamiento, un leve gesto furtivo, el roce de un pie en la tierra, el casi inaudible susurro de un aliento contenido. Kino retuvo la respiración para escuchar, y supo que, fuese cual fuese la cosa oscura que había en la casa, retenía también su respiración para escuchar. Durante un rato, del rincón de la cabaña no llegó sonido alguno. En aquel momento, Kino pudo haber atribuido el ruido a su imaginación. Pero la mano de Juana se arrastró hasta la suya para advertirle, ¡y el sonido se repitió! El rumor de un pie sobre la tierra seca y el arañar de dedos en el suelo.

Y ahora un miedo salvaje surgió en el pecho de Kino, y tras el miedo vino la cólera, como siempre. La mano de Kino buscó el cuchillo, sujeto a su pecho por una cuerda, y luego saltó como un gato furioso, se precipitó golpeando y bufando sobre la presencia oscura que, lo sabía, estaba en el rincón de la casa. Tocó tela, lanzó el cuchillo y falló, y volvió a lanzarlo y sintió que atravesaba el paño, y luego su cabeza estalló en luces y se llenó de dolor. Hubo un escabullirse en la entrada, y pasos de alguien que corría, y después silencio.

Kino sintió la sangre caliente manar de su frente, y oyó que Juana le llamaba:

—¡Kino! ¡Kino! —y había terror en su voz.

Entonces, la serenidad le invadió con la misma prontitud con que lo había hecho la cólera, y dijo:

—Estoy bien. Se ha ido.

A tientas, regresó al jergón. Juana ya se ocupaba del fuego. Apartó un ascua de las cenizas y echó encima cáscaras de trigo y sopló hasta que de las cáscaras se elevó una llama y una lucecilla bailó por la cabaña. Y luego, de un lugar secreto, Juana sacó un trocito de cirio y lo encendió en la llama y lo

colocó sobre una de las piedras del hogar. Actuó de prisa, canturreando. Mojó la punta del chal en agua y enjugó la sangre de la frente herida de Kino.

—No es nada —dijo Kino, pero sus ojos y su voz eran duros y fríos, y un odio profundo crecía en él.

Ahora la tensión que había ido ganando a Juana hervía visiblemente y tenía los labios apretados.

—Es el mal —gritó ásperamente—. ¡Esa perla es como un pecado! Nos destruirá —y su voz se elevó en un chillido—. Deshazte de ella, Kino. Rompámosla entre dos piedras. Enterrémosla y olvidemos el lugar. Devolvámosla al mar. Ha traído el mal. Kino, marido mío, nos destruirá.

Y a la luz de la vela, sus labios y sus ojos vivían, alimentados por el miedo.

Pero en el rostro de Kino había decisión, y su mente y su voluntad estaban llenos de decisión.

—Es nuestra única oportunidad —dijo—. Nuestro hijo tiene que ir a la escuela. Debemos romper el pote en que estamos encerrados.

—Nos destruirá a todos —gritó Juana—. A nuestro hijo también.

—Calla —dijo Kino—. No digas nada más. Por la mañana, venderemos la perla, y entonces el mal se irá, y sólo quedará el bien. Ahora, calla, esposa mía.

Sus ojos oscuros miraron con severidad el fuego, y se dio cuenta de que aún tenía el cuchillo en las manos, y alzó la hoja y la miró y vio una fina línea de sangre en el acero. Por un momento, pareció a punto de limpiar el acero en sus pantalones, pero luego clavó el cuchillo en la tierra para purgarlo.

Gallos remotos cantaron y el aire cambió y empezó a amanecer. El viento de la mañana onduló las aguas del estuario y susurró entre los mangles, y las breves olas rompían en la playa llena de cantos rodados con mayor frecuencia. Kino levantó el jergón y desenterró su perla y la sostuvo ante sí y la contempló.

Y la belleza de la perla, titilando y brillando, trémula, a la luz de la vela, le sedujo. Era tan hermosa, tan suave, y tenía su propia música... su música de invitación y encanto, su garantía de futuro, de comodidad, de seguridad. Su cálida claridad prometía un remedio para la enfermedad y un muro ante la injuria. Cerraba una puerta al hambre. Y, contemplándola, los ojos de Kino se hicieron más dulces y su rostro se relajó. Vio la pequeña imagen del cirio reflejada en la tersa superficie de la perla, y tornó a sentir en los oídos la deliciosa música del fondo del mar, el tono de la difusa luz verde del fondo del mar. Juana, que le observaba discretamente, le vio sonreír. Y, puesto que en algún sentido formaba con él un solo ser y una sola voluntad, sonrió con él.

E iniciaron aquel día con esperanza.

Cuadro de comparación y contraste. En este capítulo notamos una serie de cambios que se van operando en los dos personajes principales. Llena el siguiente cuadro con un(a) compañero(a).

	Trayectoria emocional	
	Kino	**Juana**
Cambios:		
¿Cómo se manifiestan?		
Razones que causan el cambio.		

Diario de reflexión. Utilizando el diagrama «mente abierta» de la página 314 y el cuadro «trayectoria emocional» de esta página, contesta la siguiente pregunta en tu diario de reflexión: ¿Qué has aprendido acerca de los dos personajes principales? Comprueba tus conclusiones con citas o palabras claves sacadas del texto. Anota las páginas donde se encuentran éstas.

Apuntes literarios

Símbolo.   Un símbolo es una persona, lugar, objeto, color, entre otras cosas, que representa algo. Por ejemplo, para algunas culturas, una rosa roja es un símbolo de amor, el sol puede ser un símbolo de felicidad. El color verde simboliza «esperanza».

En la novela que estás leyendo, la perla puede ser considerada como un símbolo. Piensa en qué representa la perla para los dos personajes principales de la obra y, trabajando con un(a) compañero(a), anótalo en el diagrama de abajo.

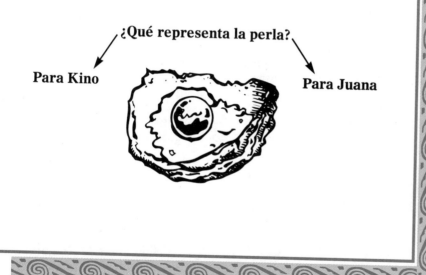

¿Qué representa la perla?

Para Kino

Para Juana

Taller de composición

Escritura de un ensayo.   Vas a escribir un ensayo sobre el tema de la avaricia.

Antes de empezar a escribir tu composición haz una asociación de ideas, utilizando el siguiente diagrama:

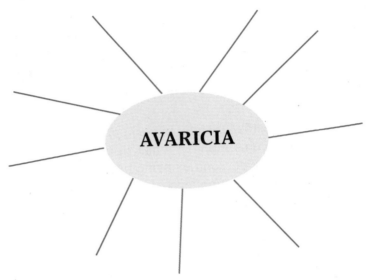

Trabajo de equipo.   Trabajando en grupos de cuatro:
1. Compartan sus diagramas sobre la avaricia. Añadan cualquier otra idea que se les ocurra.
2. Distribúyanse los siguientes personajes entre los miembros del grupo: el cura, el médico, los compradores de perlas, el pueblo en general.

Trabajo individual.   Escribe tu ensayo sobre la avaricia. Utiliza las siguientes preguntas como guía:

- ¿Qué es la avaricia?
- ¿Cómo afecta al personaje que te correspondió? Es decir, ¿cómo era antes y cómo cambia después de que Kino encuentra la perla?

Grupos de reflexión literaria.   Con tu grupo de reflexión literaria discutan el tercer capítulo. Compartan sus respuestas sobre los personajes principales. Por último, compartan y discutan el significado de las tres palabras de vocabulario que anotaron para este capítulo.

Alistémonos para leer

Entrevista en tres etapas

1. ¿Recuerdas alguna vez en que alguien se aprovechó de ti?

2. Cuenta lo que sucedió.

3. ¿Cómo te sentiste?

Lectura silenciosa.   Lee el Capítulo IV de la novela.

La perla

IV

Es maravilloso el modo en que un pueblecito se mantiene al tanto de su propia existencia y de la de cada uno de sus miembros. Si cada hombre y cada mujer, cada niño o cada bebé actúan y se conducen según un modelo conocido, y no rompen muros, ni se diferencian de nadie, ni hacen experimento alguno, ni se enferman, ni ponen en peligro la tranquilidad ni la paz del alma ni el ininterrumpido y constante fluir de la vida del pueblo, en ese caso, pueden desaparecer sin que nunca se oiga hablar de ellos. Pero, tan pronto como un hombre se aparta un paso de las ideas aceptadas, o de los modelos conocidos y en los cuales se confía, los habitantes se excitan y la comunicación recorre el sistema nervioso de la población. Y cada unidad comunica con el conjunto.

Así, en La Paz, era cosa sabida por todo el pueblo a primera hora de la mañana, que Kino iba a vender su perla aquel día. Lo sabían los vecinos de las cabañas, los pescadores de perlas; lo sabían los dueños de las tiendas chinas; se sabía en la iglesia, porque los monaguillos murmuraban. Alguna palabra se deslizó entre las monjas; los mendigos de delante de la iglesia hablaban de ello, porque ellos estarían allí para recoger el diezmo de los primeros frutos de la fortuna. Los niños se enteraron con emoción, pero se enteró también la mayoría de los compradores de perlas, y cuando el sol estuvo alto, en los despachos de los compradores de perlas, cada uno de ellos aguardaba solo, sentado en su silla, con su bandejita forrada en terciopelo negro, y todos hacían rodar las perlas con las puntas de los dedos y consideraban su papel en la escena.

Se creía que los compradores de perlas eran individuos que actuaban solos, y que pujaban por las perlas que los pescadores les llevaban. Y en un tiempo había sido así. Pero ése era un método ruinoso, puesto que, en la excitación de la competencia por una perla de calidad, se habían pagado precios demasiado altos a los pescadores. Era extravagante e intolerable. Ahora había un solo comprador de perlas con muchas manos, y los hombres que estaban sentados en los despachos y aguardaban a Kino, sabían qué precio ofrecer, hasta dónde pujar, y cómo procederían los demás. Y, aunque aquellos hombres no obtenían beneficio alguno aparte de sus salarios, había inquietud entre ellos, porque había inquietud en la cacería, y, si el papel de un hombre consistía en hacer bajar un precio, debía obtener alegría y satisfacción de hacerlo bajar todo lo posible. Porque todos los hombres del mundo dan lo mejor de sí en su trabajo, y nadie hace menos de lo que puede, más allá de lo que piense de ello. Más allá de la recompensa que pudiera conseguir, de cualquier palabra de elogio, de cualquier mejora en su situación, un comprador de perlas era un comprador de perlas, y el mejor y más feliz de los compradores era el que compraba a los precios más bajos.

El sol era de un amarillo muy intenso aquella mañana, y arrastró la bruma del Golfo y del estuario, y la dejó pendiente, como si de un grupo de relucientes pañuelos se tratara, en el aire, de modo que el aire vibraba y la visión era insustancial. Una visión suspendida en el aire, al norte de la ciudad: la visión de una montaña que se encontraba a más de trescientos kilómetros, y las altas laderas de esa montaña estaban cubiertas de pinos y un gran pico de piedra se alzaba por encima de la línea del bosque.

Y en la mañana de aquel día las canoas permanecieron alineadas en la playa; los pescadores no fueron a zambullirse en busca de perlas porque iban a suceder demasiadas cosas, iba a haber demasiadas cosas que ver cuando Kino fuese a vender la gran perla.

En las cabañas de la costa, los vecinos de Kino se quedaron sentados largo rato ante sus desayunos, y hablaron de lo que ellos hubiesen hecho en el caso de haber hallado la perla. Y un hombre dijo que él la hubiera regalado al Santo Padre en Roma. Otro dijo que él hubiese pagado misas por las almas de su familia por mil años. Otro creía posible coger el dinero y distribuirlo entre los pobres de La Paz; y un cuarto pensaba en todas las cosas buenas que se podían hacer con el dinero de la perla, en todas las caridades, los beneficios, en todas las salvaciones que se podían obtener si uno tenía dinero. Todos los vecinos esperaban que la súbita fortuna no cambiara la cabeza de Kino, que no le convirtiera en un rico, que no sembrara en él las malas hierbas de la codicia y el odio y la frialdad. Porque Kino era un hombre bien considerado; sería una lástima que la perla le destruyese.

—Y su buena esposa, Juana —decían—, y el hermoso bebé, Coyotito, y los demás que vengan. Qué pena sería que la perla los destruyese a todos.

Para Kino y para Juana, aquélla era la mañana de las mañanas de sus vidas, comparable únicamente al día en que había nacido el bebé. Iba a ser el día del que dependerían todos los demás días. Dirían: «Eso fue dos años antes de que vendiéramos la perla» o «Eso fue seis semanas después de que vendiéramos la perla.» Juana, atendiendo a la situación, olvidó las corrientes de aire y vistió a Coyotito con las ropas que había preparado para su bautismo, cuando hubiese dinero para bautizarle. Y Juana se peinó y se hizo trenzas y se ató las puntas con dos lazos de cinta roja, y se puso la falda y el corpiño de su boda. El sol se encontraba a media altura cuando estuvieron dispuestos. Las raídas prendas blancas de Kino estaban, al menos, limpias, y aquélla era la última vez que vestía así. Al día siguiente, o aun aquella misma noche, tendría ropas nuevas.

Los vecinos, que observaban la casa de Kino a través de las grietas de sus cabañas, también estaban vestidos y dispuestos. No les producía el menor pudor acompañar a Kino y a Juana a vender la perla. Se esperaba, era un momento histórico, sería una locura no ir. Sería casi un signo de hostilidad.

Juana se puso el chal en la cabeza cuidadosamente, y sujetó al codo derecho un largo trozo, y cogió el extremo con la mano del mismo lado, y así improvisó una hamaca en la que colocó a Coyotito, que se apoyaba en la prenda para verlo todo y, tal vez, recordar. Kino se puso su gran sombrero de paja y pasó la mano por él para asegurarse de que estuviese bien colocado, no en la parte posterior de la cabeza, ni en un lado, como un hombre imprudente, soltero, irresponsable, ni horizontal, como lo hubiese llevado un hombre mayor, sino ligeramente inclinado hacia adelante para mostrar agresividad, seriedad y vigor. Hay mucho que ver en la inclinación del sombrero de un hombre. Kino deslizó los pies dentro de las sandalias y se sujetó las correas. La gran perla estaba envuelta en un viejo trozo de gamuza y puesta dentro de un saquito de piel, y el saquito de piel estaba en un bolsillo de la camisa de Kino. Dobló su manta cuidadosamente, hasta convertirla en una tira angosta, y se la echó sobre el hombro derecho, y entonces estuvieron preparados para salir.

Kino salió de la casa andando con dignidad, y Juana le siguió, llevando a Coyotito. A medida que avanzaban hacia el pueblo por el sendero, en el que se había echado agua para mantenerlo fresco, los vecinos se les iban sumando. Las casas eructaban gente; las puertas vomitaban niños. Pero, dada la gravedad de la ocasión, sólo un hombre marchaba junto a Kino, y ése era su hermano, Juan Tomás.

Juan Tomás advirtió a su hermano.

—Debes tener cuidado y ver de que no te engañen —dijo.

—Mucho cuidado —acordó Kino.

—No sabemos qué precios se están pagando en otros lugares... —dijo Juan Tomás—. ¿Cómo saber si el precio es bueno, si no sabemos lo que los compradores de perlas dan en otros lugares?

—Es cierto —dijo Kino—, pero, ¿cómo saberlo? Estamos aquí, no allí.

Según andaban hacia la ciudad, la multitud crecía tras ellos, y Juan Tomás, nervioso, continuaba hablando.

—Antes de que tú nacieras, Kino —dijo—, los viejos pensaron en un modo de sacar más dinero por sus perlas. Pensaron que sería mejor entregarlas a un agente que llevara todas las perlas a la capital y las vendiera allí y se quedara con su parte del beneficio.

Kino asintió.

—Lo sé —dijo—. Era una buena idea.

—Y consiguieron un hombre adecuado —dijo Juan Tomás—, y reunieron las perlas, y le enviaron. Y nunca más se supo de él y las perlas se perdieron. Luego consiguieron otro hombre, y le enviaron, y nunca más se supo de él. Y así fue como abandonaron la cuestión y volvieron al viejo sistema.

—Lo sé —dijo Kino—. Oí a nuestro padre hablar de ello. Era una buena idea, pero iba en contra de la religión, y el cura lo dejó bien claro. La pérdida de la perla fue un castigo para aquellos que intentaron dejar su puesto. Y el cura dejó claro que cada hombre y cada mujer es como un soldado enviado por Dios para guardar alguna parte del castillo del Universo. Y algunos están en las almenas, y otros en lo más hondo de la oscuridad de los muros. Pero cada uno debe permanecer lealmente en su sitio, y no debe andar corriendo por ahí, porque el castillo está amenazado por los asaltos del infierno.

—Le he escuchado ese sermón —dijo Juan Tomás—. Lo repite todos los años.

Los hermanos, mientras caminaban, entornaban los ojos, como habían hecho sus abuelos y sus bisabuelos durante cuatrocientos años, desde la llegada de los extranjeros con argumentos, y autoridad, y pólvora para sostener ambas cosas. Y en esos cuatrocientos años, el pueblo de Kino había aprendido un solo modo de defenderse: un leve entornar los ojos, un leve tensar los labios, y una retirada. Nada podía derribar ese muro, y ellos podían mantenerse íntegros tras él.

La procesión era solemne, porque percibían la importancia de aquel día, y todo niño que mostrara alguna tendencia a pelearse, a chillar, a llorar, a robar sombreros y a tirar del pelo, era acallado por sus mayores. Tan importante era aquel día que un viejo salió a ver, montado en las robustas espaldas de su sobrino. La procesión dejó atrás las cabañas y entró en la ciudad de piedra y argamasa, donde las calles eran un poco más anchas y había aceras angostas junto a los edificios. Y, como en la anterior ocasión, los mendigos se unieron al grupo cuando desfiló por delante de la iglesia; los tenderos lo miraron pasar; las pequeñas tabernas perdieron sus clientes, y sus propietarios cerraron y fueron con los demás. Y el sol golpeaba sobre las calles de la ciudad y hasta las piedras más pequeñas arrojaban sombras en el suelo.

La noticia de la llegada de la procesión la precedía, y, en sus oscuros y estrechos despachos, los compradores de perlas se ponían tensos y alerta. Ponían papeles a la vista para estar ocupados cuando Kino apareciera, y guardaban sus perlas en los escritorios porque no es bueno que se vea una perla inferior junto a una belleza. Y ya habían oído de la hermosura de la perla de Kino. Los despachos de los compradores de perlas estaban agrupados en una callejuela, y tenían barrotes en las ventanas, y persianas de madera que impedían el paso de la luz, de manera que sólo entraba una tenue penumbra.

Un hombre tranquilo y corpulento esperaba sentado en un despacho. Su rostro era paternal y bondadoso, y sus ojos brillaban amistosamente. Era de los que dan los buenos días, un ceremonioso estrechador de manos, un personaje divertido, que conocía todas las bromas y, sin embargo, estaba siempre suspendido cerca de la tristeza, ya que era capaz de recordar, en medio de una carcajada, la muerte de una tía de su interlocutor, con los ojos húmedos de pena por su pérdida. Aquella mañana, había puesto una flor en un vaso sobre su escritorio, un solitario hibisco escarlata, y el vaso estaba junto a la bandeja de las perlas, forrada en terciopelo negro, delante de él. Estaba afeitado hasta el límite de las azules raíces de su barba, y tenía las manos limpias y las uñas lustradas. Su puerta se mantenía abierta a la mañana, y él canturreaba en voz baja mientras su mano derecha practicaba juegos de prestidigitación. Hacía rodar una moneda de un lado a otro sobre los nudillos, y la hacía aparecer y desaparecer, y la hacía girar y relucir. La moneda estaba a la vista un instante y, con la misma velocidad con que se había mostrado, se escabullía, y el hombre ni siquiera miraba su propia actuación. Los dedos lo hacían todo en forma mecánica, con precisión, mientras el hombre tarareaba para sí mismo y se asomaba, curioso, a la puerta. Entonces oyó el pesado paso de los pies de la muchedumbre que se aproximaba, y los dedos de su mano derecha empezaron a moverse cada vez más rápido hasta que, cuando la figura de Kino llenó el vano, la moneda brilló un instante y desapareció.

—Buenos días, amigo mío —dijo el hombre corpulento—. ¿Qué puedo hacer por usted?

Kino dejó perder la mirada en la penumbra del pequeño despacho, pues sus pupilas estaban contraídas por la claridad exterior. Pero los ojos del comprador se habían tornado tan imperturbables y crueles y carentes de párpados como los de un halcón, mientras el resto de su cara sonreía en un saludo. Y en secreto, detrás del escritorio, su mano derecha practicaba con la moneda.

—Tengo una perla —dijo Kino. Y Juan Tomás se puso a su lado y bufó un poco ante su excesiva modestia. Los vecinos, al otro lado de la puerta, se asomaban a espiar, y una fila de niños se cogía de los barrotes de la ventana y miraba desde allí. Varios pequeños, sobre manos y rodillas, observaban la escena desde los alrededores de las piernas de Kino.

—Tiene usted una perla —dijo el negociador—. A veces, un hombre trae una docena. Bien, veamos su perla. La tasaremos y le daremos el mejor precio —y sus dedos movían furiosamente la moneda.

Ahora, por instinto, Kino supo mostrar su propio bagaje de efectos dramáticos. Lentamente, saco la bolsa de piel; lentamente, sacó de ella el suave y seco trozo de gamuza, y luego dejó rodar la gran perla sobre la bandeja de terciopelo negro, e instantáneamente sus ojos fueron hacia la cara del comprador. Pero no hubo signo alguno, ni movimiento, la cara no cambió, aunque la mano oculta tras el escritorio perdió precisión. La moneda se deslizó sobre un nudillo y cayó silenciosamente sobre los muslos del negociador. Y los dedos, tras el escritorio, se cerraron formando un puño. Cuando la mano derecha salió de su escondite, el índice tocó la gran perla, la

hizo girar sobre el terciopelo negro; pulgar e índice la levantaron y la acercaron a los ojos del negociador, y la hicieron dar unas vueltas en el aire.

Kino contuvo el aliento, y los vecinos contuvieron el aliento, y el murmullo recorrió la muchedumbre hacia atrás: «La está inspeccionando... Aún no se ha mencionado ningún precio... No han hablado de precios...»

La mano del negociador se había convertido ya en una personalidad. La mano volvió a echar la gran perla sobre la bandeja, el índice la empujó y la ofendió, y en el rostro del negociador apareció una triste y desdeñosa sonrisa.

—Lo siento, amigo —dijo, y sus hombros se levantaron ligeramente para indicar que el infortunio no era culpa de él.

—Es una perla de gran valor —dijo Kino.

Los dedos del negociador rechazaron la perla, de modo que ésta saltó y rebotó suavemente en el costado de la bandeja de terciopelo.

—Habrá oído hablar del oro de los tontos —dijo el negociador—. Su perla es como el oro de los tontos. Es demasiado grande. ¿Quién la va a comprar? No hay mercado para cosas así. Es sólo una curiosidad. Lo lamento. Usted creía que era algo de valor, y es sólo una curiosidad.

Ahora, el rostro de Kino mostraba perplejidad y preocupación.

—Es la Perla del Mundo —gritó—. Nadie ha visto jamás una perla como ésta.

—Por el contrario —dijo el negociador—, es grande y tosca. Como curiosidad, tiene interés; quizás algún museo la acepte para colocarla en una colección de conchas. Puedo darle, digamos... mil pesos.

El rostro de Kino se puso gris y amenazante.

—Vale cincuenta mil —dijo—. Usted lo sabe. Usted quiere engañarme.

Y el negociador oyó el suave gruñido que profirió la muchedumbre al oír su precio. Y el miedo estremeció ligeramente al negociador.

—No me culpe —se apresuró a decir—. Sólo soy un tasador. Pregunte a los demás. Vaya a sus despachos y muestre su perla... o, mejor, que ellos vengan aquí, para que vea que no hay ninguna confabulación... Muchacho —llamó. Y, cuando su criado asomó en la puerta trasera, dijo:— Muchacho, ve a buscar a tal, y a tal otro, y a tal tercero. Pídeles que vengan y no les digas por qué. Diles sólo que me gustaría verles...

Y su mano derecha se metió detrás del escritorio, y sacó otra moneda del bolsillo, y la moneda empezó a rodar de un lado a otro sobre sus nudillos.

Los vecinos de Kino murmuraban. Ellos ya habían temido algo así. La perla era grande, pero tenía un color raro. Ellos habían desconfiado de ella desde el principio. Y, después de todo, mil pesos no se podían despreciar. En términos comparativos, era riqueza para un hombre que no tenía riqueza alguna. Y suponga usted que Kino coge los mil pesos. Ayer mismo no tenía nada.

Pero Kino se había puesto firme y duro. Percibía el acecho del hado, el círculo de los lobos, el cernerse de los buitres. Percibía el mal coagulándose a su alrededor, y era incapaz de protegerse a sí mismo. Oía la música del mal en su interior. Y, sobre el terciopelo negro, la gran perla resplandecía de modo tal que el negociador no podía apartar los ojos de ella.

La muchedumbre de la entrada se agitó y se quebró y abrió paso a los tres compradores de perlas. La muchedumbre guardaba silencio ahora, temerosa de perder una palabra, un gesto o una expresión. Kino estaba callado y atento. Sintió un pellizco en la espalda, y se volvió y miró los ojos de Juana, y cuando se apartó de ellos había renovado su fuerza.

Los negociadores no se miraban entre ellos, ni miraban la perla. El hombre de detrás del escritorio dijo:

—He puesto un precio a esa perla. El propietario, aquí, no cree que sea correcto. Les pido a ustedes que examinen esta... esta cosa, y hagan una oferta. Advierta —dijo a Kino— que no he mencionado mi propia oferta.

El primer negociador, seco y fibroso, parecía ahora ver la perla por primera vez. La levantó, la hizo girar entre el pulgar y el índice, y luego la devolvió con un gesto de desdén a la bandeja.

—No me incluyan a mí en la discusión —dijo secamente—. Yo no haré ninguna oferta. No la quiero. No es una perla... es una monstruosidad.

Sus finos labios se curvaron.

Ahora, el segundo negociador, un hombrecillo de tono suave y hasta tímido, cogió la perla y la examinó cuidadosamente. Sacó una lupa del bolsillo y la inspeccionó bajo la lente. Luego rió sin estridencia.

—Se hacen perlas mejores con pasta —dijo—. Conozco estas cosas. Es tersa y cretosa, perderá el color y morirá en pocos meses. Mire —y ofreció la lupa a Kino, le mostró cómo usarla, y Kino, que nunca había visto la superficie de una perla con aumento, se sintió impresionado por su extraño aspecto.

El tercer negociador tomó la perla de la mano de Kino.

—A uno de mis clientes le gustan estas cosas —dijo—. Le ofreceré quinientos pesos, y tal vez pueda venderla a mi cliente a seiscientos.

Kino le arrebató la perla. La envolvió en la gamuza y se la guardó en la camisa.

El hombre de detrás del escritorio dijo:

—Soy un tonto, lo sé, pero mi primera oferta sigue en pie. Todavía estoy dispuesto a darle mil. ¿Qué hace? —preguntó, mientras Kino sacaba la perla de la vista.

—Me timan —gritó Kino, furioso—. Mi perla no es para vender aquí. Iré... tal vez, hasta la capital.

Los negociadores se miraron un instante. Sabían que habían apostado demasiado fuerte. Sabían que serían castigados por su fracaso, y el hombre del escritorio se apresuró a decir:

—Podría llegar hasta mil quinientos.

Pero Kino ya se abría paso por entre la multitud. El rumor de las conversaciones le llegaba como de un lugar remoto, la sangre le golpeaba con cólera en los oídos, y pasó como un rayo y se alejó a zancadas. Juana le siguió, trotando.

Al atardecer, los vecinos, en las cabañas, se sentaron a comer sus tortillas y sus frijoles, y conversaron sobre el gran tema de la mañana. No sabían, les parecía una buena perla, pero nunca habían visto una perla así con anterioridad, y seguramente los negociadores sabían más que ellos acerca del valor de las perlas.

—Y observad —dijeron— que los negociadores no discutieron el tema entre ellos. Los tres sabían que la perla no tenía valor.

—¿Y si se hubiesen puesto de acuerdo antes?

—Si es así, nos han estado engañando a todos durante toda la vida.

Quizá, sostuvo uno, quizá hubiese sido mejor que Kino aceptara los mil quinientos pesos. Es mucho dinero, más del que vio nunca. Quizá Kino sea un terco loco. Suponed que realmente vaya a la capital y no encuentre comprador para su perla. Jamás conseguirá olvidarlo.

Y ahora, dijeron otros aprensivos, ahora que los ha desafiado, estos compradores ya no querrán tratar con él. Tal vez, Kino se haya cortado su propia cabeza y se haya destruido.

Y otros dijeron: Kino es un hombre valiente, y un hombre apasionado;

tiene razón; es posible que su coraje nos favorezca a todos. Éstos estaban orgullosos de Kino.

En su casa, Kino se acuclilló sobre su jergón y meditó con tristeza. Había enterrado su perla debajo de una de las piedras del hogar, en su cabaña, y se quedó mirando fijamente los dibujos tejidos en su jergón hasta que la trama empezó a bailar ante él. Había perdido un mundo y no había ganado otro. Y Kino tenía miedo. Nunca en su vida se había alejado de su pueblo. Tenía miedo de los desconocidos y de los lugares desconocidos. Le aterrorizaba ese monstruo de desconocimiento que llamaban la capital. Estaba más allá del agua y al otro lado de las montañas, a más de mil kilómetros, y cada terrible kilómetro desconocido era temible. Pero Kino había perdido su propio mundo y debía trepar hasta alcanzar uno nuevo. Puesto que su ensoñación del futuro era real y nunca sería destruida, dijo «iré» y también creó una cosa real. Decidir ir y decirlo era haber recorrido medio camino.

Juana le estuvo observando mientras él enterraba su perla, y también le estuvo observando mientras ella limpiaba a Coyotito, y le alimentaba, y preparaba las tortillas para la cena.

Juan Tomás entró y se acuclilló junto a Kino y permaneció en silencio durante largo rato, hasta que, al final, Kino preguntó:

—¿Qué podía hacer? Son tramposos.

Juan Tomás asintió con gravedad. Él era el mayor, y Kino le pedía consejo.

—Es difícil saber —dijo—. Sabemos que se nos engaña desde nuestro nacimiento hasta en el precio de los ataúdes. Pero sobrevivimos. Tú has desafiado, no a los compradores de perlas, sino a la estructura entera, al modo de vida entero, y temo por ti.

—¿A qué puedo temer yo, como no sea el morir de hambre? —preguntó Kino.

Pero Juan Tomás negó con la cabeza.

—A eso, debemos temerle todos. Pero supongamos que tienes razón… Supongamos que tu perla es de gran valor… ¿crees que en ese caso el juego habrá terminado?

—¿Qué quieres decir?

—No sé —dijo Juan Tomás—. Pero temo por ti. Estás andando por un territorio nuevo, no conoces el camino.

—Iré. Iré pronto —dijo Kino.

—Sí —acordó Juan Tomás—. Debes hacerlo. Pero me pregunto si darás con algo diferente en la capital. Aquí, tienes amigos; y a mí, tu hermano. Allá, no tendrás a nadie.

—¿Qué puedo hacer? —gritó Kino—. Aquí hay un gran atropello… Mi hijo tiene que tener una oportunidad. Eso es lo que está amenazado. Mis amigos me protegerán.

—Sólo mientras no estén en peligro o asustados —dijo Juan Tomás—. Ve con Dios —añadió, levantándose.

Y Kino dijo:

—Ve con Dios —y ni siquiera alzó los ojos, porque esas palabras le produjeron un extraño estremecimiento.

Hasta mucho después de que Juan Tomás se hubiese marchado, siguió Kino meditando sobre su jergón. Un letargo se había apoderado de él, y una leve desesperanza gris. Todos los caminos parecían cerrados para él. En su cabeza, sólo oía la música oscura del enemigo. Sus sentidos estaban intensamente vivos, pero su mente retornaba a una profunda participación en todas las cosas, el don que debía a su pueblo. Oía hasta el menor sonido de la poblada noche, el lamento de los pájaros en el sueño, la agonía amorosa de los gatos, el golpe y la retirada de las breves olas en la playa y el simple siseo de la distancia. Y percibía el áspero olor de las algas abandonadas por la marea al retirarse. El tenue resplandor de las ramas al arder hacía saltar el dibujo del jergón ante sus ojos extasiados.

Juana le observaba con preocupación, pero le conocía y sabía que le ayudaría más quedándose callada y cerca. Y como si ella también oyera la Canción del Mal, le presentó batalla, cantando dulcemente la melodía de la familia, de la seguridad y el calor y la plenitud de la familia. Tenía a Coyotito en los brazos y cantaba esa canción para él, para mantener a raya el mal, y su voz valerosa se enfrentaba a la amenaza de la música oscura.

Kino no se movía ni pedía la cena. Ella sabía que la pediría cuando la quisiera. Sus ojos seguían perdidos, y él percibía la presencia del astuto, atento mal fuera de la cabaña; sentía arrastrarse las cosas de las tinieblas que esperaban que él saliera a la noche. La noche, que, pese a la oscuridad y el espanto, le llamaba y le amenazaba y le desafiaba. Su mano derecha palpó el cuchillo dentro de la camisa; tenía los ojos muy abiertos; se puso de pie y anduvo hacia la puerta.

Juana quiso detenerle; levantó la mano para detenerle, y el terror le abrió la boca. Durante un largo momento, Kino miró la oscuridad y, luego, salió. Juana oyó el breve asalto, los gruñidos de la lucha, el golpe. El pánico la heló un instante, y luego sus labios descubrieron sus dientes como los labios de un gato. Dejó a Coyotito en el suelo. Cogió una piedra del hogar y se lanzó fuera, pero ya todo había terminado. Kino yacía en tierra, esforzándose por ponerse de pie, y no había nadie cerca. Sólo las sombras y el romper y el retirarse de las olas y el siseo de la distancia. Pero el mal les rodeaba, oculto tras el seto, acurrucado junto a la casa en las sombras, flotando en el aire.

Juana soltó la piedra, y rodeó a Kino con los brazos, y le ayudó a incorporarse y le sostuvo en su regreso a la casa. La sangre le empapaba el cuero cabelludo y tenía un largo, profundo corte en la cara, de la oreja a la barbilla, una honda, sangrante puñalada. Y no estaba del todo consciente. Movió la cabeza hacia los lados. Tenía la camisa rasgada y las ropas mal puestas. Juana le sentó en el jergón y le enjugó la sangre del rostro con su falda. Le dio a beber pulque de un jarrito, y él seguía sacudiendo la cabeza para disipar la oscuridad.

—¿Quién? —preguntó Juana.

—No sé —dijo Kino—. No he visto.

Ahora, Juana acercó la jofaina de arcilla y le lavó el corte de la cara mientras él, confundido, miraba sin ver.

—Kino, marido mío —gritó, y él miró más allá de ella—. Kino, ¿me oyes?

—Te oigo —dijo él con un tono apagado.

—Kino, esa perla es maligna. Terminemos con ella, antes de que ella termine con nosotros. Destrocémosla entre dos piedras. Arrojémosla… arrojémosla de nuevo al mar, al que pertenece. Kino, ¡es maligna, es maligna!

Y, mientras ella hablaba, la luz retornó a los ojos de Kino, de modo que brillaron salvajemente, y sus músculos se endurecieron y su voluntad se endureció.

—No —dijo—. Lucharé contra eso. Lo venceré. Tendremos nuestra oportunidad —descargó el puño sobre el jergón—. Nadie nos arrebatará nuestra buena fortuna —dijo. Sus ojos lucieron entonces más dulces, y puso la mano con delicadeza en el hombro de Juana—. Creeme —dijo—. Soy un hombre —y su expresión se hizo astuta—. En la mañana, cogeremos nuestra canoa y cruzaremos el mar y las montañas hacia la capital. Tú y yo. No nos timarán. Soy un hombre.

—Kino —dijo ella con voz ronca—, tengo miedo. A un hombre se le puede asesinar. Devolvamos la perla al mar.

—Calla —dijo él con furia—. Soy un hombre. Calla —y ella guardó silencio, porque su voz se le imponía—. Vamos a dormir un poco. Con la primera luz, nos marcharemos. ¿Te da miedo venir conmigo?

—No, marido mío.

Él la miró con dulzura y calidez, y le tocó la mejilla.

—Vamos a dormir un poco —dijo.

Ampliemos nuestra comprensión

Análisis de conflicto.   Utiliza el siguiente diagrama para mostrar los diversos conflictos que se han planteado en la obra. Puedes usar dibujos, símbolos, palabras, etc. En el círculo del medio, representa el conflicto central. Usa los otros espacios para mostrar otros problemas que aparecen en la obra. Escoge uno de los conflictos que mostraste, explícalo en la parte de atrás de la hoja y plantea algunas soluciones posibles.

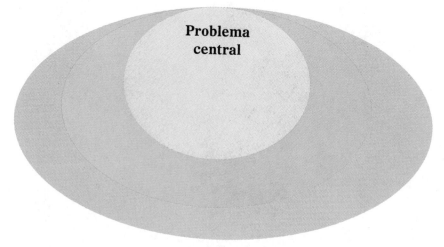

Problema central

Diario de reflexión.   A través de este capítulo y de algunos capítulos anteriores has visto cómo algunos personajes usan diversas estrategias para engañar y aprovecharse del pueblo. En tu diario de reflexión identifica a los personajes que tratan de aprovecharse del pueblo y los argumentos o estrategias que usan. Usa citas o ejemplos tomados del libro para sustentar tus ideas (acuérdate de anotar la página de donde los sacas). Di lo que tú piensas de esta situación, cómo te hace sentir y qué te recuerda.

Grupos de reflexión literaria.   Siéntense con su grupo de reflexión literaria y discutan sus respuestas del diario de reflexión. Discutan cualquier otra idea, duda o comentario que tengan sobre el Capítulo IV. Compartan también sus palabras de vocabulario.

LECCIÓN

5

Alistémonos para leer

Piensa, anota y comparte. Ponte en el lugar de Kino, ¿qué hubieras hecho en sus circunstancias? Explica tu respuesta con razones que la justifiquen. Al terminar comparte tu respuesta con un(a) compañero(a).

Lectura silenciosa. Lee el Capítulo V.

La perla

V

La luna tardía se levantó antes de que cantara el primer gallo. Kino abrió los ojos en la oscuridad porque había sentido un movimiento cerca, pero se quedó quieto. Sólo sus ojos exploraron la oscuridad y, a la pálida luz de la luna, que se filtraba por los agujeros de la cabaña, Kino vio a Juana levantarse de su lado. La vio ir hacia el fuego. Actuaba con tal cuidado que él sólo oyó el sonido más leve cuando ella movió la piedra del hogar. Y entonces, como una sombra, se deslizó hacia la puerta. Se detuvo un momento junto a la caja colgante en que yacía Coyotito, luego, durante un segundo, fue negra en el vano, y luego se había ido.

Y la rabia surgió en Kino. Se puso de pie de un salto y la siguió en el mismo silencio en que ella había salido, y oyó sus rápidos pasos hacia la orilla. La siguió discretamente, y su cerebro estaba rojo de ira. De pronto, ella dejó atrás la línea de los setos y fue hacia el agua dando traspiés sobre los cantos rodados, y luego le oyó llegar y echó a correr. Tenía el brazo alzado para lanzar cuando él le dio alcance y la cogió y le arrancó la perla de la mano. La golpeó en el rostro con el puño cerrado y, cuando cayó, le dio un puntapié en el costado. A la tenue luz de aquella hora, él vio cómo las breves olas rompían sobre ella, y su falda flotaba, y se le adhería a las piernas cuando el agua se retiraba.

Kino la miró mostrando los dientes. Silbó como una serpiente y Juana le contempló con grandes ojos sin miedo, como una oveja al matarife. Sabía que él podía matar, y estaba bien; lo había aceptado, y no iba a resistirse, y ni siquiera iba a protestar. Y entonces la cólera abandonó a Kino y un asco malsano la reemplazó. Se volvió y se apartó de ella y remontó la playa y sobrepasó la línea de los setos. Tenía los sentidos embotados por la emoción.

Oyó venir el ataque, sacó el cuchillo y arremetió contra una imagen oscura, y sintió entrar la hoja, y luego estuvo de rodillas y luego otra vez en el suelo. Dedos codiciosos hurgaron entre sus ropas, dedos frenéticos le exploraron, y la perla, que él había soltado en la lucha, titilaba tras una pequeña piedra del sendero. Reflejaba la suave luz de la luna.

Juana se arrancó a las rocas del borde del agua. Su rostro era una pena oscura y el costado le dolía. Estuvo un rato de rodillas y la falda mojada se le pegaba al cuerpo. No sentía ira hacia Kino. Él había dicho «soy un hombre», y eso significaba determinadas cosas para Juana. Significaba que era mitad loco y mitad dios. Significaba que Kino se lanzaría con toda su fuerza contra una montaña y se sumergiría con toda su fuerza en lucha con el mar. Juana, en su alma de mujer, sabía que la montaña permanecería impasible y el hombre, en cambio, se destrozaría; que el mar se agitaría y el hombre, en cambio, se ahogaría. Y, sin embargo, era eso lo que hacía de él un hombre, mitad loco y mitad dios, y Juana tenía necesidad de un hombre; no podía vivir sin un hombre. Si bien podía verse confundida por esas diferencias entre hombres y mujeres, los conocía y los aceptaba y los necesitaba. Por supuesto, le seguiría, eso estaba fuera de toda cuestión. En ocasiones, la condición de mujer, la sensatez, la cautela, el instinto de conservación, lograban imponerse a la condición de hombre de Kino y salvarlos a todos. Se puso de pie con dificultad y, haciendo cuenco con las manos y metiéndolas en las breves olas, se lavó la cara lastimada con punzante agua salada, y luego se arrastró como pudo playa arriba en pos de Kino.

Un grupo de nubes, procedentes del sur, cubrió el cielo. La pálida luna entraba y salía entre sus hebras, de modo que Juana andaba en la oscuridad en un momento y a la luz en el siguiente. El dolor doblaba su espalda y tenía la cabeza baja. Pasó la línea de los setos con la luna cubierta y, cuando ésta lució, vio el resplandor de la gran perla en el sendero detrás de una piedra. Cayó de rodillas y la recogió, y la luna volvió a entrar en la oscuridad de las nubes. Juana permaneció de rodillas, considerando la posibilidad de regresar al mar y terminar su tarea, y, mientras lo pensaba, retornó la luz y vio dos figuras tendidas en el sendero delante de ella. Dio un salto y comprobó que una era de Kino y la otra de un desconocido, de cuyo cuello salía un líquido oscuro y brillante.

Kino se movió lentamente, agitando brazos y piernas como una chinche aplastada, y un espeso murmullo brotó de su boca. Entonces, en un instante, Juana comprendió que la existencia anterior había terminado para siempre.

Un hombre muerto en el sendero y el cuchillo de Kino, con la hoja manchada, a su lado la convencieron. Juana había estado todo el tiempo tratando de rescatar algo de la antigua paz, de la época previa a la perla. Pero ahora se había ido, y no había recuperación posible. Y sabiéndolo, abandonó el pasado instantáneamente. No había otra cosa que hacer que salvarse.

Su dolor desapareció, y su lentitud. Rápidamente, arrastró el cuerpo del hombre, sacándolo del sendero y ocultándolo al abrigo de un seto. Fue hacia Kino y le limpió la cara con la falda mojada. Él recobró el sentido y gimió.

—Han cogido la perla. La he perdido. No está —dijo—. La perla no está.

Juana le tranquilizó como si tranquilizara a un niño enfermo.

—Calla —dijo—. Aquí está tu perla. La encontré en el sendero. ¿Me oyes? Aquí está tu perla. ¿Lo entiendes? Has matado a un hombre. Tenemos que marcharnos. Vendrán por nosotros, ¿comprendes? Debemos marcharnos antes de que sea de día.

—Me atacaron —dijo Kino con inquietud—. Herí para salvar mi vida.

—¿Recuerdas lo que pasó ayer? —preguntó Juana—. ¿Crees que eso le importa a alguien? ¿Recuerdas a los hombres de la ciudad? ¿Crees que tu explicación servirá de algo?

Kino aspiró profundamente y ahuyentó su debilidad.

—No —dijo—. Tienes razón.

Y su voluntad se endureció y volvió a ser un hombre.

—Ve a la casa y trae a Coyotito —dijo—, y trae todo el maíz que tenemos. Botaré la canoa y nos iremos.

Cogió su cuchillo y se alejó de ella. Dando traspiés por la playa, llegó a su canoa. Y cuando volvió a haber luz, vio que estaba rota, que tenía un gran agujero en el fondo. Y una furia abrasadora le invadió y le dio fuerza. Ahora la oscuridad se cerraba sobre su familia; ahora la música del mal llenaba la noche, flotaba sobre los mangles, sonaba en el batir de las olas. La canoa de su abuelo, revestida una y otra vez, y con un agujero de reborde astillado. Era una maldad inconcebible. Matar a un hombre no era tan malo como matar un barca. Porque una barca no tiene hijos, y una barca no puede protegerse, y una barca herida no se cura. Había pesar en la furia de Kino, pero esta última le había fortalecido hasta un punto en que era imposible que se desmoronara. Ahora era un animal, para ocultarse, para atacar, y vivía únicamente para preservarse y para preservar a su familia.

No era consciente del dolor de su cabeza. Remontó la playa en unos pocos saltos y pasó la línea de los setos rumbo a su cabaña, y no se le ocurrió coger una de las canoas de sus vecinos. Esa idea nunca entró en su cerebro más que la de romper una barca.

Los gallos cantaban, y ya no faltaba mucho para el alba. El humo de los primeros fuegos se filtraba a través de las paredes de las cabañas, y el primer aroma de tortillas cocidas estaba en el aire. Ya los pájaros del amanecer se agitaban en los arbustos. La pálida luna iba perdiendo su luz, y las nubes se espesaban y cuajaban hacia el sur. El viento soplaba fresco en el estuario, un viento nervioso, infatigable, con olor a tormenta en el aliento, y había cambio e inquietud en el aire.

Kino, en su camino hacia la casa, sintió que el optimismo crecía en él. Ya no estaba confundido, porque había una única cosa que hacer, y la mano de Kino se dirigió primero a la gran perla, en el interior de su camisa, y luego a su cuchillo, que pendía debajo.

Vio una lucecilla delante, y luego, sin intervalo, una llamarada se elevó de golpe en la oscuridad con un rugido crepitante, y un alto edificio de fuego iluminó el sendero. Kino se echó a correr; era su cabaña, lo sabía. Y sabía que aquellas casas podían arder en unos instantes. Y en su carrera, vio correr hacia él una imagen: Juana con Coyotito en los brazos y la manta de hombro de Kino en la mano. El bebé gemía de miedo, y los ojos de Juana estaban muy abiertos y llenos de terror. Kino veía que la casa había desaparecido, y no preguntó nada a Juana. Él sabía, pero ella dijo:

—Estaba arrasada, y con el suelo destrozado... hasta la caja del niño estaba volcada y, mientras yo miraba, le prendieron fuego desde fuera.

La salvaje luz de la casa en llamas iluminó intensamente el rostro de Kino.

—¿Quién? —inquirió.

—No sé —dijo ella—. Los oscuros.

Los vecinos salían ahora a medio vestir de sus casas y contemplaban las chispas que caían, y las apagaban con los pies para salvar sus propias casas. De pronto, Kino tuvo miedo. La luz le dio miedo. Recordó al hombre muerto tras el seto, junto al sendero, y cogió a Juana por el brazo y la arrastró hacia la sombra de una casa apartada de la luz, porque la luz era peligrosa para él. Tras considerarlo un momento, se movió en las sombras hasta llegar a la casa de Juan Tomás, su hermano, y se escabulló en el

interior, arrastrando a Juana tras él. Fuera, oía los chillidos de los niños y los gritos de los vecinos, porque sus amigos creían posible que él estuviese dentro de la casa quemada.

La casa de Juan Tomás era casi exactamente igual a la de Kino; casi todas las cabañas eran similares, y en todas se filtraban la luz y el aire, de modo que Juana y Kino, sentados en el fondo de la casa del hermano, al otro lado de la pared, vieron saltar las llamas. Vieron las llamas altas y furiosas, vieron caer el techo y vieron morir el fuego con la misma rapidez con que muere un fuego de ramitas. Oyeron los gritos de advertencia de los amigos, y el estridente e intenso chillido de Apolonia, esposa de Juan Tomás. Ella, al ser el miembro femenino de la familia más próximo a ellos, elevaba un lamento formal por la muerte de sus parientes.

Apolonia se dio cuenta de que llevaba puesto su segundo mejor chal y se precipitó en el interior de su casa en busca del mejor. Revolvía un arcón junto a la pared cuando la voz de Kino dijo con serenidad:

—Apolonia, no llores. No estamos heridos.

—¿Cómo habéis llegado hasta aquí? —preguntó ella.

—No preguntes —dijo él—. Ve a buscar a Juan Tomás y tráele hasta aquí sin decirle nada. Es importante para nosotros, Apolonia.

Ella se detuvo, las manos abiertas en un gesto de desamparo, y luego dijo:

—Sí, cuñado mío.

A los pocos momentos, Juan Tomás regresó con ella. Encendió una vela y se acercó al sitio en que sus parientes esperaban, agachados.

—Apolonia —dijo—, vigila la puerta, y no dejes entrar a nadie... —era el mayor, Juan Tomás, y asumía su autoridad—. Ya, mi hermano...

—Me atacaron en la oscuridad —dijo Kino—. Y, en la pelea, maté a un hombre.

—¿Quién? —se apresuró a averiguar Juan Tomás.

—No sé. Es todo oscuridad... todo oscuridad, y formas de oscuridad.

—Es la perla —dijo Juan Tomás—. Hay un demonio en esa perla... Tú debías haberla vendido y traspasado el demonio. Tal vez todavía puedas venderla y comprar paz para ti mismo.

Y Kino dijo:

—Oh, hermano mío, me ha sido inferida una ofensa más profunda que mi vida. Porque, en la playa, mi canoa está rota, mi casa está quemada y, tras el seto, yace un hombre muerto. Todas las salidas están cerradas. Tienes que ocultarnos, hermano mío.

Y Kino, que le miraba desde muy cerca, vio que un hondo pesar entraba en los ojos de su hermano y se anticipó a un posible rechazo.

—No por mucho tiempo —dijo inmediatamente—. Sólo hasta que haya pasado un día y haya llegado la nueva noche. Entonces nos iremos.

—Te ocultaré —dijo Juan Tomás.

—No quiero que corras peligro por mí —dijo Kino—. Sé que soy como un leproso. Esta noche me marcharé y entonces tú estarás a salvo.

—Te protegeré... —dijo Juan Tomás, y ordenó:

—Apolonia, cierra la puerta. Ni siquiera susurres que Kino está aquí.

Pasaron el día en silencio, sentados en la oscuridad de la cabaña, y oyeron a los vecinos hablar de ellos. A través de las paredes de la casa observaron a los vecinos escarbando entre las cenizas en busca de sus huesos. Acuclillados en la casa de Juan Tomás, oyeron a sus vecinos asimilar la impresión de la noticia de la barca rota. Juan Tomás salió y se mezcló con los vecinos para ahuyentar sus sospechas, y les proporcionó teorías e ideas acerca de lo que les podía haber ocurrido a Kino y a Juana y al bebé. A uno le dijo:

—Creo que se han ido al sur, siguiendo la costa, para escapar de la maldición que tienen encima.

Y a otro:

—Kino nunca dejaría el mar. Tal vez encuentre otra barca.

Y dijo:

—Apolonia está enferma de pena.

Y aquel día, el viento se levantó para batir el Golfo, y arrancó las algas y los tallos que bordeaban la costa, y el viento pasó gritando por las cabañas, y ninguna barca estuvo segura en el agua. Entonces, Juan Tomás dejó caer entre los vecinos:

—Kino se ha ido. Si salió al mar, ya estará ahogado.

Y, tras cada visita a los vecinos, Juan Tomás regresaba con algo que le habían prestado. Trajo una bolsita de paja tejida con alubias rojas y una calabaza llena de arroz. Consiguió una taza de ajíes secos y un trozo de sal, y un gran cuchillo de trabajo, de treinta centímetros de hoja y pesado como un hacha pequeña, herramienta y arma. Y cuando Kino vio aquel cuchillo, sus ojos se encendieron, y acarició el acero y su pulgar probó el filo.

El viento gritó sobre el Golfo y tornó blanca el agua, y los mangles cabecearon como ganado asustado, y un fino polvo arenoso se alzó de la tierra y quedó suspendido en una espesa nube encima del mar. El viento despejó las nubes y limpió el cielo por entero y amontonó la arena del campo como nieve.

Luego, cuando la noche estuvo cerca, Juan Tomás habló largamente con su hermano.

—¿A dónde irás?

—Al norte —dijo Kino—. He oído decir que hay ciudades en el norte.

—Evita la costa —dijo Juan Tomás—. Están organizando una partida para explorar la costa. Los hombres de la ciudad te buscarán. ¿Todavía tienes la perla?

—La tengo —dijo Kino—. Y la conservaré. Podía haberla entregado en ofrenda, pero ahora es mi infortunio y mi vida, y la conservaré.

Sus ojos eran duros y crueles y amargos.

Coyotito gimió y Juana murmuró fórmulas mágicas para que permaneciera en silencio.

—El viento es bueno —dijo Juan Tomás. No habrá huellas.

Partieron calladamente en la oscuridad, antes de que hubiese salido la luna. La familia se separó formalmente en la casa de Juan Tomás. Juana llevaba a Coyotito sobre la espalda, cubierto y sujeto por su chal, y el bebé dormía, con la cara vuelta y apoyada sobre el hombro de su madre. El chal cubría al bebé, y uno de sus extremos pasaba por sobre la nariz de Juana, para protegerla del malsano aire de la noche. Juan Tomás abrazó a su hermano con un doble abrazo y le besó en ambas mejillas.

—Ve con Dios —dijo, y fue como una muerte—. ¿No te desprenderás de la perla?

—Esta perla ha llegado a ser mi alma —dijo Kino—. Si me desprendo de ella, perderé mi alma. Ve tú también con Dios.

Ampliemos nuestra comprensión

Diagrama de Venn. Tu maestro(a) te entregará un diagrama como el que se muestra para que hagas una comparación entre Juana y Kino. ¿Qué puedes concluir de estos personajes? Fíjate en cómo actúan, lo que dicen o lo que nos dice el autor sobre ellos.

Diario de reflexión. Selecciona dos citas de este capítulo que te hayan parecido interesantes o importantes. En la columna de la derecha de tu diario escribe tu reacción a cada una de ellas. Como tarea, contesta las siguientes preguntas en tu diario.

- ¿Cómo es la relación entre Juana y Kino?
- ¿Cuál es el papel de cada uno dentro del matrimonio?
- ¿Estás de acuerdo con esa relación de pareja?
- Explica tus ideas al respecto.

Grupos de reflexión literaria. En los grupos de reflexión literaria discutan sus reacciones al Capítulo V.

Creación artística. Vas a preparar un marcador de libro. El (La) maestro(a) te entregará una tira de cartulina de color. En el frente de la tira escribe el título de la novela y una ilustración que represente el tema central de la obra. Puedes dibujar o recortar ilustraciones de revistas para representar el tema. En la parte de atrás de la tira vas a describir muy concisamente el ambiente, los personajes principales y tu parte favorita de la novela.

Alistémonos para leer

Piensa, anota y comparte. ¿Cuál crees que va a ser el desenlace de la obra? Trata de predecir qué va a pasar con la perla y con los personajes principales. Al terminar comparte tus predicciones con un(a) compañero(a).

Lectura silenciosa. Lee silenciosamente el Capítulo VI. A medida que vayas leyendo, anota en tu diario de reflexión las citas que te parezcan importantes y escribe tus reacciones a ellas.

La perla

VI

El viento soplaba con fiereza y con fuerza, y arrojaba sobre ellos fragmentos de ramas, arena y piedrecillas. Juana y Kino se cogieron las ropas para ajustarlas aún más al cuerpo, se cubrieron la nariz y salieron al mundo. El viento había limpiado el cielo y en él lucían las estrellas frías. Andaban con cautela, y evitaron el centro del pueblo, por donde cualquiera que durmiese en la entrada de una casa podía verles pasar. Porque el pueblo se cerraba sobre sí mismo ante la noche, y cualquiera que se moviera por allí en la oscuridad sería advertido. Kino se deslizó por el borde de la ciudad y enfiló hacia el norte, el norte según las estrellas, y encontró el irregular camino de arena que, por el monte bajo, llevaba hacia Loreto, donde la Virgen Milagrosa tenía su santuario.

Kino percibió contra los tobillos la arena arrastrada por el viento, y se sintió contento, porque supo que no quedarían huellas. La débil luz de las estrellas le revelaba el estrecho camino en el monte bajo. Y Kino oía el paso de los pies de Juana tras él. Avanzaban rápido y en silencio, y Juana trotaba para no perderle.

Algo ancestral se movía en Kino. A través de su miedo a la oscuridad y a los demonios que poblaban la noche, le alcanzó una fuerte corriente de optimismo; algo animal se movía en él, y le hacía astuto y cauto y peligroso; algo procedente del remoto pasado de su pueblo vivía en él. Tenía el viento en la espalda y las estrellas le guiaban. El viento gritaba y batía en la maleza, y la familia seguía andando monótonamente, hora tras hora. No se cruzaron con nadie ni vieron a nadie. Finalmente, a su derecha, se levantó la luna menguante y, cuando estuvo alta, el viento murió y la tierra se serenó.

Ahora veían la senda delante, profundamente hendida por huellas de ruedas en la arena. Al cesar el viento, habría marcas de pisadas, pero se encontraban ya a buena distancia del pueblo y tal vez sus huellas no fuesen advertidas. Kino adelantó cuidadosamente por la señal de una rueda, y Juana siguió su ejemplo. Un carro grande que fuese hacia el pueblo por la mañana, borraría todo rastro de su paso.

Caminaron toda la noche sin alterar nunca el ritmo de la marcha. Una vez, Coyotito despertó, y Juana lo cambió de sitio y lo sostuvo contra su pecho, tranquilizándole, hasta que se volvió a dormir. Y los malos espíritus de la noche les rodeaban. Los coyotes llamaban y reían en la maleza, y los búhos chillaban y silbaban sobre sus cabezas. Y en una ocasión, un animal grande se alejó pesadamente, haciendo crujir las malas hierbas. Y Kino aferró el mango del gran cuchillo de trabajo y obtuvo de él un fuerte sentimiento de protección.

La música de la perla resonaba triunfal en la cabeza de Kino, y la serena música de la familia subyacía a ella, y ambas se entrelazaban con el suave ritmo de los pies, calzados con sandalias, en el polvo. Toda la noche anduvieron, y al despuntar el alba Kino buscó a los lados del camino un soto en que echarse durante el día. Encontró su sitio cerca de la senda, un pequeño claro donde podía haberse tumbado un ciervo, cubierto por una espesa cortina de frágiles árboles secos paralela a la huella. Y cuando Juana se hubo sentado y acomodado para alimentar al bebé, Kino regresó a la senda. Rompió una rama y con ella barrió las huellas en el sitio en que se habían apartado de su ruta. Y entonces, a la primera luz, oyó el crujir de un carruaje y se acurrucó a un lado del camino y observó el paso de un pesado carro de dos ruedas, arrastrado por lentos bueyes. Y cuando se perdió de vista, él regresó al camino y miró las huellas y descubrió que las pisadas habían desaparecido. Y volvió a barrer su propio rastro y retornó junto a Juana.

Ella le dio las tortillas que Apolonia había preparado y, al cabo de un rato, durmió un poco. Pero Kino se sentó en el suelo y se quedó mirando la tierra delante de él. Contempló las hormigas que se movían, una fila cerca de su pie, e interpuso el pie en su camino. Entonces la columna pasó por encima de su empeine y continuó el curso de su avance, y Kino dejó el pie allí y las miró andar sobre él.

El sol se elevó, abrasador. Ya no estaban cerca del Golfo, y el aire era seco y ardiente hasta el punto de que la maleza crepitaba por el calor y un agradable aroma a resina se desprendía de ella. Y cuando Juana despertó, con el sol alto, Kino le dijo cosas que ella ya sabía.

—Ten cuidado con los árboles como aquél —dijo, señalando—. No los toques, porque si los tocas, y después te tocas los ojos, te dejarán ciega. Y cuidado con los árboles que sangran. Fíjate, aquél de allí. Porque, si lo rompes, la sangre roja manará de él, y eso trae mala suerte.

Y ella asintió y le sonrió un poco, porque sabía todo aquello.

—¿Nos seguirán? —preguntó—. ¿Crees que tratarán de encontrarnos?

—Tratarán —dijo Kino—. Quien nos encuentre, tendrá la perla. Oh, sí que tratarán.

Y Juana dijo:

—Quizá los negociadores dijeran la verdad y la perla no tenga valor alguno. Quizás haya sido todo una ilusión.

Kino hurgó entre sus ropas y sacó la perla. Dejó que el sol jugara sobre ella hasta que le escocieron los ojos.

—No —dijo—, no hubiesen procurado robarla si no tuviese valor.

—¿Sabes quién te atacó? ¿Fueron los negociadores?

—No lo sé. No les vi.

Miró la perla en busca de una visión.

—Cuando por fin la vendamos, tendremos un rifle —dijo, y buscó en la brillante superficie su rifle, pero sólo vio un oscuro cuerpo vencido en el suelo con sangre brillante brotando de su cuello. Y se apresuró a decir—: Nos casaremos en una gran iglesia —y en su perla vio a Juana, con el rostro golpeado, arrastrándose hacia la casa en medio de la noche—. Nuestro hijo debe aprender a leer —dijo, frenético. Y en la perla estaba la cara de Coyotito, hinchada y enfebrecida por la medicina.

Y Kino volvió a guardar la perla entre sus ropas, y la música de la perla se había hecho siniestra en sus oídos, y estaba entretejida con la música del mal.

El ardiente sol batía la tierra, y Kino y Juana fueron a refugiarse en el encaje de sombra del monte bajo, y pequeños pájaros grises corrieron por el suelo en la sombra. En el calor del día, Kino se relajó y se cubrió los ojos con el sombrero y se rodeó la cara con la manta para mantener alejadas las moscas, y se durmió.

Pero Juana no durmió. Se estuvo quieta como una piedra, y su rostro permaneció inmóvil. Tenía la boca hinchada donde Kino la había golpeado, y grandes moscas zumbaban alrededor del corte de su barbilla. Pero se mantuvo quieta como un centinela, y cuando Coyotito despertó lo puso en el suelo, delante de ella, y contempló cómo agitaba los brazos y cómo daba puntapiés, y el bebé le sonrió y le gorjeó hasta que ella también sonrió. Cogió una ramita del suelo y le hizo cosquillas y le dio agua de la calabaza que llevaba en su fardo.

Kino se estremeció en un sueño, y gritó con voz gutural, y su mano se movió en una lucha simbólica. Y luego gimió y se incorporó de golpe, los ojos muy abiertos y las aletas de la nariz temblando. Escuchó y oyó solamente las crepitaciones del calor y el siseo de la distancia.

—¿Qué pasa? —preguntó Juana.

—Calla —dijo él.

—Soñabas.

—Tal vez.

Pero estaba desasosegado, y cuando ella le dio una tortilla de su reserva, dejó de masticar para escuchar. Estaba inquieto y nervioso; miraba por encima del hombro; cogió el gran cuchillo y comprobó su filo. Cuando Coyotito gorjeó en el suelo, Kino dijo:

—Mantenlo callado.

—¿Qué pasa? —preguntó Juana.

—No lo sé.

Volvió a escuchar, con una luz animal en los ojos. Se levantó luego, en silencio; y, agachado, se abrió paso por entre las malezas hacia la senda. Pero no salió a la senda; arrastrándose, buscó el abrigo de un árbol espinoso y espió el camino por el que habían venido.

Y entonces les vio avanzar. Su cuerpo se tensó, y bajó la cabeza, y miró furtivamente desde debajo de una rama caída. En la distancia, vio tres figuras, dos de a pie y una a caballo. Pero sabía qué eran, y un escalofrío de miedo le recorrió. Aún en la distancia, vio a los dos de a pie moverse con lentitud, inclinados hacia el suelo. Aquí, uno se detuvo y miró la tierra, mientras el otro se reunía con él. Eran rastreadores, podían seguir el rastro de una cabra en las montañas de piedra. Eran sensibles como sabuesos. Aquí, él y Juana podían haber salido de la senda de los carros, y esa gente del interior, esos cazadores, podían seguirles, sabían leer en una brizna rota o en un montón de polvo derribado. Tras ellos, a caballo iba un hombre oscuro, la nariz cubierta por una manta, y, atravesado sobre la silla, un rifle reflejaba el sol.

Kino yacía tan rígido como la rama. Apenas si respiraba, y sus ojos fueron hasta el lugar en que había barrido las huellas. Aun ese barrido podía ser un mensaje para los rastreadores. Conocía aquellos cazadores del interior. En un país en que había poca caza, se las arreglaban para vivir

gracias a su capacidad para la caza, y le estaban cazando a él. Corrían por el campo como animales y encontraban una señal y se agachaban sobre ella mientras el jinete esperaba.

Los rastreadores gañían un poco, como perros excitados sobre una huella fresca. Kino, lentamente, sacó su gran cuchillo y se aprestó a usarlo. Sabía lo que tenía que hacer. Si los rastreadores daban con el sitio que él había barrido, debía saltar sobre el jinete, matarlo a toda prisa y coger el rifle. Era su única oportunidad en el mundo. A medida que los tres se aproximaban por el camino, Kino excavaba pequeños hoyos con los dedos de sus pies calzados con sandalias, para poder saltar por sorpresa sin resbalar. Su visión desde detrás de la rama caída era reducida.

Juana, atrás, en su escondite, oía ya el paso de los cascos de los caballos, y Coyotito gorjeó. Lo alzó rápidamente y lo metió bajo el chal y le dio el pecho, y él calló.

Cuando los rastreadores se acercaron, Kino sólo pudo ver sus piernas y las patas del caballo desde debajo de la rama caída. Vio los oscuros pies callosos de los hombres y sus blancas ropas raídas, y oyó el crujir de la piel de la silla y el tintineo de las espuelas. Los rastreadores se detuvieron en el sitio en que Kino había barrido, y el jinete también se detuvo. El caballo echó la cabeza atrás para liberarse del bocado y el freno se deslizó bajo su lengua y el animal bufó. Entonces, los oscuros rastreadores se volvieron y estudiaron al caballo y observaron sus orejas.

Kino no respiraba, pero su espalda se arqueó un poco, y los músculos de sus brazos y de sus piernas se contrajeron por la tensión y una línea de sudor se formó en su labio superior. Los rastreadores pasaron un largo momento inclinados sobre el camino, y luego se movieron lentamente, estudiando el terreno que tenían delante, y el jinete fue tras ellos. Los rastreadores corrieron, deteniéndose, mirando y apresurándose. Volverían, Kino lo sabía. Darían vueltas y explorarían, ojeando, agachándose, y, tarde o temprano, volverían a su huella cubierta.

Se deslizó hacia atrás, y no se molestó en disimular su rastro. No podía; había allí demasiadas pequeñas señales, demasiadas ramas rotas y puntos desgastados y piedras fuera de lugar. Y había pánico en Kino ahora, un pánico de huida. Los rastreadores encontrarían su huella, lo sabía. No había escapatoria, como no fuese en la huida. Se alejó del camino y fue, rápida y silenciosamente, hacia el escondite en que estaba Juana. Ella le miró, interrogativa.

—Rastreadores —dijo él—. ¡Vamos!

Y entonces un desamparo y una desesperanza pasaron por encima de él, y su rostro se endureció y sus ojos se entristecieron.

—Quizá deba dejar que me cojan.

Instantáneamente, Juana se levantó y puso una mano en su brazo.

—Tienes la perla —gritó con voz ronca—. ¿Crees que te atraparán vivo para que digas que te la han robado?

La mano de él se hundió, laxa, bajo sus ropas, donde la perla estaba escondida.

—La encontrarán —dijo con voz débil.

—Vamos —dijo ella—. ¡Vamos! —y, cuando él no respondió—: ¿Crees que me dejarán vivir? ¿Crees que dejarán vivir al pequeño?

El discurso de la mujer hizo mella en el cerebro de Kino; sus labios se curvaron y sus ojos tornaron a ser fieros.

Vamos —dijo—. Iremos a las montañas. Tal vez podamos perderlos en las montañas.

Frenéticamente, reunieron los fardos y las bolsitas que eran todo lo que poseían. Kino llevaba un bulto en la mano izquierda, pero el gran cuchillo estaba libre en su mano derecha. Fue picando el monte para Juana y avanzaron de prisa hacia el oeste, hacia las altas montañas de piedra. Atravesaron rápidamente la maraña de malezas. Era el pánico de la huida. Kino no intentaba ocultar su paso, corría, pateando piedras, dañando las reveladoras hojas de los árboles pequeños. El alto sol se derramaba sobre la tierra seca y quebradiza, y la vegetación protestaba. Pero delante estaban las montañas de granito desnudo, elevándose sobre montones de piedrecillas y destacando monolíticas contra el cielo. Y Kino corría en busca de la altura, como lo hacen casi todos los animales perseguidos.

No había agua en aquella tierra, toda cubierta de cactus que podían almacenarla y de hierbajos con grandes raíces que se hundían en el suelo profundamente en busca de un poco de humedad con escaso resultado. Y bajo los pies no había suelo, sino roca quebrada, partida en pequeños cubos, grandes bloques, mas ninguno de ellos rodeado de agua. Breves manojos de triste hierba gris crecían entre las piedras, hierba que, con una única lluvia, había brotado, crecido, dejado caer su simiente, y muerto. Sapos con cuernos miraban pasar a la familia y giraban sus cabecitas de dragón. Y

aquí y allá, una gran liebre, perturbada en su sombra, saltaba y se escondía tras la roca más próxima. El calor caía cantando sobre aquel país desierto y, delante, las montañas de piedra parecían frías y acogedoras.

Y Kino huía. Sabía lo que sucedería. A poco andar por el camino, los rastreadores se darían cuenta de que habían perdido la pista, y retrocederían, explorando y juzgando, y en un rato descubrirían el sitio en que Kino y Juana habían descansado. De allí en más, les resultaría fácil... las piedrecitas, las hojas caídas y las ramas quebradas, los lugares mancillados en que un pie hubiese resbalado. Kino les veía en su imaginación, deslizándose tras el rastro, quejándose por impaciencia, y, tras ellos, oscuro y como desinteresado, el jinete del rifle. Su trabajo sería el último, porque no les llevaría de regreso. Oh, la música del mal sonaba ahora con fuerza en la cabeza de Kino, sonaba con los siseos del calor y con el seco retintín de los anillos de las serpientes. Y ya no era enorme y sobrecogedora, sino secreta y ponzoñosa, y el latido de su corazón le daba el tono y el ritmo.

El camino empezó a subir y, a medida que lo hacía, las rocas se iban tornando más grandes. Pero Kino ya había puesto cierta distancia entre su familia y los rastreadores. Ahora, sobre la primera elevación, descansaron. Él trepó a una gran roca y dejó vagar la vista por el reluciente campo del que venía, pero no vio a sus enemigos, ni siquiera al jineta alto cabalgando por la maleza. Juana se había acuclillado en la sombra de la roca. Llevó la botella de agua a los labios de Coyotito; su lengüita seca succionó con codicia. Levantó la vista hacia Kino cuando él regresó; le vio examinar sus tobillos, cortados y heridos por las piedras y la maleza, y se los cubrió rápidamente con la falda. Luego le tendió la botella, pero él la rechazó con un movimiento de la cabeza. Los ojos brillaban en la cara cansada del hombre. Kino se humedeció los labiois resquebrajados con la lengua.

—Juana —dijo—, yo seguiré y tú te ocultarás. Los llevaré hacia la montaña y, cuando ellos hayan pasado, irás hacia el norte a Loreto o a Santa Rosalía. Entonces, si consigo escapar, me reuniré contigo. Es el único camino seguro.

Ella le miró durante un momento directamente a los ojos.

—No —dijo—. Vamos contigo.

—Puedo ir más rápido solo —dijo él con aspereza—. Expondrás al pequeño a un peligro mayor si vienes conmigo.

—No —dijo Juana.

—Debes hacerlo. Es lo más sensato y es mi deseo —dijo.

—No —dijo Juana.

Entonces, él buscó en el rostro de ella una señal de debilidad, o de miedo, o de irresolución, y no había ninguna. Tenía los ojos brillantes. Kino se encogió de hombros, desalentado, pero había obtenido fuerza de ella. Cuando se pusieron en marcha, el pánico de huida había desaparecido.

El terreno, según ascendía hacia las montañas, cambiaba rápidamente. Ahora había grandes afloramientos de granito, separados por profundas grietas, y, en lo posible, Kino andaba sobre piedra desnuda, que no registraba huellas, y saltaba de saliente en saliente. Sabía que, donde fuese que los rastreadores perdieran su huella, debían andar en círculo y perder tiempo antes de volver a encontrarlo. Por eso ya no iba en línea recta hacia las montañas; se movía en zigzag, y a veces retrocedía hacia el sur y dejaba una señal y luego retornaba a la montaña por sobre las piedras desnudas. Y el camino subía de pronto bruscamente, de modo que se fatigaba un poco.

El sol descendía hacia los dientes de piedra desnuda de las montañas, y Kino se orientó hacia una grieta oscura y sombreada. De haber algo de agua, estaría allí donde se viera, aunque fuese en la distancia, una brizna de hierba. Y, de haber algún paso a través de la lisa hilera de rocas, estaría en esa misma profunda grieta. Era arriesgado, porque los rastreadores pensarían lo mismo, pero la botella de agua vacía cerró el paso a esa consideración. Y, mientras el sol bajaba, Kino y Juana, agotados, se esforzaban por remontar la pronunciada pendiente hacia la grieta.

En lo alto de las montañas de piedra gris, bajo un pico de aspecto amenazador, una pequeña fuente manaba de una quebradura en la roca. Era alimentada por la nieve que la sombra preservaba durante el verano, y de tanto en tanto moría completamente, y había rocas desnudas y algas secas en el fondo. Pero casi siempre borboteaba, fría y limpia y hermosa. En las épocas en que caían breves lluvias, su volumen aumentaba de repente y enviaba su columna de agua blanca a estrellarse en la grieta de la montaña, pero casi siempre era una fuente de fluir modesto. Manaba en una charca y luego caía treinta metros hasta otra charca, y cuando ésta se llenaba, volvía a caer, de modo que así continuaba, más y más abajo, hasta llegar a los pedruscos de la meseta, y allí desaparecía del todo. De todos modos, para entonces ya no había mucho que perder, porque, cada vez que caía sobre una escarpa, el aire sediento se la bebía, y porque desbordaba las charcas y se vertía sobre la vegetación seca. Los animales de muchos kilómetros alrededor iban a beber a las pequeñas charcas, y el carnero silvestre y el ciervo, los pumas y los mapaches, y los ratones, todos iban a beber. Y los pájaros que pasaban el día en las malezas, iban por la noche a las pequeñas charcas que eran como escalones en la grieta de la montaña. Cerca de este escaso curso de agua, allí donde la tierra acumulada bastara para echar unas raíces, crecían colonias de plantas, viñas silvestres y palmeras enanas, helechos de cabello de Venus, hibiscos y altos juncos con cañas plumosas que se elevaban por encima de las espigas. Y en la charca vivían ranas y renacuajos, y las lombrices de agua se arrastraban por el fondo de la charca. Todo aquello que tendía al agua iba a esos sitios poco profundos. Los felinos cogían a sus presas allí, y esparcían plumas y tragaban agua a través de sus dientes ensangrentados. Las pequeñas charcas eran lugares de vida a causa del agua, y lugares de muerte a causa del agua, también.

En el nivel más bajo, donde la corriente, tras caer treinta metros, se perdía en el pedregoso desierto, había una pequeña plataforma de piedra y arena. Sólo un hilo de agua se vertía en la charca, pero bastaba para mantenerla llena y para mantener verdes los helechos del saliente del risco, y las enredaderas trepaban por la montaña de piedra y todas las formas de pequeñas plantas encontraban acomodo allí. Los deshielos habían hecho una breve playa arenosa por la cual se desbordaba la charca, y brillantes berros verdes crecían en la arena húmeda. La playa estaba cortada y marcada y pisoteada por las patas de los animales que habían ido a beber y a cazar.

El sol había dejado atrás las montañas de piedra cuando Kino y Juana alcanzaron a remontar la pronunciada e irregular pendiente y llegaron, por fin, al agua. Desde ese nivel, veían todo el desierto batido por el sol, hasta el Golfo azul en la distancia. Llegaron completamente agotados a la charca, y Juana se dejó caer de rodillas y primero lavó la cara de Coyotito y luego llenó su botella y le dio de beber. Y el bebé estaba cansado y malhumorado, y se quejó suavemente hasta que Juana le dio el pecho, y entonces gorjeó y cloqueó contra ella. Kino bebió mucho y con sed en la charca. Luego se tendió un momento junto al agua y relajó todos sus músculos y contempló a Juana mientras alimentaba al bebé, y luego se puso de pie y fue hasta el borde del saliente y exploró la distancia cuidadosamente. Sus ojos se fijaron en un punto y se quedó rígido. En la parte baja de la pendiente, vio a los dos rastreadores; eran poco más que manchas, u hormigas que corrían, con una hormiga mayor detrás.

Juana se había vuelto para mirarle y vio endurecérsele la espalda.

—¿Están lejos? —preguntó con tranquilidad.

—Estarán aquí al atardecer —dijo Kino. Miró hacia arriba y vio la larga y escarpada chimenea de la grieta de donde manaba el agua—. Debemos ir hacia el oeste —dijo, y sus ojos exploraron la piedra detrás de la grieta. Y diez metros por encima, en la piedra gris, vio una serie de pequeñas cuevas labradas por la erosión. Se quitó las sandalias y trepó hasta allí, aferrándose a la piedra desnuda con los dedos de los pies, y miró el interior de las cuevas poco profundas. Tenían sólo un par de metros de profundidad, vaciadas por el viento, pero se inclinaban ligeramente hacia atrás y abajo. Kino se arrastró hacia el interior de la más grande y se echó en ella y comprendió que no podía ser visto desde el exterior. Volvió rápidamente junto a Juana.

—Debes subir allí. Quizá no nos encuentren —dijo.

Sin hacer preguntas, ella llenó su botella de agua hasta el tope, y luego Kino la ayudó a trepar hasta la cueva, y subió los paquetes de comida y se los pasó a ella. Y Juana se sentó en la entrada de la cueva y lo observó. Vio que no trataba de borrar sus huellas en la arena. En cambio, trepó, aferrándose a las hierbas de junto al agua, desgarrando y arrancando helechos y enredaderas a su paso. Y cuando hubo subido unos treinta metros, hasta el saliente superior, volvió a bajar. Observó atentamente la roca lisa que le separaba de la cueva para asegurarse de que no hubiera rastros de su paso, y finalmente subió y se metió en la cueva junto a Juana.

—Cuando suban —dijo—, nos escabulliremos hacia abajo, nuevamente hacia el llano. Sólo temo que el bebé pueda llorar. Debes tratar de que no llore.

—No llorará —dijo ella, y levantó el rostro del bebé hasta el suyo propio, y le miró a los ojos, y él le devolvió la mirada solemnemente—. Él sabe.

Ahora Kino estaba echado en la entrada de la cueva, con la barbilla apoyada en sus brazos cruzados, y contemplaba la sombra azul de la montaña que se desplazaba por el desierto lleno de malezas hasta llegar al Golfo, y la larga penumbra de la sombra estaba sobre la tierra.

Los rastreadores tardaron en subir, pese a que no habían encontrado dificultades en la pista dejada por Kino. Estaba oscuro cuando al fin llegaron a la charca. Y los tres iban a pie ahora, porque un caballo no podía subir la última empinada cuesta. Desde arriba, eran figuras magras en el atardecer. Los dos rastreadores corrieron por la pequeña playa, y vieron el avance de Kino montaña arriba, antes de beber. El hombre del rifle se sentó y descansó, y los rastreadores se acuclillaron cerca de él, y en el anochecer, las brasas de sus cigarrillos resplandecían y menguaban. Y luego Kino vio que estaban comiendo, y le llegó el suave murmullo de sus voces.

Entonces cayó la oscuridad, honda y negra en la ladera de la montaña. Los animales que se servían de la charca se acercaron y olieron a los hombres y regresaron a la oscuridad.

Él oyó un murmullo detrás. Juana susurraba «Coyotito». Le rogaba que se quedara quieto. Kino oyó el gemido del bebé, y comprendió, por los sonidos apagados, que Juana le había cubierto la cabeza con el chal.

Abajo, en la playa, ardió una cerilla y, a su efímera luz, Kino vio que dos de los hombres dormían, acurrucados como perros, mientras el tercero velaba, y vio reverberar la luz del fósforo en el rifle. Y luego la cerilla se apagó, pero dejó una imagen en los ojos de Kino. Lo veía, exactamente cómo estaba cada hombre, dos durmiendo acurrucados y el tercero acuclillado en la arena con el rifle entre las rodillas.

Kino retrocedió silenciosamente hacia el interior de la cueva. Los ojos de Juana eran dos chispas reflejando una estrella baja. Kino se arrastró sin hacer ruido hasta ella, y puso los labios cerca de su mejilla.

—Hay una salida —dijo.

—Pero te matarán.

—Si cojo primero al que tiene el rifle... —dijo Kino—. Debo cogerle primero. Entonces todo irá bien. Dos duermen.

La mano de ella salió de debajo del chal y le aferró el brazo.

—Verán tus ropas blancas a la luz de las estrellas.

—No —dijo él—. Y tengo que ir antes de que salga la luna —buscó una palabra dulce y luego desistió—. Si me matan —dijo, no te muevas. Y, cuando se vayan, vete a Loreto —la mano de ella tembló un poco al cogerle la muñeca—. No hay elección —dijo—. Es el único camino. Nos encontrarán por la mañana.

—Ve con Dios —dijo ella, y su voz vaciló ligeramente.

Él la miró desde muy cerca y vio sus grandes ojos. Su mano se tendió en la oscuridad y durante un momento su palma se detuvo en la cabeza de Coyotito. Y luego Kino alzó la mano y tocó el talle de Juana, y ella contuvo la respiración.

Contra el cielo de la entrada de la cueva, Juana vio a Kino quitarse sus ropas blancas, pues, por sucias y desgarradas que estuviesen, destacarían en la oscuridad de la noche. Su propia piel morena sería una mejor protección para él. Y luego ella vio cómo enrollaba la cuerda que sostenía su amuleto pendiente del cuello, alrededor del mango de asta de su gran cuchillo, de modo que éste quedara colgando ante él y le dejara las dos manos libres. No volvió hasta donde estaba ella. En un momento, su cuerpo estaba, negro, en la entrada de la cueva, agachado y en silencio, y en el siguiente había desaparecido.

Juana se arrastró hasta la entrada y miró hacia afuera. Miró como un búho desde el agujero en la montaña, y el bebé dormía bajo la manta en su espalda, con la cara vuelta hacia su cuello y su hombro. Juana sentía su cálido aliento contra la piel, y susurró su combinación de plegaria y conjuro, sus avemarías y su antigua intercesión, contra las negras cosas no humanas.

La noche le pareció un poco menos oscura cuando miró hacia afuera, y hacia el este había un resplandor en el cielo, cerca del punto del horizonte por el que saldría la luna. Y, mirando hacia abajo, vio el cigarrillo del hombre de guardia.

Kino se desplazó como un lento lagarto por la roca lisa. Había vuelto su collar de modo que el gran cuchillo colgara en su espalda y no pudiese chocar contra la piedra. Sus dedos extendidos se aferraban a la montaña, y los dedos desnudos de sus pies buscaban apoyo al tacto, y aun su pecho se acomodaba a la piedra para no resbalar. Porque cualquier sonido, el rodar de un guijarro o un suspiro, un ligero desliz de la piel sobre la roca, despertaría a los centinelas debajo. Cualquier sonido no relacionado con la noche les alertaría. Pero la noche no era silenciosa; las pequeñas ranas que vivían cerca de la corriente de agua gorjeaban como pájaros, y el alto repique metálico de las cigarras llenaba la grieta de la montaña. Y en la cabeza de Kino sonaba su propia música, la música del enemigo, baja y monótona, casi dormida. Pero la Canción de la Familia se había hecho tan fiera y áspera y felina como el gruñido de un puma hembra. La canción familiar vivía y le guiaba hacia abajo, hacia el oscuro enemigo. La ronca cigarra parecía recoger su melodía, y las gorjeantes ranas cantaban algunas de sus frases.

Y Kino se arrastró silenciosamente, como una sombra, por la lisa cara de la montaña. Un pie desnudo se desplazaba unos pocos centímetros y sus dedos tocaban la piedra y se afirmaban, y el otro pie hacía lo mismo, y luego la palma de una mano bajaba un poco, y luego la otra mano, hasta que todo el cuerpo, sin dar la impresión de haberse movido, se había movido. La boca de Kino estaba abierta de modo que ni siquiera su aliento produjera sonido alguno, porque él sabía que no era invisible.

Si el centinela, al percibir movimiento, miraba hacia la zona oscura de la piedra en que se encontraba su cuerpo, le vería. Kino debía moverse con la lentitud necesaria para no atraer los ojos del guardia. Le llevó un largo rato llegar hasta el fondo y agacharse tras una palmera enana. El corazón tronaba en su pecho, y sus manos y su rostro estaban empapados en sudor. Se agachó y aspiró larga y lentamente varias veces, para calmarse.

Sólo seis metros le separaban del enemigo, e intentó recordar cómo era el terreno allí. ¿Había alguna piedra que pudiera hacerle tropezar en su ataque? Se acarició las piernas, temeroso de los calambres, y descubrió que tenía los músculos contraídos tras el largo esfuerzo a que habían sido sometidos. Y luego miró aprensivamente hacia el este. Ya faltaban pocos momentos para que saliera la luna, y él tenía que atacar antes de que eso ocurriera. Veía el perfil del centinela, pero los hombres que dormían se encontraban por debajo del nivel de su visión. Kino debía lanzarse a por el centinela... lanzarse pronto y sin vacilar. Sin un sonido, hizo girar el collar, pasó por encima del hombro su gran cuchillo y desató el lazo que sujetaba el mango de asta.

Era demasiado tarde, porque, en el instante en que se incorporó, el filo plateado de la luna surgió sobre el horizonte oriental, y Kino volvió a ocultarse tras un arbusto.

Era una luna vieja y maltrecha, pero arrojaba luz neta y sombra neta sobre la grieta de la montaña, y ahora Kino veía la silueta sentada del centinela en la pequeña playa de junto a la charca. El centinela miró de frente a la luna y luego encendió otro cigarrillo, y la cerilla iluminó su oscuro rostro durante un instante. Ya era imposible esperar más; cuando el centinela girara la cabeza, Kino debía saltar. Sus piernas estaban tensas como resortes.

Y entonces, de arriba, llegó un llanto apagado. El centinela volvió la cabeza para escuchar, y luego se puso de pie, y uno de los durmientes se agitó en el suelo y despertó y preguntó en voz baja:

—¿Qué es eso?

—No sé —dijo el centinela—. Sonó como un grito, casi como un ser humano... como un bebé.

El hombre que había estado durmiendo dijo:

—No se sabe... Algún jodido coyote con su cría. He oído un cachorro de coyote llorar como un bebé.

El sudor rodaba en grandes gotas por la frente de Kino, y se metía en sus ojos y los hacía arder. El llanto se dejó oír una vez más, y el centinela levantó la vista hacia el punto de la montaña en que se encontraba la cueva.

—Coyote, quizá —dijo, y Kino oyó el chasquido cuando el otro quitó el seguro del rifle—. Si es un coyote, esto lo callará —dijo el centinela mientras levantaba el arma.

Kino estaba en mitad del salto cuando sonó el disparo y el destello dejó una imagen en sus ojos. El gran cuchillo osciló y crujió sordamente al bajar. Atravesó el cuello y entró profundamente en el pecho, y Kino ya era una máquina terrible. Cogió el rifle al tiempo que liberaba su cuchillo. Su fuerza y su movimiento y su velocidad eran los de una máquina. Giró y fue a partir la cabeza de un hombre sentado como si de un melón se tratara. El tercer hombre salió corriendo como un cangrejo, se metió en la charca y luego empezó a trepar frenéticamente, tratando de alcanzar el saliente desde el cual caía el agua. Sus manos y sus pies se enredaron en la trama de la enredadera, y gimió y farfulló mientras trataba de liberarse. Pero Kino era tan frío y mortífero como el acero. Lentamente, movió la palanca del rifle, y luego lo levantó y apuntó cuidadosamente e hizo fuego. Vio a su enemigo caer de espaldas en la charca, y Kino dio unos pasos hacia el agua. A la luz de la luna, vio los ojos aterrorizados, y Kino apuntó y disparó entre los ojos.

Y entonces, Kino se detuvo, indeciso. Algo iba mal, alguna señal trataba de abrirse paso hasta su cerebro. Las ranas y las cigarras habían callado. Y entonces el cerebro de Kino se liberó de su roja concentración y reconoció el sonido: el agudo, lastimero, cada vez más histérico grito procedente de la pequeña cueva en la ladera de la montaña de piedra, el grito de la muerte.

■ ■ ■

Todos en La Paz recuerdan el retorno de la familia; quizás alguno de los viejos lo haya visto, pero aun aquellos a quienes les fue narrado por sus padres y por sus abuelos, lo recuerdan. Es algo que les ocurrió a todos.

Era ya el final del dorado atardecer cuando los primeros niños, a la carrera, histéricos, penetraron en el pueblo e hicieron correr la voz de que Kino y Juana regresaban. Y todo el mundo se apresuró a salir a verles. El sol se ocultaba tras las montañas del oeste y las sombras en el suelo eran alargadas. Y quizás haya sido eso lo que causó tan profunda impresión en quienes les vieron.

Los dos entraron a la ciudad por el desparejo camino de los carros, y no iban en fila, Kino delante y Juana detrás, como de costumbre, sino uno al lado del otro. El sol estaba tras ellos y sus largas sombras les precedían, y parecían llevar consigo dos torres de oscuridad. Kino llevaba un rifle cruzado en el antebrazo y Juana el chal colgado a modo de saco sobre el hombro. Y dentro había un bulto pequeño y lánguido. El chal tenía costras de sangre seca, y el bulto se balanceaba un poco con el andar de la mujer. Su rostro estaba duro y agrietado y curtido por la fatiga y por la tensión con que combatía la fatiga. Y sus ojos enormes miraban fijamente hacia su interior. Estaba tan remota y ausente como el Cielo. Los labios de Kino estaban apretados y su mandíbula, rígida, y la gente dice que llevaba el miedo con él, que era tan peligroso como una tormenta naciente. La gente dice que los dos parecían apartados de la experiencia humana; que habían pasado a través del dolor, y salido al otro lado; que había casi una protección mágica a su alrededor. Y la gente que se había precipitado para verles, retrocedió en grupo y les dejó pasar y no les habló.

Kino y Juana cruzaron la ciudad como si no estuviesen allí. Sus ojos no miraban ni a la derecha ni a la izquierda ni hacia arriba ni hacia abajo, sino que miraban sólo hacia adelante. Sus piernas se movían de un modo un tanto espasmódico, como si fuesen muñecos de madera bien hechos, e iban rodeadas de columnas de negro miedo. Y, mientras cruzaban la ciudad de piedra y argamasa, los agentes de comercio les espiaban desde ventanas con barrotes, y los sirvientes pegaban un ojo a la hendija de una puerta, y las madres hacían volver el rostro hacia sus faldas a sus niños más pequeños. Kino y Juana cruzaron, el uno junto al otro, la ciudad de piedra y argamasa y, más abajo, pasaron por entre las cabañas, y los vecinos retrocedieron para dejarles pasar. Juan Tomás alzó la mano para saludar y

no pronunció el saludo y dejó la mano en el aire un instante, indeciso.

En los oídos de Kino, la Canción de la Familia era tan fiera como un grito. Él era inmune y terrible, y su canción se había convertido en un grito de batalla. Pasaron por el terreno quemado en que había estado su casa sin siquiera mirarlo. Pasaron por sobre la maleza que bordeaba la playa y bajaron a la orilla del agua. Y no miraron hacia la canoa rota de Kino.

Y cuando llegaron a la orilla del agua, se detuvieron y contemplaron el Golfo. Y entonces Kino dejó caer el rifle, y hurgó entre sus ropas, y luego sostuvo la gran perla en la mano. Miró en su superficie, y ésta era gris y ulcerosa. Rostros malvados le miraban a los ojos desde allí, y vio la luz del incendio. Y en la superficie de la perla vio los ojos frenéticos del hombre de la charca. Y en la superficie de la perla vio a Coyotito, tendido en la pequeña cueva con la cabeza partida por una bala. Y la perla era fea; era gris, como una excrecencia maligna. Y Kino oyó la música de la perla, distorsionada y loca. La mano de Kino tembló un poco, y él se volvió lentamente hacia Juana y le ofreció la perla. Ella estaba a su lado, sujetando aún su carga muerta sobre el hombro. Miró la perla en la mano de él durante un instante y luego miró a Kino a los ojos y dijo dulcemente:

—No, tú.

Y Kino revoleó el brazo y lanzó la perla con todas sus fuerzas. Kino y Juana la miraron partir, titilando y brillando bajo el sol poniente. Vieron la leve salpicadura en la distancia, y se quedaron el uno junto al otro contemplando el lugar durante un largo rato.

Y la perla entró en la hermosa agua verde y cayó hacia el fondo. Las ondulantes ramas de las algas la llamaban y le hacían señas. Las luces en su superficie eran verdes y bellas. Se posó en el fondo de arena entre los helechos acuáticos. Encima, la superficie del agua era un espejo verde. Y la perla yacía en el fondo del mar. Un cangrejo que corría por el suelo levantó una nubecilla de arena, y cuando ésta se posó, la perla ya no estaba.

Y la música de la perla derivó hacia un susurro y desapareció.

Ampliemos nuestra comprensión

Diario de reflexión. Contesta la siguiente pregunta en tu diario de reflexión.

- ¿Cuál es tu impresión general de este libro?

Formula una «buena» pregunta sobre este libro para compartirla con tu grupo de reflexión literaria.

Grupos de reflexión literaria. Discute el final del libro con tu grupo. Compartan sus citas, respuestas, predicciones y preguntas sobre el libro. Justifiquen siempre sus respuestas con ejemplos concretos o citas del libro. Traten de entender los sentimientos y motivaciones de los personajes. Relacionen los hechos del libro con su propia vida: ¿Cómo hubieran actuado ustedes? ¿Por qué? ¿Les ha recordado este libro de algunas experiencias personales?

Conclusión de la unidad

Síntesis y conexión de conceptos

Ilustraciones en secuencia. Divide una hoja de papel en ocho partes iguales. Ilustra los eventos más importantes de la novela en secuencia y escribe una o dos oraciones debajo de cada ilustración para resumir el acontecimiento.

Diagrama montaña: Trabajo en equipo. En grupos de cuatro hagan una lista de los diez acontecimientos más importantes de «La perla». Luego anótenlos en orden de importancia en el siguiente diagrama montaña. La cima de la montaña representa el clímax o hecho culminante de la novela.

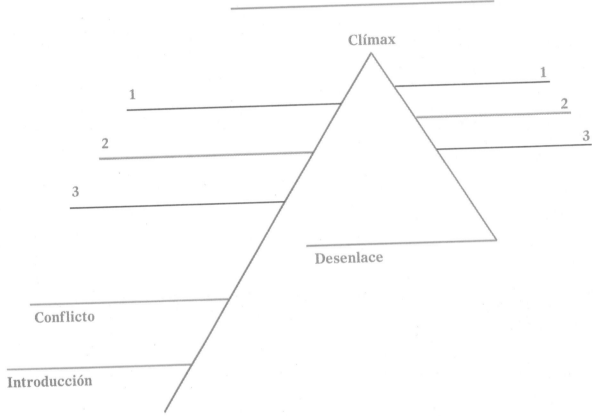

Clímax

1

1

2

2

3

3

Desenlace

Conflicto

Introducción

Diálogos colaborativos. Escribe el diálogo que tuvo lugar en cada una de las siguientes escenas. Cada grupo se encargará de un diálogo diferente. Al finalizar se hará una representación secuencial de los libretos.

1. Kino, Juana y Coyotito se encuentran felices en su cabaña al comienzo de la obra.

2. los vecinos, Kino y Juana cuando el escorpión muerde a Coyotito

3. Kino, Juana, Juan Tomás, Apolonia y los vecinos van en busca del médico.

4. Kino y Juana salen a pescar y Kino encuentra la perla: sus sueños para el futuro.

5. El cura, el médico y el pueblo reaccionan a la noticia de que Kino ha encontrado la gran perla.

6. Kino, Juana, los compradores de perlas y el pueblo cuando Kino trata de vender la perla

7. huida de Juana y Kino con Coyotito hasta la muerte de Coyotito

8. Kino y Juana regresan al pueblo. Los vecinos hablan entre sí.

Solución de un problema

Tres situaciones. El (La) maestro(a) asignará una de las tres situaciones siguientes. Después de que contestes las preguntas te sentarás en un grupo de tres en el que cada estudiante ha analizado una de las tres situaciones. Deben compartir sus respuestas y justificarlas.

1. Imagínate que has ido de paseo a un parque con tu clase. Sobre una mesa te encuentras una billetera con dinero. Te encuentras solo en ese momento porque tus compañeros están ocupados preparando la merienda. Explica lo siguiente:

    a. ¿Cómo te sientes?

    b. ¿Qué alternativas tienes?

    c. ¿Qué crees que harías?

2. Imagínate que te encuentras en la misma situación del caso anterior, pero en el momento en que vas a tomar la billetera llegan tus compañeros y te ven. Contesta las tres preguntas anotadas arriba.

3. Imagínate que eres el (la) maestro(a) y te encuentras la billetera. Los estudiantes no se dan cuenta. Contesta las tres preguntas anotadas en el número uno.

Estás en el banquillo. ¿Recuerdas esta actividad que hiciste en la Unidad tres? Vas a asumir el papel de uno de los personajes de la novela y vas a contestar las preguntas que te harán los otros personajes. En sus grupos escojan uno de los personajes: Kino, Juana, el médico, el cura, el hermano de Kino, uno de los compradores de perlas. No se pueden repetir personajes. Después de decidir qué personaje van a representar deben hacer dos cosas.

1. Hagan una lista de todas las características de su personaje. Deben conocerlo muy bien porque ustedes van a contestar las preguntas que les hagan los otros personajes como si fueran ese personaje.

2. Elaboren tres o cuatro preguntas que su personaje le haría a cada uno de los otros personajes.

En el segundo grupo en que estarás, cada estudiante será un personaje diferente y deberá ponerse en el banquillo para contestar las preguntas de los otros personajes.

Afiche colaborativo. El (La) maestro(a) le asignará un capítulo a cada grupo. Ilustra las ideas principales o el tema del que les corresponda. Mientras unos estudiantes dibujan, otros pueden ir elaborando un borde para su cartelón y otros pueden recortar letras para el título y alguna explicación que quieran incluir.

Taller de composición

Epílogo de la novela. ¿Qué les pasó a los personajes principales después de los acontecimientos que se narran en la novela? ¿Cambió la vida del pueblo? ¿En qué forma cambió?

Periódico de la aldea. Como proyecto de toda la clase, van a elaborar un periódico de la aldea. Deben hacer lo siguiente:

a. Decidan el nombre del periódico.

b. Decidan qué artículos o secciones tendrá el periódico.

A continuación se ofrecen algunas sugerencias:

- reportaje sobre el accidente
- entrevista a los padres de la víctima
- entrevista al médico
- la pesca de perlas
- el hallazgo de la gran perla
- editorial sobre los problemas de la aldea
- el personaje de la semana
- avisos clasificados
- cartas a la redacción

Términos literarios

El número entre paréntesis se refiere a la unidad en que aparece el término.

el ambiente   los elementos como el paisaje, lugar geográfico y social en que se desarrolla una historia, época en que sucede y tiempo que transcurre dentro de ella   (2)

el argumento   conjunto de hechos que se narran en una obra   (2)

el conflicto   problema central que se plantea en una obra literaria   (2)

el cuento   un relato o una narración corta   (4)

el desenlace   solución o resultado del argumento de una obra literaria   (2)

la estrofa   grupo de versos que forma un conjunto   (3)

una leyenda   Se refiere a sucesos cuyos personajes son seres humanos que tienen características excepcionales o misteriosas. Por lo general, se basan en un hecho real que, a través del tiempo, va adquiriendo características fantásticas.   (1)

una leyenda histórica   Es una leyenda que se basa en un hecho real que, a lo largo de los siglos, va adquiriendo características fantásticas. Se aparta de la realidad y crea una visión más poética y romántica.   (1)

un mito   Es una historia que presenta explicaciones que el hombre se da acerca de los fenómenos que no alcanza a comprender. En ellos, intervienen dioses y personajes maravillosos que realizan acciones sobrenaturales. Los temas se refieren al origen de la vida, fenómenos de la naturaleza, relaciones entre el hombre y su medio ambiente. Todas las civilizaciones han creado sus propios mitos.   (1)

un monólogo   un discurso que uno se dirige a sí mismo   (4)

los motivos y sentimientos de los personajes Los escritores tratan de crear personajes que parezcan reales y a veces no nos dicen directamente cómo se siente un personaje o qué motivos tiene para hacer algo. Existen tres maneras de conocer a un personaje: 1) a través de sus acciones y de sus palabras, 2) por lo que los otros personajes nos dicen de él o de ella, 3) por las descripciones directas del (de la) autor(a). (3)

el (la) narrador(a) el personaje que cuenta la historia (3)

un obra narrativa literatura que nos cuenta una historia, como novelas, cuentos y leyendas (2)

un personaje cada uno de los seres humanos, sobrenaturales o simbólicos, que toman parte en la acción de una obra literaria (2)

la prosa forma natural del lenguaje no sometido a la medida y ritmo del verso (3)

el protagonista el personaje principal, héroe, heroina (2)

el punto de vista Según sea el (la) narrador(a) de la obra, así será el punto de vista. La obra puede estar narrada en primera persona desde el punto de vista de un personaje o puede estar narrada en tercera persona por alguien que está fuera de la historia. (2)

la semblanza Es una biografía abreviada en que se mezclan aspectos de la personalidad de un individuo con sus rasgos físicos, atributos diferenciadores y acontecimientos de la vida. La semblanza transforma hechos escuetos y datos biográficos en algo interesante para el (la) lector(a). Se trata de que la persona adquiera vida en el papel.

un símbolo una persona, lugar, objeto o color, etc., que representa otra cosa. Por ejemplo, para algunas culturas, una rosa roja es un símbolo de amor. (5)

el tema la idea central de la obra o el mensaje del (de la) autor(a) (2)

el tono la impresión general o sentimiento que una obra literaria produce en el (la) lector(a) (2)

el verso cada una de las líneas que componen un poema; palabra o conjunto de palabras sometidas a medida y cadencia, según ciertas reglas (3)

Glosario

Este glosario incluye algunas palabras y expresiones que tal vez no sean familiares a todos los estudiantes de las distintas regiones del mundo hispano. No sirve como una lista completa de todas las palabras y expresiones del libro.

A

a matacaballos   rápidamente, con mucha prisa

la acera   el borde de la calle donde caminan los peatones

las agachadas   (familiar) los engaños

el agua de azahar   una bebida hecha con la flor blanca del naranjo o del limonero

los ajíes   chiles

aljófar   perla pequeña de forma irregular

las alubias   los frijoles

amí   (familiar) mamá

el ananás   la piña

andar de pajuela   llevar una vida sin responsabilidades

apá   (familiar) papá

la argamasa   mezcla de cal, arena y agua que se usa al construir algo

asina   (arcaico) así

aventar   (familiar) tirar, lanzar

aventarse   (familiar) arriesgarse

el azabache   (figurativo) algo que te protege de lo malo; (literalmente) figura de color negro oscuro

B

el bajel   (literario) el barco

balacear   disparar

la bandeja   un plato muy grande que se usa para servir cosas

becarse   matricularse gratis en la escuela

bien a bien   bastante

el borinquen   puertorriqueño

el boquinete   una sanguijuela

botar   tirar

la bugambilia   especie de planta con flores

el bule   calabaza no comestible, cuya cáscara sirve para hacer vasijas; también se le llama **guaje**

C

el cacique   jefe indio

calado   encasquetado (un sombrero)

caldería   pocas monedas, suelto, cambio

el camión   autobús

la carcanchita   un coche que está en condición horrible

los caribes   tribu de indios de Sudamérica

el casabe de la yuca   el pan de la yuca

el cemíe   imagen de un dios

la cerilla   un fósforo

el chamizal   la leña menuda

la charola   una bandeja, un platillo

la chía   semilla pequeña que se hierve para preparar una bebida refrescante con limón y azúcar

la chicanada   un grupo o vecindad de chicanos

los chivatos   (familiar) soplones

el chongo   un moño

la chusma   persona de poca educación

la clica   (anglicismo) una camarilla, pandilla

el closet   el armario, el ropero

la cobija   la manta, ropa de la cama

concientizar   (anglicismo) despertar la conciencia a alguien

la coriza   resfriado

el corpiño   ropa interior de mujeres, sin mangas

los corridos   baladas mexicanas

la cuadrada   una persona no muy popular, no aceptada

D

el departamento   un apartamento

destelado   destruido

dientusas   Refiérase a **guaguas dientusas**.

dizque   (arcaico) se dice que

E

echar candela por la boca   estar muy enojado(a)

embonar   juntar, empalmar

la endrogada bajo el efecto de las drogas

el ente (familiar) un tipo, un(a) compañero(a)

ensabanada cubierta, como con una sábana

le entraba duro si usaba drogas o no

escachar chocar con, aplastar

el escollo (figurativo) obstáculo, estorbo

los escudos y las estrellas los dos lados de una moneda cubana

los esquiroles obreros que sustituyen a los huelguistas

estar a buen recaudo estar en un lugar seguro

F

fajarse pelearse

el fardo un lío; un paquete pequeño

la fiebre primaveral (anglicismo) un euforia al empezar la primavera

el fil (anglicismo) el campo

el flamboyán especie de árbol

la fonda (arcaico) un restaurante pequeño, una taberna

el foreman (anglicismo) el capataz

fregarse preocuparse, tener dificultades

G

el gazapo conejo joven

el ghetto blaster (anglicismo) una grabadora/radio muy grande

el grado (anglicismo) nivel escolar

granma (anglicismo) abuela

la gringa una norteamericana, una estadounidense

la guagua el autobús

guaguas dientusas buses, probablemente rusos, con una capota en vez de un frente recto

el guajiro un campesino

el guarapillo una bebida caliente, como el té de hierbas

el güel y el yu pronunciación fonética

güeno pronunciación gitana de la palabra «bueno»

el gusano como una maleta, pero largo y de tela grueso

H

hamaquitas (ojos) muy hinchados, bolsas de los ojos

horra: Ya hes horra. Ya es hora.

I

indino   indigno

J

el jacedor   el hacedor, el creador

el jefito   (familiar) papá

el jergón   un colchón de paja

la jofaina de arcilla   un lavabo de cerámica

la jupía   la primera alma

L

la lana   dinero

la langosta   un insecto que salta y que puede destruir una cosecha

el lar   (figurativo) el hogar

el lonche   (anglicismo) el almuerzo

M

la maboya   un espíritu mala

la macana   arma indio a modo de un machete

el mall   (anglicismo) un centro comercial

la mata   un grupo de árboles

el mazo   un puñado

el menudo   monedas, el suelto, el cambio

los mero-meros   VIP's, personas de mucha importancia

el metate   una piedra plana que se usa para moler maíz

m'ija   mi hija

las milicianas   soldados, militares

el mirmeleón   un insecto que en su estado de larva come hormigas

mocho   mutilado, incorrecto gramaticalmente

el moretón   (familiar) una contusión

la muela   piedra sobre la que se muele el maíz

los mugres   (familiar) unos jóvenes delincuentes

N

ningunear   negar, no aceptar

nomás   solamente

O

oler a cucharacha   oler a tabaco o algo viejo

oler a rayos   oler muchísimo

el overol   (anglicismo) bluejeans que cubren también casi toda la camisa de un labrador, excepto las mangas

P

pa   para

pal   para el

la pampa   la pradera

el paradero   la parada del autobús

pared: a pared   a cal

el pinole   harina o polvo de maíz tostado que sirve para beberse frío o caliente y batida en agua

pintar: Yo aquí ni papel pinto.   No me hacen caso.

el pizcador   labrador que trabaja en el campo, pizcando frutas o vegetales

el portafolio   la cartera

el pulque   una bebida espiritosa que se saca de la fermentación de aguamiel

Q

¿Qué húbole?   (arcaico) saludo como ¿Qué hay (de nuevo)?

R

rajado   vencido

el ranchón   un edificio grande con viviendas, no numeradas, para varias personas

renegrido   muy negro, muy sucio

en rin: piedras del rin   piedras de fantasía

el rito de pasaje   (anglicismo) una serie de experiencias por las cuales se debe pasar para hacerse adulto

rozar las carnes   pasar una cosa ligeramente contra otra

S

el sánwiche   (anglicismo) un sándwich

el semblante   la cara

el sencillo   el suelto

sondar la noche   explorar la noche

la sudadera   una camiseta de manga larga y de algodón que es muy popular en los EE.UU.

el superglue   un tipo de goma muy popular en los EE.UU.

T

los taínos   indios puertorriqueños

la tata   la niñera

el tecolote   un búho

el temblor   un terremoto

el teocali   templo mexicano

el tezón   el esfuerzo, la voluntad

el tipazo   un hombre extraordinario

la tiznada   (familiar) el infierno

el tlacuache   zarigüeya, nombre que se le da en México a un marsupial que es el terror de los gallineros

el tlecuil   el anafe u homillo portátil

tragarse la tierra a alguien   desaparecer

los trastes   utensilios, como los platos y los cacharros

V

el velorio   acto de pasar tiempo por la noche con la familia de un difunto

la vereda   la acera

vido   (arcaico) vio

Visa Waiver   visado especial concebido por los EE.UU. en el que se pasan por alto algunos de los trámites reglamentarios. La mayoría de los niños refugiados de Cuba viajaron a los EE.UU. con Visa Waiver.

Índice

Los textos

p. 1 selection from *El libro de las preguntas*, Pablo Neruda, ©1974 Pablo Neruda and Fundación Pablo Neruda.

p. 3 "La Llorona," from *Literatura chicana, texto y contexto*, Castañeda et al., ©1972, reprinted by permission of Prentice-Hall, Inc.

p. 8 "La comadre Sebastiana," Reprinted by permission of the Museum of New Mexico Press, from *CUENTOS—TALES OF THE HISPANIC SOUTHWEST* by José Griego y Maestas and Rudolfo Anaya, copyright 1980.

p. 16 "Los novios," from *Leyendas mexicanas*, William Stivers and Genevieve Barlow, ©1987, reprinted by permission of the authors.

p. 21 "Guanina," and **p. 27**, "La creación (hace mucho tiempo)," from *Leyendas de Puerto Rico*, ©1987, reprinted by permission of the National Textbook Company.

p. 50 "La trampa del coyote," from *ARALAR, Mitos, poemas y leyendas*, part of the *Tiempo Libre Collection*. Reprinted by permission of Editorial EDEBÉ, Barcelona.

p. 56 "Cómo el tlacuache pudo robarse el fuego," from *Cómo surgieron los seres y las cosas*, ©1986, reprinted by permission of Grupo Editorial Norma S.A./Coedición latinoamericana, Bogotá.

p. 69 Interview with Gabriel García Márquez, from *El olor de la guayaba*, ©1982 Gabriel García Márquez and Plinio Apuleyo Mendoza.

p. 69 Interview with Rodrigo Soto, from *16 Cuentos latinoamericanos*, ©1992, reprinted by permission of Ediciones Farben S.A., Costa Rica.

p. 70 Interview with Rosaura Sánchez, from *Vistas del mundo hispánico*, ©1986, reprinted by permission of Prentice-Hall, Inc.

p. 71 Interview with Senel Paz, from *16 Cuentos latinoamericanos*, ©1992, reprinted by permission of Editorial Gente Nueva, Cuba.

p. 86 "Once," Sandra Cisneros, from *WOMAN HOLLERING CREEK*. Copyright ©1991 by Sandra Cisneros. Published in the United States by Vintage Books, a division of Random House, Inc., New York. Originally published in hardcover by Random House, Inc., New York in 1991. Translation by Liliana Valenzuela. Reprinted by permission of Susan Bergholz Literary Services, New York.

p. 74 "The Scholarship Jacket," by Marta Salinas, from *Cuentos chicanos*, original translation "El premio" by A. Walqui-van Lier and R. Barraza.

p. 96 "Una carta a Dios," Gregorio López y Fuentes, from *Album,* ©1984, reprinted by permission of D.C. Heath and Company.

p. 106 "No sé por qué piensas tú," Nicolás Guillén, reprinted by permission of the author.

p. 108 "Yo también canto a América," translation of *I Too Sing America,* Langston Hughes, ©1932 by Alfred A. Knopf, Inc., reprinted by permission of Harold Ober Associates.

p. 113 "Poema con niños," Nicolás Guillén, reprinted by permission of the author.

p. 121 "Los chicos," from *Historias de la Artamila*, Ana María Matute, reprinted by permission of Ediciones Destino, S.A.

p. 135 "Cajas de cartón," Francisco Jiménez, reprinted by permission of the author.

p. 149 "El trabajo en el campo," Rose Del Castillo Guilbault, originally appeared in *This World: A Journal of Religion and Public Life.*

p. 161 "Lo mejor de dos lados," Juan José Gloria Rocha, from *Palabra nueva—Poesía chicana*, ©1985.

p. 165 "Responde tú," Nicolás Guillén, reprinted by permission of the author.

p. 167 "Nostalgia," Virgilio Dávila, from *Lengua y literatura en su contexto, cuaderno de trabajo 7*, ©1991, reprinted by permission of HarperCollins Publishers.

p. 171 "Kike," Hilda Perera, ©1984, Ediciones SM, Madrid.

p. 195 "Homenaje a los padres chicanos," Abelardo Delgado, ©1980, reprinted by permission of the author.

p. 201 "Una caja de plomo que no se podía abrir," José Luis González, from *Cuentos puertorriqueños*, ©1976, reprinted by permission of the author.

p. 215 "Como un escolar sencillo," Senel Paz, from *16 Cuentos latinoamericanos*, ©1980, reprinted by permission of the author.

p. 228 "Mi abuela fumaba puros," Sabine Ulibarrí, from *Mi abuela fumaba puros*, ©1977, reprinted by permission of the author.

El arte y las fotos

Cover *Children's Dream*, 1965, Luis López-Loza, oil on canvas, 51" x 38-1/4", private collection, photo: Quesada/Burke, courtesy of the Bronx Museum of the Arts.

p. xvi Comstock.

p. 15 Stock Boston/Peter Menzel.

p. 31 The Granger Collection.

p. 65 *Toto*, 1984, Frank Romero, oil on canvas, 36" x 60", courtesy of Robert Berman, Robert Berman Gallery.

p. 66 *Shadow and Sunlight*, 1941, Allan Rohan Crite, National Museum of American Art, Washington DC/Art Resource, New York.

p. 69 Wide World Photos, Inc.

p. 70 Courtesy of Rosaura Sánchez.

p. 102 *The Sower*, Vincent van Gogh, Erich Lessing/Art Resource, New York.

p. 110 *Fiesta*, 1942, Alfonso Ramírez Fajardo, watercolor, 18-1/2" x 24-1/2", collection of The Museum of Modern Art, New York, Inter-American Fund, photograph ©1994 The Museum of Modern Art, New York.

p. 117 Monkmeyer Press/Silberstein.

p. 130 *Fraternity*, Diego Rivera, Sapieha/Art Resource, New York.

p. 132 and 191 Children's posters, courtesy of Ruth Barraza and the students of Alisal High School, Salinas, California.

p. 156 Schalkwijk/Art Resource, NY, Rivera, Diego. *Fruits of the Earth (Los frutos de la tierra)*, detail, 1926. Court of Fiestas, Level 3, North Wall. Secretaria de Educ. Pública, Mexico City, Mexico.

p. 192 *Barbacoa para cumpleaños*, 1993, Carmen Lomas Garza, alkyds on canvas, 36" x 48", collection of Federal Reserve Bank of Dallas, photo: M. Lee Fatherree.

p. 197 Comstock.

p. 258 Courtesy of Cisneros Management.